"十四五"职业教育国家规划教材

21世纪高等职业教育精品教材 · 人力资源管理专业

ZHAOPIN YU LUYONG

招聘与录用

（第六版）

王贵军　主编

东北财经大学出版社
Dongbei University of Finance & Economics Press
大连

图书在版编目（CIP）数据

招聘与录用 / 王贵军主编. —6版. —大连：东北财经大学出
版社，2024.7（2024.12重印）. —（21世纪高等职业教育精品教
材·人力资源管理专业）. —ISBN 978-7-5654-5313-7

Ⅰ. C913.2

中国国家版本馆CIP数据核字第202451UZ82号

东北财经大学出版社出版

（大连市黑石礁尖山街217号　邮政编码　116025）

网　　址：http://www.dufep.cn

读者信箱：dufep@dufe.edu.cn

大连图腾彩色印刷有限公司印刷　　东北财经大学出版社发行

幅面尺寸：185mm×260mm　　　字数：375千字　　　印张：16.75

2024年7月第6版　　　　　　　　　2024年12月第2次印刷

责任编辑：郭海雷　石建华　王　斌　　　责任校对：刘贤恩

封面设计：原　皓　　　　　　　　　　　版式设计：原　皓

定价：45.00元

第六版前言

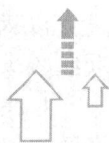

承蒙同行厚爱，《招聘与录用》第六版与大家见面了。现将本版修订情况介绍如下：

一、教材修订的背景

1. 国家对教材建设提出了新要求。教材是教与学的重要载体，是育人育才的重要依托，教材建设是事关"培养什么人、怎样培养人、为谁培养人"的铸魂工程。进行教材建设，首要任务就是要把习近平新时代中国特色社会主义思想全面、系统、有机地融入教材，要把责任意识、担当精神、劳动精神、工匠精神、创新精神等有机地融入教材，使教材成为铸魂育人的重要载体。

2. 就业环境的变化给招聘工作带来了新挑战。近两年来，就业环境发生了很大的变化：随着人工智能时代的到来，普通"用工荒"问题得到缓解，高技术技能型人才缺乏问题日趋严重；学历教育普及，大学毕业生和留学归国人数大幅增加；交通的便利化和办公的移动化使得人才可以跨越时空选择工作；平台用工的快速增长大大改变了人力资源市场的结构；年轻一代对待工作的态度受到多元文化和价值观念的影响；新型网络招聘平台和智能招聘工作系统的出现给招聘工作带来了颠覆性的影响。外部环境的变化，给招聘界同行至少带来了三项挑战：一是如何吸引到足够的人员来应聘；二是如何在学历人才和技术技能人才中识别出最合适的人才；三是如何利用新型网络招聘平台和智能招聘系统，创新性开展招聘与录用工作。

二、教材修订的目的

1. 与时俱进，更好地适应政策发展与形势变化的需要。教材是人才培养的重要支撑，必须紧密对接国家发展重大战略需求，不断更新升级知识体系，更好地服务于高素质技术技能型人才培养。

2. 注重实用，更好地满足教与学的需求。针对人才培养规律和学生认知特点，编者严格落实工作流程和规范，突出知识传授与技术技能培养并重、教师引导与学生自学结合原则，把职业技能等级证书所体现的先进标准融入人才培养方案。

三、修订后教材的特色

1. 遵循"招聘流程是主线，招聘技能是核心"的指导思想。紧密围绕招聘与录用工作流程这条主线展开编写，以提升学生招聘与录用工作技能为核心，围绕核心编写案例、设置情境、安排思考与实践任务。

2. 遵循"理论够用、突出技能"的原则。本教材以"零距离上岗"（即学生毕业进入单位后可直接从事专业性工作）为目标，力求让学生在掌握一些基本理论的基础上，学会具体的操作技能。

3. 资料新颖，文献丰富，适应时代。紧密贴近招聘的外部环境，特别是技术（云计算、物联网、移动互联网、大数据、智能技术）、经济、文化、政治法律等环境，利用互联网获取最新资料（引用的资料截至2024年3月）。

4.注重原创，科学引用。本教材中除一些专门的概念、理论、原理、方法引自人力资源管理师资格考试教材（四级和三级）以外，其他内容多是作者根据自己的实践、经验、见闻而撰写的。

5.语言平实，表达流畅，通俗易懂。为了让读者获得更顺畅和更轻松的阅读体验，作者采用通俗易懂的语言进行表达，避免使用过于专业或晦涩的语言，不引用过于高深难懂的理论。

四、修订的内容

本次修订的主要内容包括：（1）修改或增加了第1、2、4、5、6、7、8、9章中的相关理论，如第1章中的"引例"，第2章中的"政治环境""经济环境""技术环境""企业行业性质"等内容，第4章中的"招聘计划样本""招募的时间策略""招募的宣传策略""招募广告的媒体选择"等内容，第5章中的"AI高效甄选申请表"，第6章中的"关于AI面试"，第7章中的"入职培训"，第8章中的"引例"，第9章中的"引例""现代网络招聘""直播面试""网络招聘服务管理规定""劳务外派""弹性用工""平台用工"等内容；（2）修改完善或更新了部分"小思考""案例分析""情境模拟"等栏目内容；（3）强化了招募和甄选工作的内容，突出了人工智能时代的网络招聘工作；（4）增设了"学思践悟"专栏，推进思政入课，聚焦价值塑造。

五、辅助教学资料

本教材配有电子课件和各章后"基础训练"部分的参考答案，任课教师可登录东北财经大学出版社的网站（www.dufep.cn）免费下载使用。

六、致谢

流年易逝，沧桑17载，寂寞坚守，终成第六版。《招聘与录用》自2007年出版以来，多次被评为东北财经大学出版社年度优秀教材，2009年在中国人力资源开发教学与实践研究会第十届年会上获评教材类三等奖（高职类唯一的一部获奖教材），2020年和2023年，本教材连续被评为"十三五"和"十四五"职业教育国家规划教材。本书不断完善，本人不断成长，从讲师晋升为教授、从硕士成长为博士，心中充满着感激。在这里，要衷心感谢兄弟院校师生（读者）对本书的厚爱，感谢李明昱、丁雯、童丽等同志在前三版编写中作出的贡献，感谢张晓丹、张爱华、杨慧敏、曲以欢等编辑在前三版编写中给予的指导，感谢郭海雷和其他编辑在第四版至第六版修订中给予的指导，感谢一些人才公司和企业界的朋友们给予的指导，还要感谢国内外同行分享的参考文献的支持。

本人虽已尽力，但由于时间仓促、精力不济、能力有限，书中依然存在诸多不足，恳请大家继续给予指导和帮助（电子邮箱：cheerfulcat@126.com）。

王贵军
2024年6月

目录

第1章 招聘概述

📖 学习目标 📖

◆ 知识目标：了解招聘与人力资源管理的关系；明确招聘的原因与目标；熟知招聘的意义与原则。

◆ 能力目标：能够在招聘工作中熟练运用招聘基本流程与相关知识。

◆ 素养目标：坚持"以人为本"和社会主义核心价值观，把尊重人、发展人和完善人作为价值导向，认识到人才之于组织发展的极端重要性。

📖 引例 📖

吸引人难，筛选人更难！

招募和甄选，是企业招聘中比较难做的两项工作，原因有两点：一是难以吸引到合适的人来应聘；二是难以选拔出合适的人上岗。

招工难，招高级技术技能型人才更难！

使用"招工难"、"招人难"和"招聘难"等关键词进行网络搜索，可以找到大量关于招人难的相关新闻报道。通过出行观察、会议交流和专题调研，也证实了招人难这一问题的存在。虽然中国有超过14亿的人口，并且近两年大学毕业生数量均超过了1 000万人，但是全国各地都存在招聘普通工人困难的问题，传统制造业（如纺织服装业、农副食品加工业、家居用品加工制造业、玩具文具生产业等）和传统服务业（如餐饮业、旅游业、批发和零售业等）尤其突出。对于普通工人岗位，很多用人单位甚至给出了500~800元/天的薪酬标准，但应聘者仍然很少。大多数求职者会认为这些行业的岗位工作时间长、劳动强度大、辛苦、不自由。另外，对于新兴行业和转型升级的传统行业来说，企业需要懂技术、善合作、能创新的高级技术技能型人才，可是市场上这类人才并不多见。

同时，在全国各大城市的街道上随处可见骑着电动车的外卖员、快递员，都能方便快捷地约上网约车，做户外直播的人员也有很多。《美团2022企业社会责任报告》显示，注册骑手人数为624万，相关社会调查数据表明其中有20万人为本科学历，近6万人为硕士及以上学历。《美团2023企业社会责任报告》显示，注册骑手人数为746万，美团外卖业务已覆盖全国超2万个乡镇。据不完全统计，外卖、快递和网约车行业的从业人员已近8 400万。调查发现，大量的大学毕业生愿意去从事办公室的工作和灵活就业的工作，而不愿意去企业和工厂工作。

因此，企业招不到工人和高级技术技能型人才将会成为长期的难题。

选拔工作愁煞人呀！

选拔工作的目标是选出"有能力、有兴趣、适宜"的人。但是，往往由于应聘者将真正的求职动机隐藏得很深，或者由于招聘人员甄选能力有限而未能较好地识别求职者的动机和能力及其与工作的匹配性，导致选拔工作的失败。

资料来源　根据工作经验、现场调研和相关资料整理。

上面的案例表明：在当前形势下，招聘工作很难做——吸引合适的人来应聘难，选择合适的人上岗也难。扩展招募渠道是一件十分重要的工作，企业如何运用科学有效的方法选拔人才更是一道融合科学性和艺术性的难题。企业招聘工作若没有做好，若招到"间谍"或"逆臣"，不仅不能促进企业的成长，甚至会给企业带来"杀身之祸"。由此可见，要做好招聘工作必须分析好招聘的内外环境，掌握好有关招聘的理论，遵循一定的客观程序，运用好招聘与录用的相关技巧。

1.1　招聘与人力资源管理

1.1.1　人力资源管理的含义

一般来说，企业生产经营需要四种资源：人力资源、经济资源、物质资源、信息资源。在这四种资源中，人力资源是第一资源——最活跃、最能创造价值、最重要的资源。现代管理大师德鲁克曾经说过："企业只有一项真正的资源，那就是人。"如果要让企业中的"人"真正发挥作用，就需要对企业中的人力资源进行科学有效的管理。

人力资源管理是企业生产经营管理中的一项基本的管理职能。它是以提高劳动生产率、提高工作质量和取得经济效益为目的而对人力资源进行获取、培育、使用、保持等一系列管理行为的过程，主要包括人力资源规划、招聘与录用、培训与开发、绩效管理、薪酬管理、员工关系管理六大职能性活动。

人力资源管理就是对人才的管理。什么是人才？《中共中央　国务院关于进一步加强人才工作的决定》指出，只要具有一定的知识或技能，能够进行创造性劳动，为推进社会主义物质文明、政治文明、精神文明建设，在建设中国特色社会主义伟大事业中作出积极贡献，都是党和国家需要的人才。党的二十大报告强调：必须坚持科技是第一生产力、人才是第一资源、创新是第一动力，深入实施科教兴国战略、人才强国战略、创新驱动发展战略，开辟发展新领域新赛道，不断塑造发展新动能新优势。

无论是国家间的竞争，还是企业间的竞争，归根结底是人才的竞争，谁拥有创造核心竞争能力的人才，谁就能在激烈的竞争中取胜。IBM公司前总裁沃森曾经说过："你可以搬走我的机器、烧毁我的厂房，但只要留下我的员工，我就可以有再生的机会。"微软公司前首席执行官盖茨也曾经说过："如果让微软最优秀的20个人离开公司，那么微软将会变成一家无足轻重的公司。"由此可见，只有获取了企业所需的人才，才能谈得上"人才的竞争"。所以，人才获取是企业人力资源管理工作中最重要的一项工作。

1.1.2　招聘的含义

招聘又称员工招聘，是指企业出于生存和发展的需要，根据人力资源规划和工作分析所确定的人员需求数量和质量，通过多种方式寻找、吸引那些有能力又有兴趣到本企业任职的人员，并运用科学的甄选方法挑选出适宜人员并予以录用的过程。

招聘的含义表明，招聘工作由一系列的活动构成：人员需求信息的确定，人员需求信息的发布，应聘者资料的收集与筛选，候选人的科学甄选，选中人员的录用安置等。在招聘的含义中，有八个字表达了招聘的目标和要求：有能力、有兴趣、适宜。"有能力"强调招聘到的员工应该是"能干事、善为人"的人——妥善为人、办事高效的人。"有兴趣"强调招聘到的员工应该是"愿干事、愿合作、爱企业"的人——求职动机有利于双方合作、而非达到个人目标的人。"适宜"强调录用的员工应该是"能力""兴趣"与岗位、部门、企业相匹配的人——能岗匹配、动机纯正、合作双赢的人。企业的招聘工作如果真正达到了这八个字的要求，就是成功的。

1.1.3　招聘与人力资源管理的关系

招聘是人力资源管理工作中最重要的一项，它与人力资源管理其他活动之间存在着十分密切的关系。从人员进入企业到流出企业过程的角度来看，招聘与人力资源管理的关系可以用图1-1来表示。

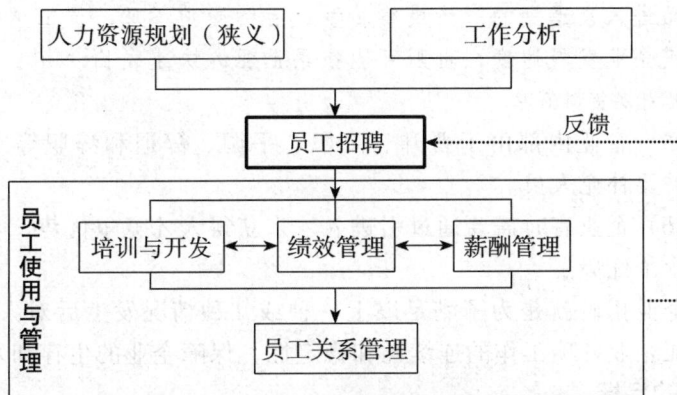

图1-1　招聘与人力资源管理关系图

从图1-1可以看出，员工招聘是培训与开发、绩效管理、薪酬管理、员工关系管理等几项工作的"前置"工作，它是这几项工作得以开展的基础，招聘效果的好坏直接影响到这几项工作的开展和成效。只有把员工招聘进来，才能谈得上员工的使用与管理，所以一定要重视招聘工作，认真抓好招聘工作。

1.2　招聘的原因与目标

1.2.1　招聘的原因

一般来说，企业往往会出于以下原因而展开招聘工作：

（1）新企业、新部门或新岗位的设立。

（2）企业、部门业务范围的拓展或工作量的增加，导致人员配备不足。

（3）企业职能的定位调整、企业组织架构的功能性调整，导致员工队伍的结构性调整，这时需要从外部引进或从内部调配人员。

（4）根据企业发展战略和人力资源战略的规划，需提前储备或培训一批人才。

◆◆◆◆➡ **案例分析 1-1**

如何进行战略性人才储备

GG 公司是广东一家知名的民营科技企业，近年来取得突飞猛进的发展。然而随着市场扩大，公司的人力资源被利用到了极限，市场营销、产品研发、财务管理等部门都处于超负荷运行状态。管理层明显感到在用人上捉襟见肘，顾此失彼，公司发展后劲不足，发展速度放缓。

问题：出现这种现象的原因是什么？它会带来哪些危害？

分析提示：GG 公司出现上述现象的原因在于缺乏战略性人才储备，导致现有人才不能满足组织快速发展的需要。这种现象是处于高速成长阶段的企业的常见病。当公司经营活动以远高于人力资源增长的速度发展时，就会产生人才供给缺口（体现在数量、质量和结构方面），这时高速成长带来的副作用也显现出来：员工满负荷工作，身体透支、知识老化、效率下降；市场服务能力不足，产品质量下降；技术开发和储备不足，无法应对将来产品进入衰退期的市场战略转型；后续激励不足，员工跳槽等。人才储备不足，轻则会减慢企业发展速度，重则可能拖累企业的快速成长。

资料来源　根据相关资料整理。

拓展阅读 1-1

企业竞争获胜的法宝就是获取优秀人才

（5）企业内部由于晋升、降职、平调、辞退和辞职等原因造成职位空缺，需要补充人员。

（6）企业有时需要通过引进人才来获得人才竞争优势，从而争取企业整体的竞争优势。

企业招聘就是为了满足以上一种或几种情况发生后对人力资源的需求，以保证企业各项工作的连续性和稳定性，保障企业的生存和发展。

1.2.2　招聘的目标

1）获取所需的人才

拓展阅读 1-2

无效招聘的损失

企业招聘的目标是及时满足自身发展的需要，弥补岗位的空缺，所以招聘最直接的目标是获得企业所需要的人才。

2）降低招聘成本

企业为了招聘人才，往往会在吸引人才、选拔人才、录用人才等方面花费较多的直接费用，对于那些成长迅速而产生大量人员需求的企业和需要招聘较多优秀人才的企业来说更是如此。另外，如果招聘时企业未能识别出应聘者的真正求职动机，没做好人与岗位、部门、组织的匹配分析，就会导致过于频繁的离职出现，从而使企业产生新的招聘费用和由于离职带来的系列间接损失。另外，招聘工作还应该讲究时效性，因而时间成本也是需要关注的。由此可见，招聘工作会产生直接成本，同时会产生间接成本，所以注重成本控制的企业必然会以降低招聘成本作为招聘工作的一个重要目标。

　　3）提高招聘质量

　　企业招聘的根本目标不是找一个人放在空缺的位置上，而是找一个品德高尚、人事相符、能岗匹配、能与团队合作的合适人才，一个为企业创造满意价值的人才，一个愿干、能干、有潜力的人才。因为企业的竞争靠人才，人才的获取靠招聘，所以能否提高招聘质量直接影响着企业在竞争中的成败。刘备就是因为"招聘"到了张飞、关羽、赵云、诸葛亮而称雄三国，刘邦因为"招聘"到了张良、萧何、韩信而成就汉朝霸业，这些史例都充分说明了确保招聘质量的重要性。

　　4）规范招聘行为

　　企业都希望自己的招聘工作能够耗时少、成本低、质量高，为了实现这些目标，就需要招聘工作程序规范、方法科学，减少人为因素的干扰，避免随意性。只有招聘行为规范，才能防止人员需求申报中的本位主义（争人均经费或争人才或人情招募导致的需求扩大化、争人均效能导致的需求缩小化）、人员招募中的不参与主义（不推荐、不宣传等）、人员选拔中的形式主义和个人主义（不重视、不专业、走过场、不合作、独断专行、牟取私利等）、人员录用与安置中的无政府主义（拉帮结派、任用亲信、打击报复、抢占好岗位、配备好环境、权钱交易等滥用职权的行为）。只有招聘行为规范，才能确保以较低的成本招聘到适宜的人才，才能树立公司对内对外良好的形象，所以规范招聘行为是招聘工作的重要目标。

1.3　招聘的意义

　　从国家或地区这一宏观的角度来看，企业招聘有利于人员的合理流动，有利于就业工作，有利于人员潜能的进一步发挥。从企业自身的角度来看，招聘工作主要具有以下四个方面的意义：

　　1）招聘是企业生存发展的重要基础

　　IBM公司前总裁沃森和微软公司前首席执行官比尔·盖茨都曾强调过，只要员工在，企业就可以再生或持续生存。无论是成立新的企业，还是处于运营阶段的企业，要想发展壮大，招聘到合适的人才是关键。

　　成立新的企业，即使物质资源、经济资源、信息资源都不缺，但如果不能招聘到合适的员工去经营与管理这些资源，那么这些资源就不会产生任何价值，企业也就无法进行正常的运营。

　　对于业已存在的企业，无论是为了维持所谓的"现状"，还是为了开拓美好的未来，都需要适应不断变化的外部环境和内部条件，都需要与强劲的对手开展竞争，这种竞争要依靠谁？当然是合适的员工。所以，处于动态发展中的企业需要不断从外部引进人才或从内部调配人才——这就是招聘工作。

　　人才是企业生存和发展的基础，招聘是企业获取人才的关键，因而招聘工作对于企业的生存和发展具有决定性的影响。

　　2）招聘是企业人力资源管理工作中其他工作的基础

　　如果招聘的是"愿干、能干、进取、有潜力、品德好"的员工，则后续的培训与开发工作就会少花精力、降低成本，后续的绩效管理工作就会进行得比较顺利，就会较少出现绩效考评方面的矛盾。如果招聘工作做得到位，应聘者在招聘阶段就已经比较深入地了解了企业、部门和岗位情况，部门、主管和主要共事者在招聘阶段就已经比较全面地了解了应聘者的情况，那么双方的"结合"就可避免"闪电式结婚、闪电式离婚"，员工对企业包含薪酬在内的各方面的满意度就会较高，企业对员工各方面的满意度也会较高，这样就能降低离职率，就能保持较好的员工关系。所以，招聘工作的好坏，直接影响着后续的人力资源管理工作。

◆◆◆◆➡ 案例分析1-2

华为：用顶级挑战和顶级薪酬吸引顶尖人才

2019年6月20日，任正非在华为EMT（经营管理团队）内部讲话中强调：今年要在全世界招20名或30名天才少年加盟华为公司，明年要在全世界招200名或300名这样的天才加盟华为公司。公开信息显示：2020—2021年，华为共招聘应届毕业生约2.6万人，有300多名是华为定义的"天才少年"，至少有25位来自国内大学的顶尖应届毕业生拿到了百万年薪。华为招聘顶尖人才会采用严格的招聘标准，在最基础的简历筛选到笔试和基本面试后，还要经历主管面试、部长面试、HR面试、总经理面试等，最后还有总裁面试，每次面试都有严格的要求。

资料来源　根据网络资料整理。

问题：华为公司为什么如此注重招聘顶尖人才，为什么在甄选工作上投入这么大的精力？

分析提示：员工招聘是人力资源管理工作的重要基础，优秀人才是单位快速、健康、可持续发展的重要基石。华为公司要打赢未来的技术与商业战争，离不开技术创新与商业创新双轮驱动的核心动力，而创新就必须要有顶尖人才，因为只有这些顶尖人才才能产生顶级创新和顶级业绩。所以，华为要用顶级挑战和顶级薪酬吸引顶尖人才。另外，顶尖人才与普通人才之间有着天壤之别。Facebook的CEO扎克伯格就认为，一名优秀的工程师抵得上100个普通的工程师。为了引进顶尖的人才，Facebook不惜血本，在曾经以10亿美元收购13人的Instagram的案例中，人均花费就高达7 700万美元，堪称史无前例。

3）招聘为企业注入新的活力，增强企业创新能力

企业根据人力资源规划和工作分析的要求，通过招聘为岗位配置新的人员。新的员工在工作中会带来新的行动理念、新的管理思想和新的工作模式，有利于促进企业的制度创新、管理创新和技术创新。尤其是从外部招聘人才，能够为企业输入新生力量，可以弥补企业内部人力资源的不足，为其带来更多新思想、新观念和新技术，从而增强企业的创新能力。

4）招聘能够调动企业员工的工作积极性

当企业从外部招聘优秀人才时，由于存在"鲶鱼效应"，企业内部的员工会打破原来固有的"稳定"工作状态，更加积极主动地开展工作。

当企业采用内部招聘方式，尤其是竞争上岗方式时，由于员工都有机会去竞争某个岗位，所以在平时的工作中，在岗位上工作的人会积极主动地工作、创造良好的业绩，以保其位或为谋求其他岗位而奠定基础。另外，当企业为了消除员工长时期在某岗位上工作的疲劳、乏味感而采用定期的岗位调整策略时，这种内部招聘也能极大地调动员工的工作积极性。

拓展阅读 1-3

鲶鱼效应

1.4　招聘的原则

1）遵守国家法律法规和社会公共道德的原则

企业在招聘过程中，要遵守国家、地区的相关法律法规和政策，要遵守社会公共道德，同时应坚持平等就业、双向选择、公平竞争，反对种族、性别、年龄、身高、党派、信仰等方面的歧视，禁止雇用童工，严格控制未成年人就业，关心、保护妇女儿童、少数民族、残疾人的合法权益，努力做到先培训后上岗。在录用时，不能收取押金，不得扣押证件，同时不要录用还没有解除劳动合同关系的应聘者。在订立劳动合同时，应该本着平等协商、共同发展的原则，不得采用非法或不合情理的手段引诱、威胁应聘者订立不平等合同或签订不平等协议。

2）战略性原则

无论是出于企业战略发展的考虑，还是出于员工组织职业生涯的考虑，人才招聘工作都应该既注重当前，又注重将来。企业的招聘工作一定要有战略眼光，对于稀缺人才、高科技人才、拥有特殊技能的人才，可能企业目前暂时用不上，但为企业的未来着想，应适当储备。

3）公平竞争的原则

只有通过公平竞争才能广泛吸引人才，使人才脱颖而出，起到激励人才的作用。在招募阶段，企业应该及时将招聘的详细信息（职位名称、招聘人数、录用条件、选拔方法、时间安排等）公开发布，同时，在录用条件中不能人为制造不平等的限制和各种优先优惠政策。在甄选工作中，必须制定科学的选拔程序、录用标准，组建合适的测评队伍，选择合适的测评方法，并建立和完善监督机制。

4）能岗匹配、全面测评的原则

在招聘工作中，应该坚持知识、经验、技能、素质与岗位相匹配。一定要从品德、专业、能力、特长、个性等方面衡量应聘者与应聘岗位之间的匹配程度，尽量做到"量才录用、职得其才、人得其位、人尽其才"，避免"高才低用"和"低才高用"。另外，发展变化的外部环境和内部条件要求企业的人才必须与其保持一致，因而招聘人才时，还要注重其发展潜力，注重其知识面的宽广程度、综合素质的高低情况。

5）低成本、高效率、高质量的原则

当今社会，众多的因素使得人员易于流动，企业一般都承受着较大的用工压力，如何使企业能够低成本、高效率、高质量地完成大量的招聘工作，这是值得认真考虑的问题。企业在招聘工作中，应该尽量采用有针对性的渠道发布招募信息，选择科学合理的方法快速有效地甄选应聘者，努力做到降低成本、提高效率、确保质量。比如，社区网络、垂直招聘平台、直播带岗能够有效发布招聘信息就不需要应用大型招聘网站发布招聘信息，参加本地招聘会能够招聘合适人才的就不参加外地招聘会。再比如，高效利用简历、申请表、毕业证和资格证、电话测试等甄选方法初步筛选人才，降低后续笔试、面试、心理测试和评价中心等甄选方法的使用量，从而既降低成本又保证质量。

◆◆◆◆➡ 小思考1-1

"低成本"和"高质量"似乎是矛盾的。"低成本"意味着招募成本低，或者甄选成本低，或者录用安置成本低。招募成本低则难以吸引大量合适的求职者，甄选成本低则难以确保选拔的科学性，录用安置成本低则难以吸引优秀的候选人。那么，应该怎样平衡"低成本"和"高质量"的关系呢？

答："低成本"和"高质量"确实是矛盾的统一体，只要处理得当是可以二者兼顾的。这要求招聘人员以企业责任为己任并具备较高的专业素质，实施招募活动时尽量节省成本，开展甄选工作时尽量选用合适的方法与工具并充分做好各项准备工作，进行录用安置谈判工作时尽量坚持原则。如果不能两全其美，则以"高质量"为优先考虑的目标。

6）协调互补的原则

人各有所长也各有所短，当大家能够互相取长补短时，群体中每个人的长处都能得到充分发挥，从而避免短处对工作的影响，这样互补产生的合力比单个人的能力简单相加而形成的合力要大得多，群体的整体功能就会正向放大；反之，整体功能反向缩小，个体优势的发挥也受到人为的限制。所以，企业在招聘工作中，除了要达到"能岗匹配"的目标以外，还要注意群体的协调。一方面，应考察群体成员的理想、信念、价值观是否一致；另一方面，应注意群体成员之间的专业、年龄、技能、经验、个性等方面能否优势互补、相辅相成。

1.5 招聘的流程与内容

企业招聘工作没有公认、统一的流程与规范，企业的性质、企业所处的发展阶段、企业招聘的职位特点、企业文化等因素都会影响到企业的招聘流程。下面以一个完整、规范的招聘流程来演示企业招聘的具体步骤与工作内容。完整的招聘流程应该包括五个阶段：准备、招募、甄选、录用和评估（如图1-2所示）。

1.5.1 招聘准备阶段及工作内容

招聘准备是企业为了明确未来某段时间内的招聘需求而开展的一些工作，主要有两项重要的基础性工作：招聘环境分析和招聘需求的确定。企业的招聘工作不仅与政治、经济、文化、技术、劳动力市场、劳动政策法规等外部环境因素密切相关，而且与企业性质、地理位置、发展战略、生命周期阶段、招聘岗位性质、企业文化和招聘政策等内部因素密切相关。另外，应聘者的来源特征、年龄及婚姻状况、教育背景及家庭情况、能力与经验、个性特征、职业锚类型等因素，也对企业的招聘工作发挥重要的影响力。

具体步骤　　　　　　　　　　　　　主要工作内容　　　　　　　　阶段

```
┌──────────┐  ┌────────┐  ┌──────────┐                              准备
│招聘环境分析│←→│工作分析│←→│人力资源规划│
└──────────┘  └────────┘  └──────────┘

        ┌──────────┐      ┌────────────────────────────┐
        │招聘计划制订│──────│招聘岗位、人数、时间、方式、 │
        └──────────┘      │条件等的确定、成本预测       │
                          └────────────────────────────┘

        ┌──────────┐      ┌────────────────────────────┐
        │招聘计划审批│──────│报告主管人力资源领导或董事会批准│     招募
        └──────────┘      └────────────────────────────┘

                          ┌────────────────────────────┐
                          │征求各方意见、发布消息         │
                          └────────────────────────────┘
┌──────────────┐    ┌──────────────┐
│内部招募信息发布│    │外部招募信息发布│
└──────────────┘    └──────────────┘
                          ┌────────────────────────────┐
                          │通过各种媒体及其他渠道发布消息 │
                          └────────────────────────────┘

        ┌──────────┐      ┌────────────────┐
        │应聘者申请  │──────│收集、整理申请    │
        └──────────┘      └────────────────┘

        ┌──────────────────┐  ┌────────────────┐
        │资格审查、发甄选通知│──│根据招聘条件筛选  │
        └──────────────────┘  └────────────────┘

        ┌──────────┐      ┌────────────────┐
        │   甄选    │──────│用各种测评手段筛选│            甄选
        └──────────┘      └────────────────┘

        ┌──────────┐      ┌────────────────┐
        │   面试    │──────│据专家综合测试筛选│
        └──────────┘      └────────────────┘

        ┌──────────┐      ┌────────────────────┐
        │体检、背景调查│──│据身体要求、背景情况筛选│
        └──────────┘      └────────────────────┘

        ┌──────────┐      ┌────────┐
        │录用决策   │──────│对比抉择 │
        └──────────┘      └────────┘

        ┌──────────┐      ┌────────────────┐
        │录用手续办理│──────│确定具体部门、岗位│
        └──────────┘      └────────────────┘                录用

        ┌──────────┐      ┌────────────────────────────┐
        │适应性培训  │──────│熟悉企业文化、政策规定、工作  │
        └──────────┘      │程序，有一定的业务水平         │
                          └────────────────────────────┘

        ┌──────────┐      ┌────────────────┐
        │   试用    │──────│听取各方意见反馈  │
        └──────────┘      └────────────────┘

        ┌──────────┐      ┌────────────────┐
        │  正式录用  │──────│能岗匹配、合理配置│
        └──────────┘      └────────────────┘

        ┌──────────┐      ┌────────────────────┐
        │   评估    │──────│质量数量、成本效益等评估│         评估
        └──────────┘      └────────────────────┘
```

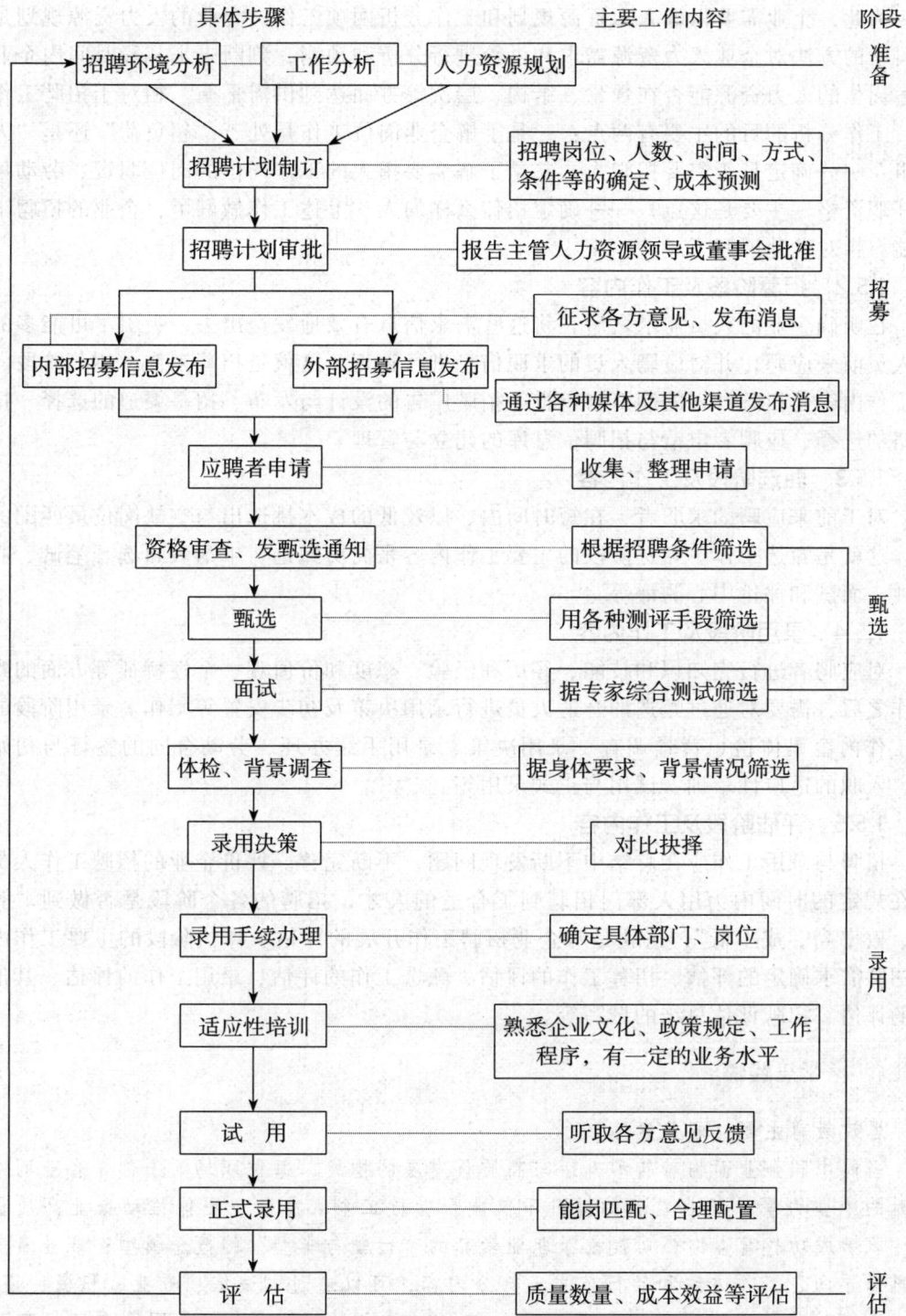

图1-2　招聘流程与内容图

　　所以，开展招聘工作之前进行招聘环境分析，有益于企业招聘工作的有效展开。企业要招到数量合适、素质过硬的员工，应该首先明确未来一段时间内企业人员的需求

量，为此，企业需要做好人力资源规划和工作分析两项工作。企业的人力资源规划是运用科学的方法对企业人力资源需求和供给进行分析和预测，判断未来某段时间内企业内部各岗位的人力资源能否在数量、结构、层次等方面达到供需平衡。相对于招聘工作而言，工作分析的目的主要有两点：一是了解企业岗位工作是处于"超负荷"还是"人浮于事"——确定是否需要招人；二是了解需要招人的工作岗位的岗位职责、劳动环境和任职资格（主要是这点）——确定招什么样的人。上述工作做好了，企业的招聘工作就能有针对性地展开了。

1.5.2 招募阶段及工作内容

在明确企业的人员需求之后，将这些需求信息有效地发送出去，吸引尽可能多的合适人员前来应聘，并对应聘人员的求职信息进行管理，这就是招募工作。招募阶段的主要工作内容是招聘计划的制订与审批、招聘广告的设计与发布、招募渠道的选择、招募策略的选择、应聘者申请与招聘信息库的建立与管理。

1.5.3 甄选阶段及工作内容

对于前来应聘的求职者，在短时间内、以较低的成本挑选出与空缺岗位最匹配的人员，这就是甄选工作。甄选阶段的主要工作内容是简历甄选、申请表甄选、笔试、心理测评、面试和评价中心测评等。

1.5.4 录用阶段及工作内容

对应聘者进行完知识和技能、经历和经验、态度和价值观、个性特征等方面的甄选工作之后，需要对通过甄选的合适人员进行录用决策及初步安置等工作。录用阶段的主要工作内容是体检、背景调查、录用决策、录用手续办理、劳动合同的签订与初始安置、入职的适应性培训、试用与正式录用等。

1.5.5 评估阶段及工作内容

招聘与录用工作应在总结中不断发现问题，不断完善。评价企业的招聘工作人员是否在规定的时间内为用人部门招聘到了合适的人才，招聘的各个阶段是否做到"时间省、效率高、成本低"，这就是对企业招聘工作开展的评估。评估阶段的主要工作内容是招聘需求确定的评估、招募工作的评估、甄选工作的评估、录用工作的评估、其他方面的评估、招聘评估总结的撰写等。

◆◆◆◆➡ 学思践悟

思政教育主题：职业素养

当前中国企业面临着转型升级与高质量发展的挑战，每位职场人士都是企业面对挑战时的中坚力量。职业素养的提升不仅能帮助员工个人成长，更能推动企业高质量发展。职场成功教育咨询公司提出了职业素养的"行驶与车型"的概念模型：职业素养包含思想导向、工作方法和品行范式三部分内容，可以通过"诚信、专业、积极、谨慎"这八个字的修炼来实现。这套理论以汽车作比喻，认为职业素养如同人在职场驾驶着"无形的车"。其中，"诚信、专业、积极和谨慎"四要素分别对应着车的承载系统、行驶系统、动力系统和安全系统，这辆无形之车很大程度上影响一个人的职业生涯和职场发展。通过不断提升四要素，可以提高职业素养，从而更好地驾驶这辆职业之车，实现职业目标并取得成功。

　　资料来源　蒋元锐.职场成功教育咨询公司：让职业素养扎根于工作和生活［N］.中华工商时报，2024-02-20.

　　要成为行业和企业需要的复合型高素质应用人才，大学生应该如何提升自己的职业素养？

随堂测1-1

基础训练

一、选择题

1.招聘最直接的目标是（　　）。

A.获取企业所需的人才　　　　　　　B.降低招聘成本

C.提高招聘质量　　　　　　　　　　D.规范招聘行为

2.人力资源管理过程主要包括人力资源规划、培训与开发、绩效管理、薪酬管理、员工关系管理以及（　　）六大职能性活动。

A.评估　　　　　B.招聘与录用　　　　C.人事管理　　　　D.解聘

3.在招聘工作中，尽量做到"量才录用、职得其才、人得其位、人尽其才"是指以下招聘原则中的（　　）。

A.公平竞争原则　　　　　　　　　　B.低成本、高效率、高质量原则

C.能岗匹配、全面考评原则　　　　　D.战略性原则

4.对企业发展而言，招聘具有的重要意义包括（　　）。

A.招聘是企业生存发展的重要基础

B.招聘是企业人力资源管理工作中其他工作的基础

C.招聘为企业注入新的活力，增强企业创新能力

D.招聘能够调动企业员工的工作积极性

5.招聘流程通常包含五个阶段：①评估、②甄选、③录用、④招募、⑤准备，其正确的次序为（　　）。

A.⑤①②③④　　　B.⑤④②③①　　　C.⑤④①②③　　　D.⑤①④②③

二、简答题

1.请结合实际，举例说明企业招聘工作的重要性。

2.企业的招聘流程由哪几个阶段组成？每个阶段的主要工作内容是什么？

综合应用

□ 案例分析

BS公司专业技术人员的校园招聘

　　BS公司是一家知名的家电企业，该公司十分青睐应聘入职的大学毕业生，准备在华南地区高校招聘50位机械设计、制冷工程、电子技术等相关专业的初级技术人员。该公司开展校园招聘活动的程序如下：

　　1.筹备和参加校园宣讲会

　　BS公司提前联系了相关大学，通过学校发布了入校招聘的宣传广告，协调了入校

招聘的时间和地点，并按计划如期在这些高校举行校园宣讲会。在宣讲会期间，求职学生可以通过领取并填写校园招聘职位申请表提交个人简历，也可以通过扫描BS公司提供的二维码或进入招聘网页填写个人简历。

2.筛选简历

公司人力资源部工作人员高效筛选收到的简历，初步确定候选人名单，并以最快的速度发布笔试和面试通知。

3.笔试

（1）素质测试题。素质测试题主要考查应聘者的观察分析力、思维灵活性、逻辑思辨性、自信心、抗压力。素质测试题由图像识别题、计算题各20道，阅读理解题与情境分析题10道构成，全部为选择题，每题5个选项。

（2）专业技能测试题。专业技能测试题按不同的专业设置。

4.面试

（1）初试。人力资源部通知通过笔试的应聘者参加初试。初试由人力资源部和相关专业技术人员组织进行，重点是考核应聘者的综合素质。

（2）复试。通过初试的应聘者参加复试，复试由相关技术部门的部门经理、技术人员组织进行，考核的重点是应聘者的技术应用能力。

5.发放录用通知

人力资源部配合用人部门对参加复试的应聘者进行综合评价，作出录用决策。人力资源部负责发布录用通知。

6.校园招聘评估

人力资源部负责对本次校园招聘进行全面评估，汲取经验教训，指导以后的校园招聘工作。

资料来源　根据相关资料整理。

问题：（1）你认为BS公司的招聘程序全面、科学吗？为什么？

（2）你认为招聘流程中最关键、最重要的阶段是什么？为什么？

分析提示：（1）BS公司的招聘程序是全面、科学的。因为它涵盖了招募、甄选和录用以及评估等核心流程，各个阶段循序渐进、环环相扣。

（2）对于难以吸引应聘者的企业来说，最关键、最重要的是招募阶段；对于难以做好选拔工作的企业（如招聘数量大、要求高，招聘人员少且水平不够的企业）来说，最重要的是甄选阶段。一般情况下，企业招聘流程中最关键、最重要的阶段是甄选阶段，因为这个阶段是企业充分了解应聘者和应聘者了解企业的互动过程，是企业发现"有能力""有兴趣""适宜"的人员的过程。

第2章 招聘环境分析

▶ 学习目标

◆ 知识目标：了解影响招聘的外部环境因素和内部环境因素；明确政策法规环境对招聘过程的影响，掌握招聘过程中规避法规风险的重要注意事项；熟知企业发展战略对招聘的影响。

◆ 能力目标：能够运用霍兰德的6种人格类型及沙因的5种职业锚类型对应聘者进行分析。

◆ 素养目标：树立依法招聘意识，规范招聘行为，响应国家稳就业政策，促进平等就业。

▶ 引例

移动互联网招聘对传统网站招聘的冲击

20多年前如日中天的现场招聘（不包括应届生的现场招聘），如今已日薄西山；10多年前如火如荼的传统招聘网站，如今已风光不再；近年来，基于移动互联网的社交招聘、垂直招聘、直聊招聘、AI招聘正快速崛起。

传统网络时代，求职者习惯于在招聘网站上填写简历和搜索岗位，企业习惯于在招聘网站上发布招聘信息和搜索合适的应聘者，传统招聘网站上塞满了海量的信息，结果一边是用人企业在招聘网站难招到合适人才，另一边是求职者抱怨投递出去的简历如石沉大海。移动互联网时代，招聘小程序、招聘公众号、微信、微博等成为主流招聘渠道。垂直招聘网站专注某一特定领域、满足某一特定类型需求，其特点是"专、精、深"，如针对程序员的庞果网、针对互联网行业的拉勾招聘和BOSS直聘、针对中高端客户的猎聘网。社交招聘主要通过社交网络平台开展招聘活动，其价值在于加速招聘方与候选人建立联系，如领英、若邻网、创业邦、仟寻等都是较知名的社交招聘平台。直聊招聘模式，在"移动+智能匹配"的基础上，将在线聊天功能引入招聘场景，让应聘者和用人单位直接沟通，跳过传统的冗长简历筛选环节，提升了沟通效率。

移动互联网时代，招聘平台推陈出新，求职者越来越青睐于移动招聘载体，招聘人员必须迎接技术变化和求职者行为方式转变所带来的挑战。

资料来源　根据相关资料整理。

这一案例表明：日新月异的科技发展给传统招聘网站带来了挑战。企业在人才争夺战中，应加大对移动互联网招聘的运用，突破传统网络招聘的老套路，用社会化媒体营销的思维做好招聘，以创新的形式迎合目标受众。借助新兴网络媒体平台，整合内外部渠道资源，创新性地做好招聘工作。

2.1 招聘外部环境分析

组织招聘的目的是发现和吸引符合组织要求的潜在人力资源，保证在组织需要时能够雇到新员工。在很多情况下，吸引并招聘到满足组织要求的人员并非易事。在招聘过程中，无论是吸引人员，还是最终招聘到合适的员工，都会受到很多因素的影响。具体来说，政治、经济、文化、法律等许多外部因素都影响着组织的招聘工作，这些因素对于组织来说是不可控因素，其影响不容忽视。

2.1.1 政治环境

伴随着经济全球化步伐，企业的招聘工作也需要国际化（主要是人才的本土化），这就需要认真地分析企业所在国的政治环境。政治环境分析的重点是政治（政权）稳定性和政策法规的变化性。很难想象，企业可以在一个政权动荡、战火纷飞、政策多变、法规常改的国家正常地开展招聘工作。在政局不稳的国家进行招聘工作，企业要提前做好以下几方面工作：做好政治冲突、社会动态、政策动向等方面的深入分析和预测；制订灵活的招聘计划，如适时调整招聘规模、岗位需求以及招聘渠道；强化与当地政府和社区的关系，争取得到更多的支持；采用多元化的招聘渠道，如网络招聘平台、社交媒体、猎头公司等；提前进行风险评估，并制定相应的应对策略，如建立紧急应对机制、准备备选方案等；严格遵守当地的法律法规，确保招聘活动的合法性和规范性。

2.1.2 经济环境

1）经济形势

组织招聘往往受到国家和地区宏观经济形势的影响。当经济发展缓慢时，各类组织对人员的需求减少，而在经济快速发展阶段，各类组织对人力资源的需求也呈增长的态势。随着人们对经济可持续发展和环境保护的关注，随着物质生活的富足、文化生活的丰富、人们对自己和家人健康的重视，以及环境保护行业和大健康行业的迅速发展，社会对环境科学和身心健康科学方面的人才产生了极大的需求，这种需求无论是从数量上还是从质量上都是潜在而巨大的。

通货膨胀对企业生产的经营成本会产生重要的影响，进而影响到招聘成本。高通货膨胀率对招聘的直接影响体现为招聘过程所涉及的各项开支（包括广告费用、交通费用、招聘人员的工资、面试费用等）都会增加，这在高级管理人才与高级专业人才的招聘中尤为明显。

2）经济政策

（1）财政政策对招聘活动的影响。当政府实施扩张性财政政策时，会增加对基础设施建设、教育、医疗等领域的投资，从而推动相关产业的发展并刺激就业增长。另外，通过减免企业税收和个人所得税等财政手段，可以减轻企业和个人的经济负担，激发市场主体的活力，提升企业盈利空间，从而增加企业对劳动力的需求。

（2）货币政策对招聘活动的影响。中央银行通过调整利率、准备金率、公开市场操作等手段来影响整体经济活动和就业市场。降低利率和实行宽松的货币政策有助于刺激经济增长和投资，企业更容易获得贷款进行扩张或投资，进而增加人员招聘需求。

拓展阅读2-1

新时代就业领域的变革与突破

（3）地方人才政策对招聘活动的影响。人才是第一资源，如果中央政府为了加速推进某地区的经济发展而给予一系列的人才优惠政策，必然会吸引更多的人才来求职，从而给企业带来更多的人才选择机会。例如，我国实施西部大开发战略，各地政府及企业制定了一系列吸引优秀人才的政策，西部地区对人才的需求增加了。当前，全国在上演"抢人才"大战，各地争先恐后地出台了配合经济社会发展的人才引进政策，如长三角和粤港澳的人才引进计划、香港的优才计划等。

2.1.3　技术环境

技术进步对企业招聘活动的影响主要体现在以下四个方面：一是技术进步引起招聘职位分布以及职位技能要求发生变化；二是技术进步对招聘数量产生影响；三是技术进步对应聘者素质产生影响；四是技术进步对招聘方式产生影响。这四个方面的划分并不是绝对的，存在着相互交叉。

1）技术进步与劳动力市场

随着技术的进步，在不同的地区和行业，就业职位需求的分布发生了变化。当前，司炉工、纺织工、电话接线员、公交售票员等岗位已经消失，传统制造业工人、销售人员、仓库管理员、讲解人员、普通程序员、咨询类律师等岗位的人数大大减少，而AI伦理审查师、绿色能源规划师、虚拟现实（VR）体验设计师、基因编辑顾问、智能家居定制师、数据分析师、人工智能工程师、AI训练师等一系列新兴产业的工作岗位不断涌现。总体来说，从职位分布和数量来看，技术进步对普通技术人员的负面影响更大，对从事复杂专业技术岗位的人相对有利。

2）技术进步与企业人力资源招聘数量

随着新技术的应用，企业劳动生产率的提高，在生产经营规模不变的情况下，企业人力资源需求总量必然会减少，但是质量会提高，并且人力资源的结构也会发生变化。人工智能将以极快的速度消灭充满重复性劳动的低端岗位。在可预见的未来，人工智能将消灭低技能、标准化、重复性劳动的岗位，也会逐步消灭低创造性的岗位。

3）技术进步与就业者的基本素质

技术进步要求就业者具备更高的教育水平和更熟练的技术，这样，掌握先进技术的人必然取代技术落后者，那些被取代的人由于原有技术过时，将难以顺利应聘。所以，技术进步改变了职位的技能要求：有的是降低岗位技能要求，或使某些技能变得多余；有的是增加某些技能；有的要求更高水平的沟通和管理技巧。技术进步对不同行业的影响有所不同。

拓展阅读2-2

让招聘更简单——聘快线挖据AI招聘新力量

4）技术进步与招聘方式

技术进步不断改变着人们的工作方式，招聘工作亦然。从没有网络平台时期的现场招聘，到综合性互联网平台时期的需求信息发布和海量不确定性简历筛选，到垂直化和细分化的互联网（含移动互联网）平台的专业性和针对性招聘，再到人工智能和大数据时代的AI招聘（简历筛选、人脸识别、表情和情感辨识等），招聘工作人员不断适应着技术进步带来的变化。

2.1.4 文化与习俗环境

1）文化背景

吉尔特·霍夫斯塔德（Geert Hofstede）研究的文化理论显示，文化背景与招聘具有很强的相关性。

在权力距离大的民族文化国家中，企业在人力资源管理实践中倾向采用专制的领导行为和集权的决策方式。霍夫斯塔德经研究发现，印度是一个权力距离大的国家。在研究印度银行的过程中，Sekaran和Snodgrass指出，高级经理的独裁行为导致雇佣政策和工作分配中的集权决策，高级经理不愿意针对这些政策问题同员工或工会协商。

个人主义文化背景的企业希望雇用具有工作技能或经验的人从事某项工作，它们鼓励求职者向公司投递个人简历。在美国、澳大利亚和英国等个人主义文化盛行的国家，企业大都采用这种方式招募新员工。但在日本、葡萄牙等集体主义文化盛行的国家，企业强调求职者的可信任度、忠诚度和团队精神，它们愿意招募有所了解的人，如公司员工的朋友或亲戚。

2）社会习俗

社会习俗也会对企业的招聘活动产生影响。长期受社会习俗的影响，人们会形成一定的择业观念，这些观念直接影响人们的职业选择甚至对教育的选择。例如，长期受"官本位"意识、"学而优则仕"等观念的影响，很多家长希望孩子以后成为"劳心"的白领，而不愿成为"劳力"的蓝领，这就导致了技工学校生源匮乏，反映到企业的招聘活动中则表现为高级技工招聘难度大，使得有些企业不得不打出"年薪十几万"的招牌吸引高级技工，上海市有些企业甚至为高薪引进的高级技工提供了与博士生入沪同样的优惠政策。同样是受"不愿伺候人""伺候人低人一等"等观念的影响，导致很多大城市的下岗职工宁肯从政府领取失业救济金也不愿意从事清洁、家政服务等工作，这就产生了矛盾：一方面大量下岗职工需要重新安置就业；另一方面大量空缺的服务性岗位却难以补充。

2.1.5 劳动力市场环境

劳动力市场是招聘工作的主要场所和前提条件。企业的人员结构、素质水平、工作结构、现有或预期的人力资源最终取决于劳动力市场的结构和作用。劳动力市场状况也影响着企业招聘计划、范围、来源、方法和所必需的费用等方面。为有效开展招聘工作，招聘人员必须密切关注劳动力市场环境的变化。

首先，劳动力市场的不完善将影响招聘成本。在完善的劳动力市场中，供求双方信息充分，中介机构提供职业指导和就业咨询，开展各种能力或心理测评，开展人事代理活动，这样招聘方和应聘者都能得到充分的信息交流和评估，有利于降低交易成本；反之亦然。

其次，劳动力市场能否满足特定组织招聘的要求，取决于劳动力市场上劳动力资源的数量、种类、质量与结构。在一定时期、一定区域范围内，劳动力市场所能提供的劳动力在数量、种类、质量和结构方面都是既定的，可能存在供过于求或供不应求的状况，这会影响到企业招聘工作。

2.1.6　区域人力资源基本状况

区域经济增长取决于区域拥有的物质资本存量和人力资源存量，而区域的经济竞争能力越来越取决于该区域人力资源的质量。改革开放以来，我国区域经济呈现出东、中、西部之间差距不断扩大的格局，造成这种状况的原因很多，人力资源的跨区域大流动是其中最重要的一个。20 多年前，不仅"孔雀东南飞"，"麻雀"也"东南飞"，造成中西部地区人才大量外流，当地企业很难招聘到优秀人才，甚至完全招不到人；近年来，随着中西部经济的发展和东部地区产业升级和产业转移，大量外出务工人员返流到中西部地区。区域人力资源基本状况对所在区域的企业招聘工作产生了不同方面的影响。如果区域人力资源基本状况呈现良好态势，则代表本区域可获取的优秀人才资源丰富，企业招聘工作就好做。

2.1.7　工会组织

现在，中国有越来越多的企业在欧美国家投资设厂或兼并欧美国家企业。在欧美国家有工会组织的行业和企业中，工会会员的聘用条件和待遇是由工会同资方通过集体谈判确定的，并以劳动合同的形式固定下来。劳动合同中规定的条款一般都会涉及用工和岗位的要求及劳动报酬。就工作岗位的要求而言，要明确列出工作职责和任务范围，列出工作的级别（以便日后升降之用）。这些都要经过双方的谈判方能确定。同样，内部劳动力市场的运作方式，比如工作岗位通报方式和工龄制度，也都要协商解决。至于劳动报酬的内容和水准，更是如此。因此，企业招聘时一定要熟知这些国家工会的作用和运作情况。

2.1.8　劳动政策法规环境

党的十八大以来，习近平总书记围绕全面推进依法治国发表了一系列重要论述。2020 年中央全面依法治国工作会议确定了习近平法治思想在全面依法治国工作中的指导地位，我们要切实把习近平法治思想贯彻落实到劳动政策法规，特别是与招聘工作相关的政策法规中去。

国家劳动政策法规越来越完善，企业劳动用工也越来越规范。招聘是企业人力资源管理核心业务的首要环节，在招聘过程中稍有不慎，就会埋"地雷"，极有可能给企业带来不必要的损失。因此，要防范企业劳动用工风险，需要从招聘之初就密切关注劳动政策法规环境。下面从招聘工作的具体操作步骤出发，谈谈需要重点注意哪些政策法规。

1）招聘广告受政策法规的影响

许多人认为招聘广告只是招聘人员的一种宣传手段而已，不存在什么法律风险。其实招聘广告撰写得不好，极有可能留下"隐患"。在撰写并发布招聘广告时尤其应注意：

第一，避免招聘信息中出现就业歧视问题。当招聘广告中将应聘者与生俱来的、自己无法改变的"个人属性"（比如应聘者的性别、年龄、户籍，乃至血型、相貌等）设定为招聘条件时，就构成就业歧视。

《中华人民共和国就业促进法》（2015 年修正，以下简称《就业促进法》）第三条明确规定劳动者依法享有平等就业和自主择业的权利。劳动者就业，不因民族、种族、性别、宗教信仰等不同而受歧视。《就业促进法》第三章专门规定了公平就业的内容，明确了就业歧视的具体内容，如性别歧视、疾病歧视等。

第二，招聘广告应具体描述职位要求、录用条件。

根据《中华人民共和国劳动合同法》（2012年修正，以下简称《劳动合同法》）第三十九条的规定，劳动者在试用期间被证明不符合录用条件的，用人单位可以解除劳动合同。由此可见，用人单位行使这项权利是有条件的，即用人单位要证明劳动者不符合录用条件。具体到不符合哪一条录用条件，举证责任在用人单位，而最有力的证据之一就是招聘广告。所以在招聘广告中，单位一定要明确自己的招聘条件，并注意将此广告存档备查，并保留刊登的原件，这样，在试用期因解聘员工而产生纠纷时，用人单位就可处于主动地位，避免出现因举证不能而败诉的风险。

◆◆◆◆➡ 案例分析2-1

试用期可以员工"不符合录用条件"为由而随便解聘员工吗？

2023年12月25日，张某通过校园招聘会入职BBA公司，岗位为招聘工作专员，试用期为6个月。张某入职后，存在新入职员工信息录入错误、招聘面试准备工作失误、向应聘人员说错公司薪酬政策等情况。2024年3月6日，公司以张某试用期不符合录用条件为由与其解除劳动合同，并不予经济赔偿。

张某认为公司解除自己劳动合同的条件不成立，解除合同必须给予赔偿金，因此，当即向劳动争议仲裁机构申诉。

劳动争议仲裁机构根据BBA公司校园招聘广告、张某入职资料签署声明、劳动合同、员工考勤制度和张某出勤记录、张某工资发放凭证等材料，作出如下裁定：BBA公司并未提交证据证明录用张某时的录用条件，故公司认定张某不符合录用条件没有依据，不能引用《劳动合同法》中的"不符合录用条件"解除合同。另外，公司需支付张某赔偿金8 250元。

问题：这一案例说明了什么问题？

分析提示：我国的劳动政策法规对试用期解聘作出明确的限定，其中最容易被忽视的关键点就在于"被证明"以及"录用条件"。本案中，如果BBA公司在招聘广告中明确了录用条件，或者在招聘广告中先笼统地说明录用的条件，然后再在劳动合同或入职登记表上具体列明录用条件。如果在工作中张某确实有不符合录用条件的客观行为（记录），那么公司与张某解除合同就是合法的了。

公司要以"不符合录用条件"为由与员工解除劳动合同，至少需要做好以下三项工作：一是在招聘广告中设置可评可测、合法合规的录用条件；二是入职时与被录用者签订录用条件告知书；三是保留工作中不符合录用条件的相关证据。

资料来源　根据实际案例和相关法规编写。

2）体检受政策法规的影响

健康状况审查非常重要，但要遵守法规。《劳动合同法》第四十条规定：劳动者患病或者非因工负伤，在规定的医疗期满后不能从事原工作也不能从事由用人单位另行安排的工作的，用人单位可以解除劳动合同，但是应当提前30日以书面形式通知劳动者本人或者额外支付劳动者一个月工资。由此可见，规定的医疗期届满解除劳动合同的条件有两个：一是劳动者不能从事原来的工作；二是用人单位另行为该员工安排工作，如果另行安排的工作还不能胜任的，用人单位才可以解除劳动合同。因此，如果在招聘时不严格审查应聘者的健康状况而导致身体不健康的员工进入公司，那么用人单位事后将要付出不必要的成本。

《就业促进法》第三十条规定：用人单位招用人员，不得以是传染病病原携带者为由拒绝录用。但是，经医学鉴定传染病病原携带者在治愈前或者排除传染嫌疑前，不得从事法律、行政法规和国务院卫生行政部门规定禁止从事的易使传染病扩散的工作。应使用国家统一规定的体检项目，统一安排体检，体检结果应直接转到人力资源部门。

◆◆◆◆➡ 案例分析2-2

首张乙肝就业歧视行政罚单开出　　公司领罚700元

2010年4月，李晓娜（化名）经几轮求职面试，被苏州苏源房地产开发有限公司正式录用，随后公司通知她到医院进行入职体检。李晓娜自行做了普通入职体检，但该公司通知其必须补做乙肝两对半的检查，结果显示其中两项指标呈阳性，属于传染性极小的乙肝病毒携带者。2010年5月，该公司以工作能力无法胜任为由，通知李晓娜解除劳动关系，其后该公司承认是因为乙肝两对半的检查结果问题导致她被解除劳动关系的。李晓娜离开该公司后，向当地人力资源和社会保障局正式递交了行政投诉信，同时向法院提起民事诉讼要求乙肝就业歧视赔偿。当地人力资源和社会保障局经详细调查并确认相关违法事实后，于2010年8月5日向该公司正式下达了劳动保障监察行政处罚决定书，对该公司将乙肝病毒血清学指标作为招用人员的体检项目作出700元罚款的处罚，此处罚是我国首个对乙肝就业歧视行为作出的行政处罚。时隔一个月，该公司与李晓娜达成和解协议，该公司向李晓娜支付了3 000元的赔偿金。

资料来源　佚名. 中国开出首张乙肝歧视行政罚单［N］. 法制日报，2010-09-20.

问题：这一案例说明了什么问题？

分析提示：用人单位以携带乙肝病毒为由歧视劳动者的平等就业权利，是从入职体检开始的，这也让劳动者追求快乐生活、认真工作的美好愿望成了泡影。为保护劳动者的平等就业权和劳动权，国家出台了一系列法律法规禁止在入学、就业中歧视乙肝病毒携带者。《就业促进法》和《就业服务与就业管理规定》明确规定不得以求职人员是传染病病原携带者为由拒绝录用，禁止用人单位招用人员将乙肝病毒血清学指标作为体检项目。同时法律还规定了用人单位强制检查乙肝病毒血清学指标的损害赔偿责任，劳动保障部门有权责令改正并处罚款。

3）背景调查（学历、身份证、资格、工作经历等的审核）受政策法规的影响

求职者在简历的制作过程中为了迎合用人单位的需要，不排除可能会添加水分。这就需要对应聘者的背景进行调查。《劳动合同法》也明确赋予了用人单位背景调查的权利，《劳动合同法》第八条规定："用人单位有权了解劳动者与劳动合同直接相关的基本情况，劳动者应当如实说明。"

如果在招聘时，对应聘人员的身份、学历、资格、工作经历等审查不严格，一方面

会招到不胜任公司工作的员工；另一方面企业可能触犯法律法规，面临行政处罚。从法律的角度看，对员工背景调查的内容包括以下几点：

（1）年龄是否达到16周岁。禁止使用童工是国际社会的普遍做法，我国也明确规定禁止使用童工。童工是指未满16周岁的劳动者。《中华人民共和国劳动法》（2018年修订，以下简称《劳动法》）第九十四条和《禁止使用童工规定》（2002年版）中都有相关的规定。单位使用童工属于违法行为，需要承担如下法律责任：用人单位使用童工的，由劳动保障行政部门按照每使用一名童工每月处5 000元罚款的标准给予处罚；在使用有毒物品的作业场所使用童工的，按照国务院制定的《使用有毒物品作业场所劳动保护条例》规定的罚款幅度，或者按照每使用一名童工每月处5 000元罚款的标准，从重处罚。劳动保障行政部门应当责令用人单位限期将童工送回原居住地，交其父母或者其他监护人，所需交通费和食宿费全部由用人单位承担。童工患病或者受伤的，用人单位应当负责送到医疗机构治疗，并负担治疗期间的全部医疗和生活费用。童工伤残或者死亡的，用人单位由市场监督管理部门吊销营业执照或者由民政部门撤销民办非企业单位登记；用人单位还应当一次性地对伤残的童工、死亡童工的直系亲属给予赔偿，赔偿金额按照国家工伤保险的有关规定计算。

（2）学历、工作经历等信息的真实性。用人单位招聘员工的基本条件是符合应聘工作岗位的任职要求，但由于就业形势严峻，求职者简历信息虚假现象屡见不鲜。虽然按照《劳动合同法》第二十六条的规定，劳动者在签订劳动合同时存在欺诈行为的，合同属于无效合同，用人单位事后可以与其解除劳动合同，但这对企业来说得不偿失，因为用人单位在支付招聘成本的同时，不仅没有招到合适的人选，还导致劳动争议，随后为了再找到合适的人选又要支付相应的招聘费用，延误了企业的正常生产经营活动。所以，为了防范这种风险，用人单位要充分行使自己的知情权，详细核实劳动者的信息。

（3）是否与其他企业存在未到期劳动合同。《劳动合同法》第九十一条规定：用人单位招用与其他用人单位尚未解除或者终止劳动合同的劳动者，给其他用人单位造成损失的，应当承担连带赔偿责任。为了防范这一风险，企业在招聘员工时，一定要查验劳动者与先前单位解除或终止劳动合同的证明，以及其他能够证明该劳动者与任何单位不存在劳动关系的证据，才能与其签订劳动合同。

（4）是否与其他单位签订竞业限制协议。企业在招聘一些知识型、技术型或从事某一管理岗位工作以及掌握企业一定商业秘密的员工时，应当对其是否与其他单位签订竞业限制协议进行认真审查，否则将有承担连带赔偿责任的风险。因此在员工招聘前，审查确认其是否与其他单位签订竞业限制协议是非常重要的。人力资源部门可以通过审阅员工与原单位签订的劳动合同，或向原单位致电、致函进行调查，从而可以防止企业承担不必要的责任。

4）发放录用通知书受政策法规的影响

经过面试、体检、背景调查等程序之后，就需要向拟录用的劳动者发送录用通知书，通知劳动者来单位签订劳动合同。需要指出的是，录用通知书已不再是暗含法律风险，而是本身就具有法律效力，一旦发出就产生相应的约束力，如果操作不当会给公司带来不必要的麻烦，其关键在于录用通知的效力问题。《劳动法》对此没有相应的规定，但是根据《中华人民共和国民法典》（以下简称《民法典》）的规定，录用通知在法律上的属性应为"要约"。《民法典》第四百七十二条规定，要约是希望与他人订立合同的意思表示，该意思表示应当符合下列条件：（1）内容具体确定；（2）表明经受要约人承诺，要约人即受该意思表示约束。"内容具体确定"，也就是当事人不需进一步协商，受要约人单纯地接受就可以成立合同。"表明经受要约人承诺，要约人即受该意思表示约束"，表明要约人受合同的约束。要约人把成立合同的最终权利交给了对方。承诺是受要约人以作出声明或以其他行为对某一要约表示同意。承诺一旦生效，就产生合同约束力。

◆◆◆◆➡ **案例分析2-3**

企业录用通知书具有法律效力吗？

刘某是某大学的大四学生。毕业之际，经过两轮面试，他被一家知名外企看中。第二轮面试结束后，负责面试的公司负责人直接向刘某发放了录用通知书。该通知书上写明了刘某的职位、月工资标准、年终奖、其他福利待遇和报到时间。刘某觉得很满意，此后他便没再参加其他招聘，开开心心地过完了在学校最后的一段时光。

毕业后，刘某如期去公司报到，可意想不到的事情发生了，他被告知公司因故需要临时裁员，新录用的员工都不予聘用。刘某不愿意接受这样的事实，于是向劳动争议仲裁委员会申请劳动仲裁，要求公司承担赔偿责任。劳动争议仲裁委员会支持了刘某的请求。

资料来源 佚名. 企业录用通知书具有法律效力吗 [EB/OL]. [2021-01-22]. http://www.fqxww. cn/news/benbu/2013-01-22/46071.html.

问题：录用通知书的法律效力如何？用人单位能否撤销？

分析提示：本案中，公司向刘某发出了录用通知书，注明了工作岗位、工资报酬、报到日期等，同意录用刘某的意思是很明确的，显然属于要约。根据《民法典》第四百七十六条的规定，要约可以撤销，但是有下列情形之一的除外：（1）要约人以确定承诺期限或者其他形式明示要约不可撤销；（2）受要约人有理由认为要约是不可撤销的，并已经为履行合同做了合理准备工作。而本案中，录用通知书已送到了刘某的手中，刘某也已经同意，并未参加其他招聘，这说明刘某不仅发出了承诺，而且为履行承诺做了一系列准备工作。在这种情况下，公司如果单方面撤销录用通知书，就要付出法律的代价。

5）签订劳动合同受政策法规的影响

在劳动合同签订的过程中，企业要把应聘者将从事工作的工作内容、工作条件、工作地点、职业危害、安全生产状况、劳动报酬以及员工需遵守的企业主要规章制度等方面的内容写入劳动合同中。因为《劳动合同法》第八条对企业的告知义务作出了明确规定，在企业未履行告知义务的情形下，这种行为会对合同效力产生影响，隐瞒真实情况，诱使对方作出错误的判断而签订劳动合同，可认定为欺诈，这样员工不但可以单方要求解除劳动合同，还可要求企业支付经济补偿金。

另外，劳动合同中关于最低工资、试用期长短及相关待遇、劳动合同类型（固定期限、无固定期限、以项目期限为准）、培训协议、竞业限制、劳动时间等方面的内容一定要合法。企业与应聘者签订劳动合同，一定要及时，不能收取押金、扣留证件。

综上所述，在招聘领域存在很多法律风险，因此要求人力资源管理人员严格把好招聘关，在招聘的各项具体工作中，熟悉相关的政策法规，争取做到事先防范。同疾病防治类似，事先防范与事后治疗相比，事后治疗的成本更高、效果更差。事后治疗往往是诉讼或者仲裁，由于第三方介入争议裁决，为第三方裁决投入的成本，自然超过正常的交易成本，且结果具有不确定性。因此，有效的事先防范，能够避免法律风险，可以保障企业劳动用工的正常、持续、健康运转。

2.2 组织内部环境分析

尽管宏观经济形势、劳动力市场的供求关系等外部因素影响着组织的招聘工作，但是许多内部因素对组织招聘起着决定性作用。

2.2.1 企业的行业和产权性质

企业所处行业的性质与发展前景将影响企业的未来，一般来讲，新兴产业、朝阳产业发展前景广阔、发展机遇多，对新员工的需求量大，对应聘者的吸引力大，招聘难度相对较小，如光电、新能源、电子商务、人工智能、大数据等产业，特别是电子商务行业（如网络主播、职业电竞选手、电商模特、新媒体运营编辑等岗位需求十分旺盛）。因此，行业性质不仅直接决定了企业的总体战略和具体实施的人力资源战略，而且对该行业的人力资源培养、供给和使用，也会产生深刻的影响。

即使在同一行业，不同企业的招聘工作差异也很大，这主要取决于企业自身的特点，特别是企业的性质。一般情况下，应聘者对知名外资企业、民营企业比较青睐，这主要是因为它们在用人理念方面重培养、重能力，不搞论资排辈，同时灵活的用人政策以及相对较高的薪酬待遇也是吸引应聘者的关键。

2.2.2 企业的地理位置

招聘单位所处的地理位置对人员招聘工作有着很大的影响，特别是我国经济发展很不平衡，这在很大程度上造成各地区人才分布极不平衡。一方面，经济发达地区各类人才蜂拥而至；另一方面，经济欠发达地区各类人才纷纷外流，这在很大程度上又制约了这些地区经济的发展。经济发达地区各类人才相对充足，这为人员招聘与选拔提供了更多的选择，而经济欠发达地区环境艰苦，人才匮乏，增加了这些地区人员招聘的难度。现在国家和地区推出一系列政策，鼓励各类人才到经济相对落后的地区工作，这些经济相对落后地区的企事业单位在吸引人才方面也采取了很多优惠而灵活的政策，为人才引进创造了条件。

2.2.3 企业的发展战略

一个企业发展战略的选择会对企业招聘工作产生巨大影响。

首先，企业的发展战略决定了企业对人力资源的需求状况。当企业作出快速更新产品、拓展市场、加速发展等战略决策（扩张型战略）时，往往需要招聘大量人才；相反，当企业选择缩短产业链、减少产品类型等战略（收缩型战略）时，往往会作出裁减员工的决定。

其次，企业发展战略的选择决定了企业招聘人员的素质与类型。例如，选择多元化发展战略的企业需要招聘背景多样化的员工，选择国际化发展战略的跨国企业决定了其招聘来源的国际化。

最后，企业的发展战略决定了企业招聘策略的选择。R.E.迈克斯和C.C.斯诺依据生产任务方法将企业发展战略划分为三种，即防御型战略、探索型战略和分析型战略。在三种不同战略类型的企业中，应采用不同的招聘方法。在防御型企业中，倾向于内部提拔，特别是高层次的职位。在探索型企业中既采用内部提拔，也注意外聘有经验的员工，对高层次的职位更多采用外聘方法。表2-1的最后一行表明了不同的企业战略类型所对应的招聘决策。

表2-1　　　　　　　　　　　　　　　企业发展战略类型

特征	防御型战略	探索型战略	分析型战略
生产-市场战略	有限、稳定的生产范围；可预测的市场	广阔的、变化的生产范围；变化的市场	稳定的、变化的生产范围；可预测的、变化的市场
研究与开发战略	主要局限在产品改进上	广泛的；强调首先打入市场	集中的；强调第二个进入市场
生产战略	高价值/低成本；强调效率和过程管理	强调效率和产品设计	高价值/低成本；强调过程管理
市场战略	主要局限于销售工作	集中于市场研究	广泛的市场活动
人力资源计划	正式的、广泛的	非正式的、有限的	正式的、广泛的
招聘决策	侧重于在内部招聘、晋升	侧重于外部招聘	内部招聘与外部招聘都重视

◆◆◆◆➡ 小思考2-1

李经理是A企业的招聘经理，在2023年招聘工作中一直处于"救火"状态，因为业务部门在年初没有制订其年度的人力资源需求计划，或者在年初时提出的需求只是"拍脑袋"决定的，没有经过充分的论证及分析，导致从年初到年尾都不断发出招聘需求，而且都说很紧急。李经理被这些突发性招聘需求弄得焦头烂额，有时费了很大的劲儿找到意向候选人，业务部门却说招聘需求没有了，这让李经理备受挫折。请问李经理该如何做？

答：招聘工作者必须关注企业发展战略。如果不关注战略，很可能在工作中只能做"救火队员"，不断被动地去"灭火"。反之，更早、更准确地把握公司业务战略意图，从业务战略出发去思考人力资源的规划布局以及人才的储备与甄选工作，才能让招聘工作者更高效地满足公司人才需求，甚至预见与主导需求。

资料来源　佚名. 招聘工作者应当具备的战略视野［EB/OL］.［2023-04-03］. http://www.renshi-china.net/Article/627.html.

2.2.4　企业的发展阶段

显然，人力资源管理职能的相对重要性是随着企业所处的发展阶段而变化的。由于产品或服务范围的扩大需要增设新的岗位和更多的人员，所以处于增长和发展阶段的企业比处于成熟或下降阶段的企业需要招聘更多的员工。除了改变招聘规模和重点，处于发展阶段的还在迅速扩大的企业可能在招聘信息中强调雇员有发展和晋升的机会，而处于成熟阶段的企业则会尽可能在其招聘信息中强调工作岗位的安全性和所提供的高工资和福利。

2.2.5　企业的社会形象

企业是否在应聘者心中树立了良好的形象以及是否具有强大的号召力，将从精神和行动两方面影响招聘活动。相信每一位员工都希望自己能为优秀的公司服务，应聘者会为有能力进入公众认可的优秀企业而自豪，所以具有良好社会形象的企业在招聘宣传、招聘方式选择等前期工作中可以不费吹灰之力，单凭它们在公众中的声望，就能很容易地吸引大批的应聘者。

2.2.6　企业的文化

企业文化是一种在从事经济活动的组织中形成的组织文化，它包含的价值观念、行为准则等意识形态和物质形态均为该组织成员所共同认可。企业文化是一个企业的灵魂，它无时不有、无所不在地影响着企业的方方面面。招聘作为企业人力资源管理的关键性环节，也在很大程度上受到企业文化的影响，如果招聘和企业文化导向一致，则会使企业如虎添翼，反之，则会使企业寸步难行。企业文化对招聘的影响，主要表现在以下两个方面：

（1）企业文化不同，其招聘的对象不同。有什么样的企业文化，直接决定了企业需要招聘什么样的人才。例如，松下对应聘者考察时很注意其忠诚度，而微软、华为则注重应聘者的创新性思维能力。

（2）企业文化不同，其招聘的方式和途径不同。一般而言，强调创新和学习的企业文化要求以外部招聘为主，这样的企业外部环境和竞争情况变化非常迅速，选择外部招聘可以为企业带来新的观念和思维方式，增强企业的活力。发展迅速的高新技术企业大多属于这样的企业，如IT企业。而强调稳定的企业文化要求以内部招聘为主，因为这样的企业外部环境比较稳定，企业需要的是平稳的发展，选择内部招聘可使企业内部安定，并且它的激励作用更能让员工安心工作，确立归属感。这对于传统型的企业，如工业企业，更为有效。

2.2.7　企业的招聘政策

组织内部的人事政策决定了组织的招聘政策和招聘活动。一些大型组织由于工作岗位较多，一旦出现岗位空缺，更倾向内部招聘，以便为员工提供更多的工作轮换和晋升机会，为员工发展创造空间。相对而言，小型组织更倾向从组织外部招聘有岗位工作经验的人员。随着网络技术的发展，越来越多的企业开始采用网络招聘，有些公司甚至规定只接受网上申请。宝洁（中国）有限公司一直是校园招聘的积极参与者，而有些公司则更愿意招聘有若干年工作经验的求职者。

企业的招聘政策影响着招聘人员选择的招聘方法。例如，对于要求较高业务水平和技能的工作，企业可以利用不同的来源和招聘方法，这取决于企业高层管理者是喜欢从内部还是从外部招聘。目前，大多数企业倾向从内部招聘上述人员，这种内部招聘政策可以向员工提供发展和晋升机会，有利于调动现有员工的积极性，其缺点是可能将不具备资格的员工提拔到领导岗位或重要岗位。

此外，组织的薪酬政策、培训政策等都直接决定了组织在劳动力市场上的竞争力。IBM（中国）有限公司除了向员工提供极具竞争力的薪金，还制订了完善的福利计划，包括带薪假期、住房补助、进修资助、医疗及退休保障计划，以及各类保险计划等。上海贝尔有限公司建立了完善的员工培训体系，鼓励员工接受继续教育，如MBA、硕士或博士学历教育，公司为员工负担学习费用。所有这些政策都将提高公司在劳动力市场上的竞争力。

2.2.8　招聘职位的性质

企业招聘的主要目的有两方面：一是为未来发展储备人才；二是填补职位空缺。后者较为常见。空缺职位的性质由两方面决定：一是人力资源规划决定空缺职位的数量和种类；二是工作分析决定空缺职位的工作职责、岗位工作人员的任职资格要求等。因此，空缺职位的性质就成为整个招聘过程的核心，它决定了企业需要招聘什么样的人以及到哪个相关劳动力市场上进行招聘，同时，也可以让应聘者了解到该职位的基本概况和任职资格，便于进行求职决策。

由此可见，职位性质信息的准确、全面、及时，是招聘工作最重要、最为基础的要求，它决定了企业录用人员的素质，影响着职位对应聘者的吸引力。

2.3　应聘者基本情况分析

2.3.1　应聘者的来源

应聘者的来源是企业开展招聘工作必须认真考虑的内容，不同来源的应聘者影响着企业的招聘策略、招聘方法、招聘成本、招聘工作流程等。

应聘者可以来自企业内部，也可以来自企业外部。若应聘者来自内部，企业可以降低招聘成本，简化招聘流程（如减少甄选环节、免除录取中的许多工作等），采用的招聘方法可以是布告法、推荐法和档案法。

若应聘者来自外部，企业的招聘工作就不能简化，必须经历一个从吸引求职者、筛选求职者到录用求职者的完整过程。因而，参与的工作人员也会较多，支付的招聘费用也会较多。另外，对于外部应聘者还可以划分出不同的来源，如社会跳槽人员、大学毕业生、下岗人员、退伍军人、离退休人员等。对于这些不同类型的应聘者，企业的具体招聘工作也不同。比如，招聘社会跳槽人员，企业只能选择在春节后1~2个月内的高峰期，可以选择通过公司网站、综合性招聘网站、员工推荐和招聘洽谈会等进行招聘；招聘优秀大学毕业生的最佳时机是在春节前的1~2个月内，招聘方法最好选择校园招聘或者通过公司网站、专业性招聘网站招聘。

2.3.2　应聘者的年龄及婚姻状况

总体而言，应聘者的年龄决定其身体机能、经验和价值观方面的状况。企业招聘时，以基层岗位招聘为主，基层岗位的招聘主要面向年轻人，中高层管理岗位和高级别专业技术岗位的招聘主要面向经验丰富、年富力强的中年人。企业大多喜欢通过年龄设限来聘用年轻人，这在服务行业、加工制造业、IT行业表现得尤为突出，因为聘用年轻人薪酬福利低，可以降低人工成本，而且年轻人身体健康、可塑性强、潜力大、效率高，可以提高当前和未来的劳动生产率。然而，少子化和老龄化时代的到来，企业不得不在原来以招聘年轻人为主的岗位上开始招聘中老年人，比如，航空公司已聘用大量"空嫂"，酒店采用"灵活用工"方式招聘中老年短时工。

国家放开二孩政策以来，应聘者（尤其是女性）的婚姻状况对于招聘存在较大的影响。对于已婚、处于生育年龄阶段而未生育的女性，企业出于成本和生产经营连续性的考虑，一般都不太愿聘用。对于生过一孩，特别是生过两孩的女性，企业更加青睐，因为这些女性要肩负起养育子女的责任，从生理和心理来说要比结婚前稳定，她们的生活有规律，做事有分寸，懂得珍惜、感恩，不会轻言放弃。

2.3.3　应聘者的教育背景及家庭背景

应聘者的教育背景对择业的影响主要反映在以下两个方面：第一，虽然很多高校学生毕业后并未从事自己所学专业的工作，但应聘者所学的专业仍然是其择业方向的主要影响因素；第二，受教育程度的高低是其择业期望的重要影响因素，受教育程度越高，应聘者选择较高职位的期望值越高，在择业时很难低就。然而，近几年随着全球经济增长放缓，国内大学毕业生数量迅速增加，他们对择业的期望值大大降低。

应聘者的家庭背景在很大程度上也会影响其职业选择，如家长的职业、家庭的经济状况、家庭教育等，这些因素一方面会影响应聘者的受教育程度及学习专业的选择，另一方面也会影响其择业偏好，如教师之家、医生之家、艺术之家等都是家庭背景对择业影响的很好例证。

2.3.4　应聘者的工作技能与经验

工作技能和工作经验也是影响应聘者择业期望值的因素之一。一般来讲，接受过多种专业技能训练或有过多年类似工作经验的应聘者的择业要求要高于不具备类似条件的应聘者。

2.3.5　应聘者的劳动精神与工匠精神

实践告诉我们，员工的理念、态度比知识、技能、经验重要。企业招聘员工，是希望其将知识、技能和经验热情地投入到具体的劳动中去。因此，企业招聘时一定要认真考虑应聘者的劳动精神和工匠精神。2015年4月28日，习近平总书记在庆祝"五一"国际劳动节暨表彰全国劳动模范和先进工作者大会上的讲话中强调了"爱岗敬业、争创一流，艰苦奋斗、勇于创新，淡泊名利、甘于奉献"的劳模精神、劳动精神。2016年4月26日，习近平总书记在安徽主持召开知识分子、劳动模范、青年代表座谈会，强调"无论从事什么劳动，都要干一行、爱一行、钻一行。在工厂车间，就要弘扬'工匠精神'，精心打磨每一个零部件，生产优质的产品。"党的二十大报告强调：在全社会弘扬劳动精神、奋斗精神、奉献精神、创造精神、勤俭节约精神，培育时代新风新貌。

2.3.6　应聘者的个性特征

应聘者的能力、气质和性格等个性特征也是影响其择业的重要因素。约翰·霍兰德（John Holland）认为，个性特征是决定一个人选择何种职业的一个重要因素。他特别提到决定个人选择何种职业的六种基本的"人格性向"。

（1）实际性向。具有这种性向的人会被吸引去从事那些包含着体力活动并且需要一定的技巧、力量和协调性才能承担的职业。这些职业的例子有森林工人、耕作工人以及农场主等。

（2）调研性向。具有这种性向的人会被吸引去从事那些包含着较多认识活动（思考、组织、理解等）的职业，而不是那些主要以感知活动（感觉、反应或人际沟通以及情感等）为主要内容的职业。这类职业的例子有生物学家、化学家以及大学教授等。

（3）社会性向。具有这种性向的人会被吸引去从事那些包含着大量人际交往内容的职业，而不是那些包含着大量智力活动或体力活动的职业。这种职业的例子有诊所的心理医生、外交工作者以及社会工作者等。

（4）常规性向。具有这种性向的人会被吸引去从事那些包含着大量结构性的且规则较为固定的活动的职业，在这些职业中，雇员个人的需要往往要服从于组织的需要。这类职业的例子有会计以及银行职员等。

（5）企业性向。具有这种性向的人会被吸引去从事那些包含着大量以影响他人为目的的语言活动的职业。这类职业的例子有管理人员、律师以及公共关系管理者等。

（6）艺术性向。具有这种性向的人会被吸引去从事那些包含着大量自我表现、艺术创造、情感表达以及个性化活动的职业。这类职业的例子有艺术家、广告制作者以及音乐家等。

然而，大多数人实际上并非只有一种性向（比如，一个人的性向中很可能是同时包含社会性向、实际性向和调研性向这三种性向）。霍兰德认为，这些性向越相似或相容性越强，则一个人在选择职业时所面临的内在冲突和犹豫就会越少。为了帮助描述这种情况，霍兰德建议将这六种性向分别放在一个如图 2-1 所示的正六边形的每一个角上。

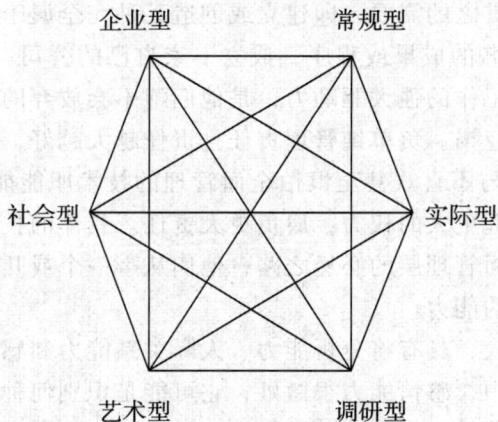

图2-1　职业类型示意图

根据霍兰德的研究，平面六边形的六个角分别代表六种职业类型或者六种劳动者类型，每种类型的职业（或劳动者）与其他五种职业（或劳动者）之间都有连线。连线距离越短，两种类型的相关系数就越大；连线距离越长，两种类型的相关系数就越小。例如，艺术型与社会型和调研型相关程度最高，与实际型、企业型相关程度次高，与常规型相关程度最低，其余依此类推。霍兰德认为，同一类型的劳动者与职业结合，其结果是互相适应；某一类型的劳动者从事与此类型低度相关的职业，其结果是互相排斥。

2.3.7　应聘者的职业锚类型

简单地说，职业锚是个人经过探索所确定的长期职业定位。它的特点是：通过个人的职业经验逐步稳定、内化下来；当个人面临多种职业选择时，职业锚是其最不能放弃的自我职业意向。

在个人的工作生命周期中，以及在组织的事业发展过程中，职业锚都发挥着重要的作用。首先，职业锚清楚地反映出个人的职业追求与抱负。由于不同员工对职业成功有不同的解释，因此职业锚为企业判断员工的职业成功与否提供了标准。其次，通过职业锚，组织获得了员工个人正确信息的反馈，从而可以有针对性地对员工发展设置可行、有效、通畅的职业通道；个人则因为组织有效的职业通道，自身的职业需要得以满足，必然会深化对组织的情感认同。于是，组织与个人加深了解，达到深度稳固地相互接纳。最后，由于职业锚是个人职业工作的长期贡献区，相对稳定地长期从事某项职业，必然增长工作经验，也使个人职业技能不断增强，直接产生提高工作效率的明显效益。

职业锚的概念是美国学者沙因（E.G.Schein）提出的。沙因将职业锚分为5种，他认为这些不同的职业锚对招聘有着重要影响。

（1）自主型职业锚，又称独立型职业锚。属于这种类型职业锚的人，追求的是最大限度地摆脱组织约束，选择的是能施展个人能力的工作环境。以自主、独立为锚位的人认为，组织生活太限制人，是非理性的，甚至会侵犯个人隐私。他们追求自由自在、不受约束或少受约束的工作生活环境。典型的自主型职业包括教授、作家、管理或技术咨询人员。

（2）创造型职业锚。属于这种类型职业锚的人，有强烈的创造欲望。追求创造型职业锚的人具有一种一以贯之的需要，即建立或创造某种完全属于自己的杰作。例如，创造出一种以自己姓氏命名的成果或程序，成立一家自己的公司。发明创造、奠基立业，是这种类型职业锚的人工作的强大驱动力，是他们绝不会放弃的东西。

（3）管理能力型职业锚。负单纯管理责任且责任越大越好，这是管理能力型职业锚人员的追逐目标。他们与不喜欢甚至惧怕全面管理的技术职能能力型职业锚的人不同，倾向全面管理，希望掌握更大的权力，肩负更大责任。具体的技术工作或职能工作仅仅被看作通向更高、更全面管理层的必经之路；他们从事一个或几个技术职能区工作，只是为了更好地展现自己的能力。

属于这种职业锚的人，具有将分析能力、人际关系能力和感情能力进行特别合成的技能。在这三个能力当中，感情能力很微妙，它可能是识别何种人将在高水平的管理角色中取得成功的最重要的能力。就这三种能力而言，其他类型职业锚的人也都具有，甚至其中的一两个方面的能力比管理能力型职业锚的人发展得更好。但是，他们没有将这些能力组合，而管理能力型职业锚的人具有将三种能力合成的技能，表现出优越的管理才干。

定位于管理型的人在很大程度上具有对组织的依赖性。要依赖组织为他们提供工作岗位，获得大的责任，展示他们高水平的管理能力。而且，管理能力型职业锚的人所具有的认同感和成功感来自其所在组织，他们与组织命运紧密相连；当介绍自己时，强调的常常是他们的职位、公司的规模、活动领域及其发展。从某种意义上讲，这些人就是高水平的"组织人"。

（4）技术职能能力型职业锚。技术职能能力型职业锚的雇员热爱自己的专业技术或职能工作，注重个人专业技能发展，一般多从事工程技术、营销、财务分析、系统分析、企业计划等工作。他们一般不喜欢全面管理工作，将之视为一个政治竞技场，是一种让他们无法施展技术才能的工作，故具有强烈抵制进入全面管理的念头，而对某方面的职能管理并不拒绝，因为这是他们施展技能必不可少的，也是一种进步方式，但是负单纯管理责任的职业不吸引他们。

属于这种职业锚的人，其主要的成长是在技术职能能力区的技能提高，其成功更多地取决于该区域专家的肯定和认可，以及承担该区域日益增多的富有挑战性的作业。

（5）安全型职业锚，又称稳定型职业锚。职业的稳定和安全，是这一类职业锚雇员的追求、驱动力和价值观。它们的安全取向主要有两种：一种是追求职业的安全稳定，稳定源和安全源主要是指一个给定组织中的稳定的成员资格，例如大公司组织安全性高，做其成员稳定系数高；另一种是注重情感的安全稳定，包括使家庭稳定和使自己融入团队等。

安全型职业锚的人倾向根据雇主对他们提出的要求行事，以稳定的工作、体面的收入、有效的退休方案和津贴等形式体现出一种稳定的前途。

2.4　招聘环境分析中常见的问题与对策

企业对于招聘环境的分析工作，常常存在两个方面的问题：一是没有进行环境分析；二是环境分析做得不够。现以一个案例来具体分析这方面的问题。

案例背景：

得胜公司是一家发展中的公司，于15年前创立，拥有10多家连锁店。在过去的几年，从公司外部招聘来的中高层管理人员中，大约有50%的人员不符合岗位的要求，工作绩效明显低于公司内部提拔起来的人员。在过去的两年中，公司外聘的中高层管理人员中有9人不是自动离职就是被解雇。

从外部招聘来的商业二部经理因年度考评不合格而被免职之后，终于促使董事长召开了一个由行政副总裁、人力资源部经理出席的专题会议，分析这些外聘的管理人员频繁被更换的原因，并试图得出一个全面的解决方案。

人力资源部经理首先就招聘和录用的过程做了一个回顾，公司是通过职业介绍所，或者在报纸上刊登招聘广告来获得职位候选人的，人员挑选的工具包括一份申请表、三次测试（一次智力测试和两次性格测试）、有限的个人资历审查以及必要的面试。

行政副总裁认为，他们在录用某些职员时，犯了判断上的错误：履历表看上去挺不错，说起话来也头头是道，但是工作了几个星期之后，这些人的不足就明显地暴露出来了。

董事长则认为，根本的问题在于没有根据工作岗位的要求来选择适用的人才。"从表面上看，几乎所有我们录用的人都能够完成领导交办的工作，但他们很少在工作上有所作为，有所创新。"

人力资源部经理提出自己的观点，他认为公司在招聘时过分强调了人员的性格特征，并不重视应聘者过去在零售业方面的业绩，例如在7名被录用的部门经理中，有4人是来自与其任职无关的行业。

行政副总裁指出，大部分被录用的职员都有某些共同的特征，例如：他们大都在30多岁，经常跳槽，多次变换自己的工作；他们都雄心勃勃，并不安于现状；在加入公司后，他们中的大部分人与同事关系不是很融洽，与直属下级的关系尤为不佳。

会议结束的时候，董事长对人力资源部经理提出要求："彻底解决公司目前在人员招聘上存在的问题，采取有效措施从根本上提高公司人才招聘的质量！"

问题分析：

企业需要意识到：在招聘、筛选、录用的整体流程中，每一"点"的失误可能会给今后企业人力资源管理工作带来一个"面"的损失。下面主要从招聘环境分析层面谈谈以上案例在操作中的不足。

一是对招聘环境的认识不足。

得胜公司通过职业介绍所或者在报纸上刊登招聘广告的方式来招募职位候选人。由于大众报刊的广告受众很多，并且职业介绍所介绍的求职者来源复杂，如果太多的人对招聘广告作出反应，就会使人力资源部门在招聘工作中失去对求职者类型、求职者数量等方面的控制，给人力资源部门的工作造成一定困难。

此外，技术改进、工作模式、公司偏好和态度、本地及国际市场的变化，以及经济环境和社会结构的变化、政策法规的修订等，都会对招聘工作产生影响。求职者个人因素也会或多或少地影响他们的择业倾向。

二是对招聘的内部环境分析不足。

对于得胜公司的内部环境、岗位需求，人力资源部经理自身没有形成清楚的认知，如案例中提及的：他们大都30多岁，经常跳槽，多次变换自己的工作；他们都雄心勃勃，并不安于现状；在加入公司后，他们中的大部分人与同事关系不是很融洽，与直属下级的关系尤为不佳。人力资源部经理在挑选人员时应该根据岗位要求、内部环境要求，关注价值观、工作态度、团队协作等方面。这些直接影响着招聘的整体效果。

三是对应聘者的分析不足。

对于应聘者的分析工作，仅仅从一份申请表、三次测试（一次智力测试和两次性格测试）、有限的个人资历审查以及必要的面试来进行人员挑选，显然工作也不到位。在招聘时过分强调人员的性格特征，而并不重视应聘者过去在零售业方面的业绩这类筛选依据，背景调查远远不够。另外，得胜公司没有通过模拟情境测评方式和其他的量化评定方式来考核求职者，这样就会导致评测不够全面。

解决对策：

在招聘工作中，对企业的内外部环境以及应聘者的基本情况进行分析，是一项基础性工作，必须严格把握。具体来说，应该注意以下几点：

一是要关注企业外部影响因素。

要做好事前的规划工作，把事想在前面，做到有备而来。目前企业外部影响因素主要包括：劳动力市场，政策法规环境，经济、技术、文化环境，其中劳动力市场因素比较关键。当前，我国高技能人才总量仍然不足，特别是结构不优、素质不高问题比较突出。

所以，选择不同的人才市场，直接影响招聘效果，最终影响整个企业的人力资源质量。

另外，政策法规环境对于整个人力资源管理工作的有效开展也至关重要。招聘人员应该熟悉国家的相关政策法规，在法规的运用过程中，重在预防而非救治。本章在阐述招聘的外部环境分析中明确提出：在招聘广告中，单位一定要明确自己的招聘条件。

二是要关注企业内部影响因素。

除了一些外部原因，企业内部的一些因素也会影响招聘结果。为了减少员工招聘过程的"损耗"，企业有必要在招聘前期与应聘者进行充分沟通，将企业的发展战略、所处发展阶段、企业的社会形象及企业文化、企业的相关人力资源政策、招聘职位的工作要求等如实告知，这样就确保应聘人员能够较快地适应并融入企业。

三是要重视求职者的背景资料。

应聘者的受教育程度、家庭背景、从业经历、个性特征及职业适应性等与其所招聘职位是否匹配，是衡量招聘有效与否的关键指标。公司在衡量应聘者与招聘职位匹配程度时应该采用科学的筛选工具。面试是非常有效、直观地考察应聘者性格的方式，这对面试官的观察能力、沟通能力也有非常高的要求。

◆◆◆◆➡ 学思践悟

思政教育主题：工匠精神

在同中华全国总工会新一届领导班子成员集体谈话时，习近平总书记指出："要大力弘扬劳模精神、劳动精神、工匠精神，发挥好劳模工匠示范引领作用。"

高铁动车、航天飞船等成就的背后，都离不开执着专注、精益求精、一丝不苟、追求卓越的工匠精神。工匠精神体现着劳动者独具匠心、精雕细琢、尽善尽美的追求和坚守，蕴含着严谨、执着、敬业、创新等可贵品质。16岁开始学砌墙的邹彬，勇夺第四十三届世界技能大赛砌筑项目优胜奖，实现了我国砌筑项目奖牌零的突破。"海岛"电工赵儒新，三十多年如一日，为服务12座小岛上237户居民的生活需要全天候"待命"。对个人而言，掌握一技之长，淬炼精湛技艺，能够在平凡岗位上建功立业，实现人生出彩。在全社会大力弘扬工匠精神，培育精益求精的工匠品格，则是推动高质量发展、实施制造强国战略、全面建设社会主义现代化国家的必然要求。

资料来源 朱步楼.大力弘扬工匠精神[N].人民日报，2023-11-16（9）.

全面建设社会主义现代化国家、推进中华民族伟大复兴，需要大量以大国工匠和高技能人才为代表的卓越劳动者。请结合具体实例，谈一谈企业招聘中如何识别具有工匠精神的人？如何将自己培养成为具有工匠精神的人？

▰▰▰➡ 基础训练 ▰▰▰

一、选择题

1.影响一个组织招聘效果的外部环境包括（　　　）。

A.劳动力市场环境　　　　B.经济环境

C.政策法规环境　　　　D.技术环境

E.文化与习俗环境

随堂测2-1

2.企业在招聘员工时，需要履行告知义务，一般来说，需要告知应聘者的信息包括（   ）。

A.工作内容   B.工作地点

C.职业危害   D.劳动报酬

E.工作条件

3.霍兰德的研究指出，（   ）的人，会被吸引去从事那些包含着大量结构性且规则较为固定的活动的职业。

A.实际性向   B.调研性向

C.社会性向   D.常规性向

E.企业性向

4.随着国家劳动政策法规的完善，招聘过程中要注意防范企业劳动用工风险，一般可以采取（   ）等方法来预防风险。

A.避免招聘信息中出现就业歧视问题

B.面试阶段不要问应聘者太多问题

C.必要时对应聘者进行学历、身份等调查

D.注意调查应聘者是否与其他企业存在尚未解除的劳动关系

E.安排尽可能完善的体检项目，避免招录一些传染病病原携带者

5.根据美国学者沙因对职业锚的研究：属于（   ）职业锚的人，追求的是最大限度地摆脱组织约束，选择的是能施展个人职业能力的工作环境。

A.自主型   B.创造型

C.管理能力型   D.技术职能能力型

E.安全型

二、简答题

1.影响招聘的内外部环境包括哪些方面？

2.分析应聘者对招聘的影响时，我们要注意从哪些方面展开？

3.人格类型包括哪些方面？它对招聘有什么直接影响？

4.职业锚是什么？它有哪些类型？它是如何影响招聘的？

▶▶▶ 综合应用 ◀◀◀

□ 案例分析

步步高公司的人员选聘策略

步步高商业连锁股份有限公司（以下简称步步高公司）总部设在湖南湘潭，从1995年的一家不足100平方米的小店发展到中国百强商业连锁集团，只用了大约12年的时间。

创业初期，步步高公司在其招聘工作中特别善于分析外部环境、内部条件和应聘者特性。

1997—1999年是国有企业员工下岗分流的重点年份，全国有大量的国有企业职工下岗。湖南湘潭聚集着10多个大型国有企业，这3年中也有大量的国有企业员工下岗，

下岗人员中相当一部分是40多岁的中年妇女。

1997—1999年也是步步高公司积蓄力量的几年，由小做大，需要物美价廉的产品，需要优秀的员工和较低的人工成本。社会责任感强的步步高公司董事长王填，积极响应政府的号召，努力安排下岗失业人员再就业，到2002年8月底，安置社会就业人员7 106人，其中下岗再就业员工5 768人。到2004年11月，步步高公司的员工有11 000余人，其中下岗再就业员工8 800余人。这一招聘战略可谓一箭多雕，既为政府排忧解难，又为下岗人员提供出路，更为步步高公司快速发展奠定了基础。

资料来源　根据网络资料和调查访问撰写的课堂教学案例整理。

问题：为什么说步步高公司在招聘工作中特别善于分析外部环境、内部条件和应聘者特性？请你谈谈自己的看法。

分析提示：从步步高公司大量招聘下岗人员（占员工总数的80%），可以得出上述结论。其具体分析如下：

（1）步步高公司善于做外部环境分析：国企下岗分流，宏观经济形势不太好，会促使较多的人员进入人才市场，这有利于公司招聘；对于招聘下岗职工，国家有税收方面的优惠政策，同时新闻媒体会有免费的公益宣传，政府领导也会有相关的视察活动，政府部门还会有相关的表彰活动等。

（2）步步高公司善于做内部环境分析：创业之初，企业需要投入大量的人力、物力和财力，而步步高这时还没有名气，应聘者不会很多，优秀者更少；招聘人员所在地域范围肯定只能在湘潭；招聘的对象的文化素质和工作技能不能太低，一定要责任心强、有吃苦耐劳精神等。

（3）步步高公司善于做应聘者情况分析：下岗人员，大多年富力强，人生阅历颇丰，情绪稳定；由于下岗人员以妇女为主，她们做事负责，有耐心，很细心；下岗人员不会好高骛远，她（他）们更渴望一份比较稳定的工作；国企下岗人员，大多具有一定的文化素质和职业技能等。

□ 实践训练

项目一：调查与访问——影响企业招聘的环境因素

内容与要求：

（1）由学生自愿组成小组，每组6~8人，利用课余时间选择1~2个中小企业进行调查与访问。

（2）在调查访问之前，每组需要根据课程所学知识经过讨论制定调查访问的提纲，包括调查的主要问题与具体安排（具体围绕主题开展）。

成果与检测：

（1）每组写出一份简要的调查访问报告。

（2）调查访问结束后，组织一次课堂交流与讨论。

（3）解析调查访问结果与教材所描述结论（影响企业招聘的环境因素）是否存在差异？通过实践调查，找出关键影响因素有哪些。

项目二：调研与方案设计——如何招聘流水线工作人员

假如你是某玩具加工企业的人力资源部部长，公司决定在7—8月增加300名流水线工作人员，赶制一批出口欧美的圣诞节玩具。现今，到处都是"用工荒"，请问你将如何设法去招聘到这么多工作人员？

内容与要求：

（1）做外部环境分析，如分析本地区加工制造业工人的工作环境、工作待遇、供求状况、其他企业的招聘策略等。

（2）做企业内部环境分析，如企业性质、岗位性质、待遇情况（可设想）等。

（3）做招聘对象的情况分析，如加工制造人员的来源情况、特点、需求等。

（4）设计方案提出招聘这些人员的途径和方法（可考虑职业类院校处于暑假期间的学生、其他季节性生产企业的富余员工、劳务派遣公司员工等）。

第3章 招聘需求的确定

■■■➤ 学习目标 ■■■

◆ 知识目标：了解人力资源规划的内容；明确工作分析和招聘需求的关系；熟知工作分析的内容和方法。

◆ 能力目标：能够运用企业人力资源需求与供给预测的方法，以及招聘需求确定的程序和方法分析招聘需求。

◆ 素养目标："凡事预则立，不预则废。"明确企业的人力资源规划工作只有着眼长远，才能使组织发展得到可靠保证。

■■■➤ 引例 ■■■

繁忙的人力资源部经理

MM 集团的前身是一个街道小厂，生产电器开关等产品。由于这几年良好的市场形势加之全体员工的勤奋努力，公司在短短 7 年内就发展成为覆盖全国市场的电器开关制造商，在华北、华南、东北、西北、西南均设有分公司，并与韩国某企业建立了战略联盟关系。该集团有近千名员工，成立之初从来不制订什么人力资源计划，缺人了，就去人才市场招聘。走上正轨后，MM 集团开始在每年年初制订计划，内容包括年度销售额、利润额、产量、员工定编人数等，如果有人员缺口就招聘（一般在年初招聘新员工），人数超编了就裁员。可是，因为一年中不时有员工升职、平调、降职、辞职，还有新业务拓展的人员需求，公司人力资源部常年处于忙碌的招聘工作中，叫苦不迭。

资料来源　根据相关资料整理。

这一案例表明：合理的人力资源规划应该对公司需要的人才作适当预测，完整的人才需求预测不仅包括人力资源的需求和供给预测，还要有未来人才流失情况预测，这样才可以避免招聘计划的盲目性。

3.1 人力资源规划与招聘需求

3.1.1 人力资源规划概述

1）人力资源规划的内涵

人力资源规划有广义和狭义之分。广义的人力资源规划是企业所有人力资源计划的总称，包括战略规划和战术计划。狭义的人力资源规划是指为实施企业的发展战略，完成企业的生产经营目标，根据企业内外环境和条件的变化，运用科学的方法对企业人力资源的需求和供给进行预测，制定相宜的政策和措施，从而使企业人力资源供给和需求达到平衡，实现人力资源的最佳配置，最大限度地开发和利用人力资源的潜力，有效地激励员工的过程。

人力资源规划一方面对目前人力资源现状予以分析，以了解人力资源动态；另一方面，对未来人力资源需求进行预测，以便对企业人力资源的增减进行通盘考虑，再据以制订人员增补和培训计划。因此，人力资源规划是企业招聘需求确定的基础。

2）人力资源规划的内容

（1）战略规划。战略规划是根据企业总体发展战略，对企业人力资源开发和利用的大政方针、政策和策略的规定，是各种人力资源具体计划的核心，是事关全局的关键性规划。

（2）组织规划。组织规划是对企业整体框架的设计，主要包括组织信息的采集、处理和应用，组织结构图的绘制，组织调查、诊断和评价，以及组织机构的设置与调整等。

（3）企业人力资源制度规划。企业人力资源制度规划是人力资源总规划目标实现的重要保证，包括人力资源管理制度体系建设的程序、制度化管理等内容。

（4）人员规划。人员规划是对企业人员总量、构成、流动的整体规划，包括人力资源现状分析、岗位定员、人员需求与供给预测和人员供需平衡等。

（5）费用规划。费用规划是对企业人工成本、人力资源管理费用的整体规划，包括人力资源费用预算、核算、审核、结算以及人力资源费用控制。

3）人力资源规划与招聘的关系

企业的生存和发展离不开企业规划，企业规划的目的是使企业的各种资源（人、财、物、信息）彼此协调并实现内部供求平衡。在企业的人力资源管理活动中，人力资源规划具有先导性和战略性，是人力资源管理活动的纽带，企业工作岗位分析、岗位定员等人力资源基础工作是人力资源规划的重要前提；而人力资源规划又对企业人员的招聘、选拔和培训以及企业内部人员余缺的调剂等各种人力资源招聘活动的目标、步骤与方法作出了详尽的安排，这些充分显示了人力资源规划在企业招聘活动中的重要地位和作用。

3.1.2 人力资源需求预测

1）人力资源需求预测的含义

人力资源需求预测就是估算组织未来需要的员工数量和能力组合，它是企业编制人力资源规划的核心和前提，其直接依据是企业发展规划和年度预算。人才预测的结果就是一系列未来人力资源需求表，它们是管理人力资源、把握劳动力市场变化、进行人事决策的重要依据。预测结果不是绝对的，可根据需要进行调整，并在调整中积累经验，提高准确性。

另外，在人力资源需求预测中还需要注意需求与净需求的区别。需求通常是指企业总的人员需求数量，而净需求是指需求与企业自身供给的差。

企业人力资源需求预测是人力资源管理的一项重要工作，它可以帮助企业明确未来人才需求趋势，做好人才储备工作；同时也可以帮助企业合理预测未来各部门、各类职位人员的需求情况，做好企业的定岗定编工作。

2）人力资源需求预测的内容

（1）企业人力资源需求预测。企业人力资源需求预测是指从企业经济发展的长远利益出发，对企业所需要的人力资源数量和质量进行科学的分析和预测。

（2）企业人力资源存量与增量预测。企业人力资源存量与增量预测是对企业现在和未来拥有的不同层次的人力资源的数量的推测与判断。企业人力资源存量主要是指企业人力资源的自然消耗（如自然减员）和自然流动（如专业转移、变动而引起的人力资源变动）；企业人力资源增量主要是指随着企业规模扩大、行业调整等发展变化而产生的人力资源方面的新需求。

（3）企业人力资源结构预测。当社会总的人力资源结构和经济结构发生变化时，就会引起企业人力资源结构的变化。进行人力资源结构预测，可以保证企业在任何情况下都具有较合理的人力资源结构，以避免出现不同层次人力资源组合的不配套，或结构及比例失调等状况。

（4）企业特种人力资源预测。特种人力资源是指企业需要的特殊人才资源，这种人才往往与现代高科技发展紧密相关，在产业结构调整、新兴行业发展、支柱产业形成、提高科技含量和竞争力等方面起着决定性的作用。

3）人力资源需求预测的步骤（以年度预测为例）

（1）根据工作岗位分析的结果确定职务编制和人员配置。

（2）进行人力资源盘点，统计出人员缺编、超编的数量，并且分析现有人力资源是否符合职务资格要求。

（3）将上述统计结果提交部门管理者进行讨论，修正并得出最终结果（即现实人力资源需求情况，参见表3-1）。

表3-1　　　　　　　　　　**现实人力资源需求预测表**

年　　月　　日

部门	目前编制数	人员配置情况			年度人员需求数
		超编数	缺编数	不符合岗位要求数	
生产部					
销售部					
采购部					
⋮					
合计					

（4）对预测期内退休的人员、未来可能离职的人员数量（可以依据历史数据）进行统计，得出统计结果（即未来的人员流失情况，参见表3-2）。

表3-2   **未来人力资源流失预测表**
年　　月　　日

人员 部门	预计人员流失数				年度流失 总人数
	调动	离职	退休	其他	
生产部					
销售部					
采购部					
⋮					
合计					

（5）根据企业发展战略规划以及工作量的增长情况，确定各部门还需要增加的工作岗位与人员数量，得出统计结果（即未来的人力资源需求量，参见表3-3）。

表3-3   **未来人力资源需求预测表**
年　　月　　日

现有或拟新增部门	未来拟新增人员数		
	第一年	第二年	第三年
生产部			
销售部			
采购部			
⋮			
备注			

（6）将现实的人力资源需求量、未来的人员流失状况和未来的人力资源需求量进行汇总计算，得出企业整体的人力资源需求预测（以未来一个年度为例，参见表3-4）。

表3-4   **各类人员需求预测表**

人员 类别	现有 人数	计划 人数	空缺 人数	预计人员流失数					年度需求 总人数
				调动	离职	退休	其他	合计	
生产部									
销售部									
采购部									
⋮									
合计									

4）人力资源需求预测方法

（1）德尔菲法。

这种方法又叫专家评估法，是一种主观预测方法，它以书面形式背对背地分几轮征求和汇总专家意见，并通过多次重复，最终求得一致的结果。这种方法实际是依靠专家的个人经验、知识和综合分析能力，对组织未来人力资源需求作出分析评估。作为一种定性预测技术，该方法的特点如下：采取匿名形式进行咨询，使参与预测咨询的专家互不通气，可以消除心理因素的影响；几轮反复发函咨询，每一轮的统计结果都寄回给专家，作为反馈，供下轮咨询参考，调查结果采用一定的统计处理，使之有使用价值。一般来说，经过3~4轮咨询，专家们的意见可以相互协调统一。当然，协调统一的程度受专家人数的制约，专家人数一般以10~15人为宜。

◆◆◆➡ **案例分析3-1**

某公司人力资源需求预测专家综合反馈表见表3-5。

表3-5 **某公司人力资源需求预测专家综合反馈表**

专家编号	第一次判断			第二次判断			第三次判断		
	最低需求	最可能需求	最高需求	最低需求	最可能需求	最高需求	最低需求	最可能需求	最高需求
1	100	150	180	120	150	180	110	150	180
2	40	90	120	60	100	130	80	100	130
3	80	120	160	100	140	160	100	140	160
4	150	180	300	120	150	300	100	120	250
5	20	40	70	40	80	100	60	100	120
6	60	100	150	60	100	150	60	120	150
7	50	60	80	50	80	100	80	100	120
8	50	60	100	70	80	120	70	80	120
9	80	100	190	100	110	200	60	80	120
平均	70	100	150	80	110	160	80	110	150

问题：该公司对人力资源的需求量究竟是多少？

分析提示：对专家返回的第三次判断数据进行分析：

①计算最低需求、最可能需求和最高需求的算术平均值，得到人力资源需求量。

人员需求=（80+110+150）÷3=114（人）

②计算加权平均值，得到人力资源需求量。一般来说，最低需求、最可能需求和最高需求所赋的权重分别是0.2、0.5、0.3。

人员需求=80×0.2+110×0.5+150×0.3=116（人）

③用中位数计算人力资源需求量。

将第三次判断的结果按预测值由低到高排列：

最低需求：60、60、60、70、80、80、100、100、110

最可能需求：80、80、100、100、100、120、120、140、150

最高需求：120、120、120、120、130、150、160、180、250

最低需求、最可能需求和最高需求的中位数分别是80、100、130，各权重仍然取0.2、0.5、0.3。

人员需求=80×0.2+100×0.5+130×0.3=105（人）

由以上三种计算结果可知该公司的人力资源需求量为105～116人。

（2）经验预测法。

经验预测法适合于较稳定的小型企业，是一种利用现有的情报和资料，结合以往的经验和本企业的实际特点，预测企业未来人员需求的方法。该法预测的结果受经验的影响较大，且不同的管理人员经验不同，因此，通过保留历史档案、查阅历史资料和多人综合预测等方法可以提高预测的准确度，减少误差。这种方法适合于一定时期内企业的发展状况没有发生方向性变化的情况，通常用于短期预测。

经验预测法可以采用"自下而上"和"自上而下"两种方式。"自下而上"就是由直线部门的经理向自己的上级主管提出用人要求和建议，征得上级主管的同意；"自上而下"的预测方式就是由企业经理先拟定公司总体的用人目标和建议，然后由各级部门自行确定用人计划。实践中最好将"自下而上"与"自上而下"两种方式结合起来运用：先由企业提出职工需求的指导性建议，再由各部门按企业指导性建议的要求，会同人事部门、职工培训部门确定具体用人需求；同时，由人事部门汇总确定全公司的用人需求，最后将形成的职工需求预测交由公司经理审批。

（3）数学模型法。

它是一种定量预测的技术，即通过建立人力资源需求量及其影响因素间的函数，从影响因素的变化推知人力资源需求量变化的一种数学方法。在数学模型中，最主要的是回归分析法。该方法采用统计方法预测人力资源需求，以经验数据为依据来预测未来变化趋势。它的运用需要掌握大量的相关因素及数据资料，并需要建立合适的数学模型。

（4）转换比率分析法。

企业人力资源需求分析实际上是要揭示未来的经营活动所需要的各种员工的数量。转换比率分析法首先要对组织所需要的关键技能或紧缺员工的数量作出估计，然后再以这一估计数量为基础来预测其他人员，如秘书、财务人员和人力资源管理人员等辅助人员的数量。使用转换比率分析方法的目的是将企业的业务量转换为对人力资源的需求，这是一种适合于短期需求预测的方法。

◆◆◆◆➤ 小思考 3-1

某冰箱厂2023年的年产量为1万台，基层生产员工为200人，2024年计划增产5 000台，估计生产率的增长率为0.3，那么该厂在2024年需要招收多少基层生产员工？

答：如果考虑到生产率的变化对员工需求量的影响，可以使用员工总量需求预测方法，其计算公式为：

$$计划期期末需要的员工数量 = (目前的业务量 + 计划期业务量的增长量) ÷ [目前人均业务量 × (1+生产率的增长率)]$$

2024年所需员工人数 =（10 000+5 000）÷［（10 000÷200）×（1+0.3）］=231（人）

增长的基层员工人数=231−200=31（人）

因此在2024年需要招收的基层生产员工人数是31人。

（5）工作负荷预测法。

该方法是按照历史数据、工作分析的结果，先计算出某一特定工作单位时间（如每一天）的每人工作负荷（如产量），再根据未来的生产量目标（或者劳务目标）计算出需要完成的总工作量，最后依据前一标准折算出需要的人力资源数量。这种方法的考虑对象是企业工作总量和完成工作需要的人力资源数量之间的关系，考虑的是每位员工的工作负荷与企业总体工作量之间的比率，可用公式表示为：

未来每年所需员工数=未来每年工作量/每年每位员工所能完成的工作量

=未来每年的总工作时数/每年每位员工工作时数

因此，工作负荷法的关键是正确预测出企业总的工作量和员工的工作负荷。当企业所处的环境、劳动生产率增长比较稳定的时候，这种预测方法比较合适，预测效果也比较好。

（6）劳动定额法。

劳动定额法又称比率分析法。劳动定额是对劳动者在单位时间内应该完成的工作量的规定。在已知企业的计划任务总量，以及科学合理的劳动定额的基础上，运用劳动定额法能够比较准确地预测出企业人力资源需求量。该方法可以运用公式 $N=W/[Q·(1+R)]$ 进行计算。式中，N 为企业人力资源需求量，W 为计划期内任务总量，Q 为企业制定的劳动总额，R 为部门计划期内生产率变动系数。$R=R1+R2+R3$，其中，$R1$ 为企业技术进步引起的劳动生产率提高系数，$R2$ 为由经验积累带来的劳动生产率提高系数，$R3$ 为由于员工年龄增加以及某些社会因素导致的劳动生产率下降系数。

3.1.3　未来人力资源需求的确定

对人力资源的需求产生于企业发展的需要和企业的目标、战略。企业的现状确定了现在对人力资源的需要，企业的未来状况则决定了未来对人力资源的需要。任何一个持续经营的企业，都必须有不断发展的理念，做到每一阶段的决策是为下一阶段的发展服务。因而，企业不仅要知道现在对人力资源的需求，更要清楚未来对人力资源的需求，这就需要对未来的人力资源需求进行预测。未来人力资源需求预测是指对企业未来一段时间内人力资源需求的总量、人力资源的年龄结构、专业结构、学历层次结构、专业技术职务结构与技能结构等进行事先估计。由于未来具有很大的不确定性，所以只能通过预测对未来人力资源需求状况作出一个尽可能准确的描述。可以运用前述的一些定性或定量方法对未来人力资源需求的数量、质量和结构进行预测，还可以运用一些更先进、复杂的方法进行更精准的预测，如多元回归分析法、生产函数预测法、计算机模拟预测法等。比较简单的预测法是根据历史经验和未来规划，通过运用类似表3-6的表格进行预测分析。

表3-6   **企业中长期人力资源需求预测表**

人员类别		不同年份人员需求量			学历要求			技术或技能等级要求		
		2024年	2025年	2026年	博士	硕士	本科	高级	中级	初级
管理人员	高层（总监级）									
	中层（经理级）									
	基层（主管级）									
技术人员	软件技术									
	生产技术									
行政人员	行政人力资源类									
	其他									
合计										

3.1.4　内部人力资源供给预测

1）内部人力资源供给预测的含义

内部人力资源供给预测就是为满足企业对人力资源的需求，而对未来某个时期内企业从其内部所能得到的职工的数量、质量和结构进行预测。

对内部人力资源供给进行预测，必须把握影响内部人力资源供给的主要因素，从而了解内部人力资源供给的基本状况。

2）内部人力资源供给预测的内容

（1）分析目前企业的职工状况，如企业职工的部门分布、技术知识水平、工种、年龄构成等，了解企业职工的现状。

（2）分析目前企业职工流动的情况及原因，预测将来职工流动的态势，以便采取相应的措施避免不必要的流动，或及时给予替补。

（3）掌握企业职工提拔和内部调动的情况，保证工作和职务的连续性。

（4）分析工作条件（如作息制度、轮班制度等）的改变和出勤率的变动对职工供给的影响。

（5）掌握企业职工的供给来源和渠道，如富余职工的安排、职工潜力的发挥等。

3）内部人力资源供给预测的步骤

（1）对本组织内现有的各种人力资源进行测算。测算的内容包括：各种人员的年龄、性别、工作经历、受教育程度、技能等方面的资料；目前本组织内各工作岗位所需要的知识和技能以及各个时期人员变动的情况；雇员的潜力、个人发展目标以及兴趣爱好等方面的情况。

（2）分析组织内人力资源流动的情况。一个企业组织中现有职工的流动可能有这样几种情况：一是滞留在原来的工作岗位上；二是在平行岗位之间流动；三是在组织内提升或降职；四是辞职或被开除出本组织（流出）；五是退休、工伤或病故。

（3）确定组织内部人员供给情况。在仔细地评估企业内部现有人员的状态和他们的流动模式后，估计在未来一段时间企业内可获得的人员数量和类型。在进行内部人力资源供给预测时，技能档案是预测人员供给的有效工具，它包括每位员工的技能、能力、知识和经验等方面的信息，这些信息来源于工作分析、绩效评估、教育和培训记录等。

4）内部人力资源供给预测的方法

目前，国内外企业组织对本组织人力资源供给进行预测的方法主要有两种：

（1）人力资源信息库法。人力资源信息库是通过专门软件建立的记录企业每个员工性别、年龄、婚姻状况、学历、工作经验、专长、家庭情况、身体情况等一般信息和在本企业的工作年限、参加培训、绩效考评、薪酬福利、职位变动等方面信息的数据库。它与传统的员工档案相比较，具有信息更新快、容量大、调用灵活方便、文字信息丰富充实、便于筛选比较等优点。当企业出现职位空缺时，人力资源管理部门可以根据该信息库提供的信息及时发现合适的人选。当前，大多数企业都建立了自己的人力资源信息库。

（2）随机网络模式法。随机网络模式法是用于测算一个组织内人力资源流动情况的一种数学模式。"××公司员工流动网络"示意表见表3-7。

表3-7   **"××公司员工流动网络"示意表**

时间1	时间2				调出数	总数
	中层管理人员 A	基层管理人员 B	高级技工 C	一般技工 D		
中层管理人员 A	80%				20%	100%
基层管理人员 B	15%	70%			15%	100%
高级技工 C	1%	20%	55%		24%	100%
一般技工 D			25%	40%	35%	100%

从表3-7中可以看出，在时间1与时间2期间，有80%的中层管理人员留在原来的工作岗位上，但有20%离开了该公司；基层管理人员中，有15%晋升为中层管理人员，70%留在原工作岗位上，有15%离开了该公司；高级技工中，1%提升为中层管理人员，20%提升为基层管理人员，24%离开了该公司，仅有55%留在原工作岗位上；一般技工中，25%被提升为高级技工，35%离开了该公司，有40%留在原工作岗位上。

运用这种网络方法可以进行多方面的分析。例如，可以分析晋升和调入、调出或退休等各种人员流动的比率。在制订人力资源计划时，即可对本组织未来各种人力资源供给的状况进行预测和规划。

3.1.5 人力资源内部供求平衡分析

在企业人力资源供需预测的基础上，接下来的工作就是要进行人力资源的供求平衡分析，即人力资源供给与人力资源需求的平衡。企业人力资源供给与需求的不平衡有三种类型，即人力资源不足、人力资源过剩和两者兼而有之的结构性失衡。

1）人力资源不足

人力资源不足主要表现在企业的经营规模扩张和新的经营领域开拓时期，需要补充新的人员。补充的途径有外部招聘、内部晋升、人员接任计划、技术培训计划等。同时，企业人员补充阶段也是企业人力资源结构调整的最好时机。企业在原有的经营规模和经营领域中也可能出现人力资源不足，比如人员的大量流失，这是一种不正常的现象，表明企业的人力资源管理政策出现了重大问题。

◆◆◆◆➡ 小思考3-2

"工作空缺"真是要招聘的岗位吗？

答：不一定，还要分析以下问题：

（1）是不是非要有这些工作任务？

相关问题：A.它会对公司战略方向产生什么影响？B.它会对利润率产生什么影响？C.它是如何影响公司的运作、结构和文化的？D.它会对工作质量产生什么影响？

（2）非要为这些工作任务设置一个工作岗位吗？

相关问题：A.如果这个岗位不存在，公司应该怎样完成这些任务？B.这些工作任务必须由一个人去完成吗？C.如果这些工作任务没有人去落实，会对公司有什么影响？D.取消这个岗位有哪些利弊？

（3）有没有其他的方法来替代这个岗位？

相关问题：A.可以用公司的技术或设施完成吗？B.有没有完成这些工作任务的工具或设备？C.公司有人可以完成该岗位的工作任务吗？D.我们可不可以外包给其他的专业公司呢？

避免预期出现人力资源不足的方法见表3-8。

表3-8   避免预期出现人力资源不足的方法

方法	速度	可撤回程度
加班	快	高
临时雇用	快	高
外包	快	高
培训后换岗	慢	高
减少流动数量	慢	中等
外部雇用	慢	低
技术创新	慢	低

资料来源　根据相关资料整理。

2）人力资源过剩

绝对的人力资源过剩状况主要发生在企业经营萎缩时期。一般的平衡办法有提前退休、辞退和工作分享。工作分享要以降低薪资水平为前提；辞退是最为有效的办法，但会产生劳资双方的敌对行为，也会带来众多的社会问题，需要有一个完善的社会保障体系为后盾；提前退休是一种较容易为各方所接受的妥协方案。

减少预期出现人力资源过剩的方法见表3-9。

表3-9　　　　　　　　　　　　减少预期出现人力资源过剩的方法

方法	速度	员工受伤害程度
裁员	快	高
减薪	快	高
降级	快	高
工作分享	快	中等
提前退休	慢	低
自然减少	慢	低
再培训	慢	低

3）结构性失衡

结构性失衡是企业人力资源供需中较为常见的一种现象，在企业的稳定发展状态下表现得尤为突出。平衡的办法一般有技术培训计划、人员接任计划、晋升计划和外部补充计划。其中，外部补充计划主要是为了填补退休和流失人员空缺。

3.2 工作分析与招聘需求

3.2.1 工作分析概述

1）工作分析的含义

工作分析也叫职务分析，是对组织中某个特定工作职务的目的、任务或职责、权利、隶属关系、工作条件、任职资格（即从事该工作的工作人员所应具备的条件）等相关信息进行调查、收集与分析，以便对该职务的工作内容作出明确的规定，然后加以系统、科学地描述。简言之，工作分析就是一个确定职务的任务、活动和责任的过程。工作分析的结果是形成工作说明书。

◆◆◆◆➡ 小思考3-3

ABC公司是一家大型的家用电器公司。由于近年来公司发展过于迅速，人员飞速增长，许多潜在问题也逐渐暴露出来，突出表现为岗位职责不清，有的事情没有人管，有的事情大家都在管，经常发生推诿扯皮的现象。现在公司实际情况已经发生了很大变化，但使用的岗位职责说明却是几年前的版本了，因此根本就无法起到指导工作的作用。由于没有清晰的岗位职责，因此，各个岗位上的用人标准也比较模糊，人员的招聘选拔、提升全凭领导的主观意见；公司的薪酬激励体系也无法与岗位的价值对等。员工在这些方面意见很大，士气也有所下降。最近，公司决定请专业的咨询顾问进行一次系统的人力资源管理诊断和设计工作。由于工作分析是各项人力资源管理工作的基础，因此专家建议首先从工作分析入手。

请问：工作分析的主要目标是什么？

答：工作分析的主要目标是明确各个职位的职责、权限、任职资格要求、主要工作绩效指标和岗位相对价值，为人力资源管理各项工作打下基础。

资料来源 佚名. 招聘案例分析［EB/OL］.［2023-04-05］. http://bbs.chinahrd.net/forum.php? mod=viewthread&tid=313221.

2）工作分析与招聘需求的关系

工作分析是一家企业有效地进行人员招聘和录用的重要前提，主要表现在以下两个方面：

（1）工作分析为人事预测方案和人事计划提供依据。

每一个单位或部门对本单位或本部门的工作职务安排和人员配备，都必须有一个合理的计划，并应根据生产和工作发展的趋势作出人事预测。工作分析的结果，可以为有效的人事预测和计划提供可靠的依据。在职业和组织面临不断变化的市场和社会需求的情况下，有效地进行人事预测和计划，对于企业和组织的生存与发展尤其重要。一个单位有多少种工作岗位，这些岗位目前的人员配备能否达到工作和职务的要求，今后几年内职务和工作将发生哪些变化，单位的人员结构应如何进行相应调整，几年甚至几十年内，人员增减的趋势如何，后备人员的素质应达到什么水平等问题，都可以依据工作分析的结果作出适当的处理和安排。

（2）工作分析为确定选人用人的标准提供依据。

通过工作分析，能够明确工作职务的近期和长期目标，掌握工作任务的静态和动态特点，提出有关人员的心理、生理、技能、文化和思想等方面的要求，选拔工作的具体程序和方法，从而在此基础上确定选人用人的标准。有了明确而有效的标准，就可以通过心理测评和工作考核，选拔和任用符合工作需要和职务要求的合格人员。

3）工作分析的内容

工作分析的内容取决于工作分析的目的与用途。不同组织需要进行的工作分析的内容和侧重点是不一样的。另外，由于各组织内的各项工作不同，因此各项工作的要求与组织提供的工作条件也会不一样。一般来说，工作分析包括两个方面的内容：确定工作的具体特征；找出工作对任职人员的各种要求。前者称为工作描述，后者称为工作规范。

（1）工作描述。

工作描述用来具体说明某项工作的物质特点和环境特点。工作描述主要解决工作内容与特征、工作责任与权利、工作目的与结果、工作标准与要求、工作时间与地点、工作岗位与条件、工作流程与规范等问题。工作描述无统一的标准格式，但通常包括以下几个方面：工作职务名称、工作活动和工作程序、工作条件和物理环境、社会环境和聘用条件等。

（2）工作规范。

工作规范用来说明从事某项工作的人员必须具备的一般要求、生理要求和心理要求。一般要求包括年龄、性别、学历、工作经验等；生理要求包括健康状况、体力情况、运动的灵活性、感觉器官的灵敏度等；心理要求包括观察能力、集中能力、记忆能力、理解能力、学习能力、解决问题能力、创造性、语言表达能力、数学能力、决策能力、气质、性格及兴趣爱好等。

3.2.2　工作分析的流程

工作分析是一项技术性很强的工作，需要做周密的准备，同时需具有与组织人事管理活动相匹配的科学的、合理的操作程序。图3-1是工作分析的程序模型，工作分析通常依照该流程进行。

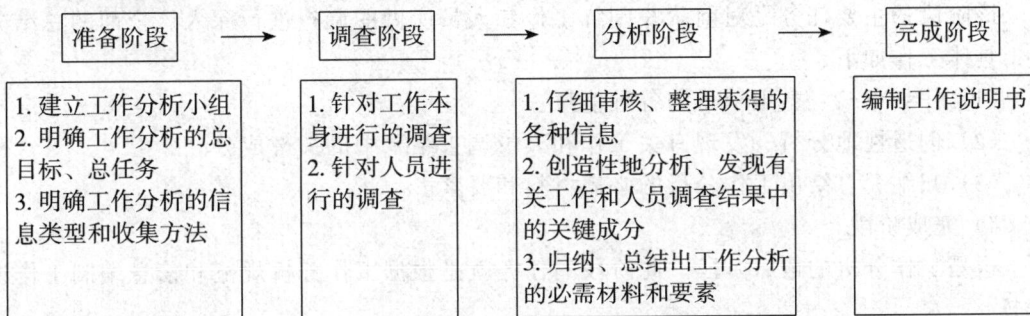

图3-1　工作分析的程序模型图

1）准备阶段

由于工作分析人员在进行分析时，要与各工作现场或员工接触，所以分析人员应该先行在办公室内研究该工作的书面资料，同时，要协调好与工厂主管人员之间的合作关系，以免导致摩擦或误解。在这一阶段，主要解决以下几个问题：

（1）建立工作分析小组。

小组成员通常由分析专家构成。所谓分析专家，是指具有分析专长，并对组织结构及组织内各项工作有明确概念的人员。小组成员确定之后，应赋予他们进行分析活动的权限，以保证分析工作的协调和顺利进行。

（2）明确工作分析的总目标、总任务。

根据工作分析的总目标、总任务，对企业现状进行初步了解，掌握各种数据和资料。

（3）明确工作分析的信息类型和收集方法。

有了明确的目的，才能确定分析的范围、对象和内容，规定分析的方式、方法，并弄清应当收集什么资料，到哪儿去收集，用什么方法去收集。

2）调查阶段

调查阶段是一个收集信息的实质性过程，要全面地调查工作过程、作业环境、工作性质、难易程度、责任、人员条件等内容。分析人员应该通知被调查的员工，利用问卷调查法和功能分析法等收集与工作有关的信息。这种调查一般分工作和人员两个方面展开。

（1）针对工作本身进行的调查。

要对某项职务应承担的工作的各个构成因素进行调查、分析，确定和描述该职务的工作性质、内容、任务和环境条件；同时要研究职务的具体工作活动，考察与这个工作有关的所有方面，明确此职务工作本身的特点。

（2）针对人员进行的调查。

要调查研究每个职务的任职者应该具备的基本任职条件。它是在工作描述的基础上分析、研究和确定担任该项职务的人员应具备的工作能力、知识结构、经验、生理特征和心理特征等，以说明什么样的人可以从事这项工作。需要注意的是，人员的调查分析只是分析了解从事某项具体工作的人员的最低要求，而不是最佳人选的要求。

3）分析阶段

该阶段的主要任务是对前阶段围绕工作和人员所做的调查进行深入、全面的总结分析，具体工作如下：

（1）仔细审核、整理获得的各种信息。

（2）创造性地分析、发现有关工作和人员调查结果中的关键成分。

（3）归纳、总结出工作分析的必需材料和要素。

4）完成阶段

这是工作分析的最后阶段。此阶段的任务就是根据工作分析规范和信息编制工作说明书。

3.2.3　工作分析的方法

1）观察法

观察法是工作分析人员到工作现场去观察员工的实际操作情况，并予以记录、分析、归纳，最后整理为适用的文字资料的方法。在分析过程中，应携带员工手册、分析工作指南，以便参考运用。分析人员观察工作时，必须注意员工在做什么、如何做、为何要做以及原工作的技能优缺点。对于可以改进、简化的工作事项，也应予以记录说明。要尽量多观察几名任职者的工作，这样可以保证观察不只是针对某一特定个体的特定操作。分析人员应注意的是，研究的目的是工作而不是个人的特性。

观察法的优点是：工作分析人员通过观察法能够比较全面和深入地了解工作要求；适用于那些主要用体力活动来完成的工作，如装配、保安工作等。

观察法的缺点是：不适用于以脑力劳动为主的工作，以及处理紧急情况的间歇性工作，如律师、教师、急救站的护士、经理等；对有些员工而言难以接受，他们会觉得自己受到监视或威胁，从而产生抵触情绪，同时也可能造成操作动作变形，导致分析人员无法得到有关任职者资格要求的准确信息。

2）访谈法

访谈法，又称面谈法，它是工作分析人员通过与任职者、主管等人面对面的谈话来收集相关工作信息资料的一种分析方法。

访谈法是一种运用最为广泛的工作分析方法，但它很少单独使用，往往与问卷调查法结合起来使用，从而有助于了解任职者的工作态度与工作动机等更深层次的信息。使用访谈法进行工作分析时应该注意以下几个方面：

（1）事先征求被访谈员工直接上级的意见，得到他们的支持。

（2）事先通知员工，并确定访谈的时间和地点。

（3）向员工讲明此次工作分析的目的，消除他们的疑虑。

（4）工作分析人员按访谈提纲的顺序，由浅入深地进行提问。

（5）工作分析人员要能够控制整个谈话局面。

（6）鼓励员工真实、客观地回答问题。

（7）在不影响员工谈话的前提下，做好访谈记录。

（8）在访谈结束时，让员工查看访谈记录，并确认信息准确无误。

（9）将所获信息交由员工的直接上级核对，反馈后进行改进和补充。

（10）得到相关信息，在编写工作说明书时备用。

访谈法的优点是：工作分析人员可以比较详细地了解任职者的工作态度与工作动机等较深层次的内容；运用面广，能够简单而迅速地收集多方面的工作分析资料；由任职者亲口讲出工作内容，具体而准确；可以使工作分析人员了解到短期内观察法不容易发现的情况，有助于管理者发现问题；可为任职者解释工作分析的必要性及功能；有助于与员工的沟通，缓解工作压力。

访谈法的缺点是：访谈者要有专门的技巧，需要受过专门训练的工作分析人员来操作；比较费精力、费时间，工作成本较高；收集到的信息可能已经被扭曲并失真；易被员工认为这是对他工作业绩的考核或是作为薪酬调整的依据，导致其夸大或弱化某些职责。

3）问卷调查法

问卷调查法是工作分析中最常用的一种方法。首先，由相关人员事先设计一套工作分析的问卷；其次，由承担某项工作的员工填写问卷，也可以由工作分析人员填写；最后，将问卷加以归纳分析，做好详细记录，并据此写出工作描述。需要注意的是，形成的工作描述要再次征求任职者的意见，并进行补充和修改。

问卷调查法的优点是：费用低，速度快，节省时间，可以在工作之余填写，不会影响正常工作；调查范围广，可用于多种目的、多种用途的工作分析；调查样本量很大，适用于需要对很多工作者进行调查的情况；调查资源可以量化，由计算机进行数据处理。

问卷调查法的缺点是：设计理想的调查问卷要花费较多时间，人力和物力成本高；在问卷使用前，应进行测试，以了解员工理解问卷中问题的情况，为避免误解，还经常需要工作分析人员亲自进行解释和说明，这就降低了工作效率；填写调查问卷由工作者单独进行，缺少交流和沟通，因此，被调查者可能不积极配合、不认真填写，从而影响调查的质量。

4）关键事件法

关键事件法的原则是认定员工与职务有关的行为，并选择其中最重要、最关键的部分来评定其结果。首先，从领导、员工或其他熟悉职务的人那里收集一系列职务行为的事件；然后，描述"特别好"或"特别坏"的职务绩效。在大量收集这些关键事件以后，可以对它们分类，并总结职务的关键特征和行为要求。关键事件法既能获得有关职务的静态信息，也可以了解职务的动态特点。

关键事件法的优点是：关键事件法被广泛用于人力资源管理的诸多方面（比如，识别挑选标准及培训内容的确定），特别是应用于绩效考评的行为锚定与行为观察中；由于在行为进行时观察与测量，所以描述职务行为、建立行为标准更加准确；能更好地确定每一行为的利益和作用。

关键事件法的缺点是：需要花大量的时间去收集那些"关键事件"并加以概括和分类；关键事件法并不是对工作提供一种完整的描述，比如，它无法描述工作职责、工作任务、工作背景和最低任职资格的轮廓；中等绩效的员工难以涉及，因此会遗漏平均绩效水平。

关键事件法描述记录单见表3-10。

表3-10　　　　　　　　　　　　关键事件法描述记录单

行为者	市场部经理	地点	公司市场部	时间	9月15日	观察者	总经理
事情发生的背景		17：30左右，公司市场部接到其提交的一个营销策划方案（该策划方案主要是针对"十一"长假而设计的促销方案）被公司总部驳回的通知单					
行为者的行为		由于临近下班时间，市场部经理想等明天上班后再处理，于是下班离开了					
行为后果		这样的行为可能会使公司失去很多潜在的商机，给公司造成重大的损失					

5）工作日志法

工作日志法又称工作写实法，指任职者按时间顺序详细记录自己的工作内容与工作过程，然后经过归纳、分析，以达到工作分析目的一种方法。工作日志法是由任职者自行开展的一种分析方法。该方法的基本依据是：任职者本人最了解所从事工作的情况与要求。因此，由任职者本人记录最为直接，而且所获信息可靠性较高，所需费用较少。

工作日志法的优点是：信息可靠性很高，适于确定有关工作职责、工作内容、工作关系、劳动强度等方面的信息；所需费用较少，对于分析高水平与复杂的工作，显得比较经济有效。

工作日志法的缺点是：将注意力集中于活动过程，而不是结果，且容易干扰员工的工作；使用这种方法必须做到，从事这一工作的人对此项工作的情况与要求最清楚；适用范围小，只适用于工作循环周期较短、工作状态稳定的职位；整理信息的工作量大，归纳工作烦琐；员工可能会夸大或隐藏某些活动，填写的内容可能会遗漏或失之偏颇，影响工作分析结果；存在误差，需要对记录的分析结果进行必要的检查。

3.2.4　工作分析的结果和应用

工作分析的结果就是形成工作说明书。

1）工作说明书

工作说明书是对每一种工作的性质、任务、责任、环境、处理方法及对工作人员的任职资格所作的书面记录。它是根据工作分析的各种调查资料，加以整理、分析、判断所得的结论编写成的一种文件，是工作分析的结果。工作说明书的外在形式是根据一项工作编制一份书面材料，可用表格显示，也可用文字叙述。工作说明书的范例见表3-11。

表3-11 ××集团公司招聘主管工作说明书

岗位名称	招聘主管	岗位编号	BBY-JT-RLZY-006
所在部门	人力资源部	岗位编制人数	1
直接上级	招聘经理	工资等级	
直接下级		薪酬类型	

岗位职责综述	所在岗位架构图
为集团战略发展目标实现提供人才支撑，结合人力资源战略规划，全面开展招聘工作，从而使集团实现战略目标；完成领导交办的其他人力资源工作	总裁 → 人力资源部总监 → 招聘经理（招聘主管、招聘专员、招聘助理）、人事经理（培训主管、绩效主管、人事专员）

职责与任务

序号	职能概述	岗位具体任务
职责一	负责招聘流程的实施	1.严格执行集团招聘管理制度，不断完善招聘流程
		2.协助集团各部门以及各分子公司制订员工招聘计划，编制公司年度招聘计划表、实施招聘
		3.核定年度、季度招聘预算，报招聘经理审核
		4.负责安排中高层应聘人员面试工作
		5.负责入职通知书发放及背景调查工作
		6.建立、维护和更新人才储备库，以提供后备人选
职责二	招聘渠道的拓展、维护	1.结合公司招聘需求，开拓招聘渠道，分层管理
		2.维护招聘渠道，广结人脉，尤其是为高端人才招聘做储备
		3.保持与各种招聘渠道的持续性沟通
职责三	负责招聘效果的评估	1.面试人员情况反馈总结、跟踪评估各类人才的使用情况
		2.核算招聘成本，分析各岗位的招聘周期
		3.对现有的招聘渠道进行招聘效果分析
职责四	招聘成本分析与控制	1.严格控制招聘成本，提高招聘成功率
		2.用数字量化招聘结果，如达成率、招聘成功率等；进行招聘工作总结，分析得失

职责五	其他工作	完成领导交办的其他人力资源工作

工作协作关系： 依据集团及各分子公司战略发展规划，实施招聘计划，负责各分子公司、集团总部总监级以及集团各岗位人员招聘工作

内部协调关系	汇报工作：向招聘经理提交周工作报告、月度工作总结、招聘渠道优化报告 协调工作：与集团各部门以及各分子公司就招聘问题进行沟通协调 支持工作：为团队建设提供参考意见
外部协调关系	代表集团与各种招聘渠道（如人才市场、招聘网站、猎头公司等）沟通、协商合作；了解薪资水平、人才市场动态

岗位任职资格

学历	大专以上学历	年龄	28~35岁
专业	人力资源管理及管理类相关专业	性别	不限

性格	思路清晰，洞察力强；为人正直，原则性强；成熟稳重，能承受较大的工作压力；具有较强的判断能力、沟通协调能力、执行能力
岗位所需经验	5年以上工作经验，3年以上管理经验
岗位所需知识	熟悉人力资源管理六大模块操作，熟悉国家及当地劳动政策、法规

岗位技能要求	人力资源管理技能 计算机操作技能	岗位技能培训的要求	人力资源管理培训 企业管理培训 团队建设

可晋升的岗位	招聘经理、人事经理
可转换的岗位	人力资源六大模块的其他岗位

其他

使用工具/设备	计算机
工作环境	办公室
工作时间特征	正常上下班
所需记录文档	

关键绩效指标（KPI）：详细见《公司绩效考核管理办法》有关规定

修订时间：		修订部门：
审核者：		审批者：

2）招聘岗位描述

在招聘广告中，对招聘岗位的描述内容通常包括岗位名称、所属部门、主要工作职责和岗位任职要求等，在起草招聘广告时往往需要以工作说明书为依据。但是，需要注意的是，招聘广告的岗位描述应从读者的角度出发，以读者能够理解和感兴趣为主，切不可照搬工作说明书。

◆◆◆◆➡ 案例分析3-2

某企业招聘主管岗位描述

岗位职责：

（1）负责公司招聘渠道建设、维护；

（2）根据公司发展编制招聘计划并按要求完成招聘工作，确保公司运营和发展所需的人才配给；

（3）建立完善的人才甄选体系，针对不同层级人员建立系统的面试流程和方法；

（4）协助经理完成人才发展体系建设。

要求：

（1）人力资源专业，或市场营销、企业管理等专业毕业并接受过系统的招聘训练；

（2）两年以上人力资源管理相关工作经验；

（3）阳光、开朗，形象佳，具有良好的沟通能力与协调能力；

（4）有相关猎头招聘工作经验优先。

资料来源 广东某食品贸易有限公司招聘广告，有改动。

问题：招聘岗位描述与工作说明书有什么联系？

分析提示：在企业招聘中，工作说明书是企业选人用人的一个标准，但是招聘岗位描述还补充了工作岗位近期、长期目标以及工作任务动态变化等相关内容。

3.2.5 工作岗位定额分析

1）工作岗位定额分析的含义

工作岗位定额分析指企事业单位在用人数量限额方面所作出的分析，主要包括工作定额和岗位定员两个方面。工作定额是指在一定的生产、技术、组织条件下，采用科学的方法和具体形式，对生产（或工作）过程中劳动者的劳动消耗量所规定的限额，常见的工作定额形式包括时间定额、产量定额、看管定额、服务定额。岗位定员是工作定额的一种发展和表现形式，即人员定额，指在一定的生产技术组织条件下，为保证企业生产经营活动正常进行，按一定素质要求，对企业配备各类人员所预先规定的限额。工作定额是合理编制岗位定员的前提，先进合理的岗位定员常常要以先进的工作定额为基础。

工作岗位定额分析要根据企业目标、规模、实际需要，按精简高效的原则进行。

2）工作岗位定额分析与招聘需求的关系

（1）合理的工作定额是企业用人的科学标准。

有了定额标准，就便于企业在用人方面精打细算，促使企业在保证员工生理需要的前提下，合理地、节约地使用人力资源，用尽可能少的活劳动消耗生产出尽可能多的产品,从而提高劳动生产率。

(2)合理的工作定额是编制企业各类员工的需求量计划的基础。

企业工作定额标准是在对整个生产过程和经营过程全面分析的基础上,以先进合理的定额标准和劳动定额为依据核定的。

(3)科学合理的工作定额是企业内部各类员工调配的主要依据。

企业内部员工调配工作的目的是开发人才,使得人尽其才。要做到这一点,除了要了解员工,掌握他们的爱好、技能和健康等各方面的素质状况,还必须了解企业的工作定额,掌握各个生产、工作岗位需要多少人和需要什么条件的人。

3)核定用人数量的基本方法

制定企业岗位定员标准,核定各类岗位用人数量的基本依据是:制度时间内规定的总工作任务量和各类人员的工作(劳动)效率,即某类岗位用人数量=某类岗位制度时间内计划总工作任务量÷某类人员工作(劳动)效率。长期以来,我国企业在核定岗位定员人数时,总结和推广了以下五种核定方法:

(1)按劳动效率定员。

这种方法是根据生产任务和工人的劳动效率,以及出勤率来计算定员人数的。这种定员方法,实际上就是根据工作量和劳动定额来计算人员数量。有劳动定额的人员,特别是以手工操作为主的工种,因为人员的需求量不受机器设备等其他条件的影响,更适合用这种方法来计算定员。

工人劳动效率可以用劳动定额乘以定额完成率再乘以出勤率来计算。

例如,计划期内某车间每轮班生产某产品的产量任务为1 000件,每个工人的班产量定额为5件,定额完成率预计平均为125%,出勤率为90%,计算该工种每班的定员人数:

定员人数=1 000÷(5×1.25×0.9)≈178(人)

采用上述公式计算时,生产任务和工人劳动效率的时间单位要保持一致。一般来说,某工种生产产品的品种单一、变化较小而产量较大时,宜采用按劳动效率定员方法。

(2)按设备定员。

这种方法根据设备需要开动的台数和开动的班次、工人看管定额,以及出勤率来计算定员人数。这种定员方法,属于按效率定员的一种特殊的形式,劳动效率表现为看管定额。它主要适用于以机械操作为主、使用同类型设备、采用多机床看管的工种,因为这些工种的定员人数,主要取决于机器设备的数量和工人在同一时间内能够看管设备的台数。

例如,某车间为完成生产任务需开动自动车床40台,每台开动班次为2班,看管定额为每人看管2台,出勤率为96%,则该工种定员人数为:

定员人数=40×2÷(2×0.96)≈42(人)

(3)按工作岗位定员。

这种方法适用于有一定岗位,但没有设备,而又不能实行定额的人员,如检修工、检验工、值班电工,以及茶炉工、保安、清洁工、文件收发员、信访人员等。这种定员方法主要根据工作任务、岗位区域、工作量，并考虑实行兼职作业的可能性等因素来确定定员人数。

（4）按比例定员。

这种方法是按照与企业员工总数或某一类人员总数的比例，来计算某类人员的定员人数。在企业中，由于劳动分工与协作的要求，某一类人员与另一类人员之间总是存在着一定的数量依存关系，并且随着后者人员的增减而变化。如炊事员与就餐人数、保育员与入托儿童人数、医务人员与就诊人数等。企业对这些人员定员时，应根据国家或主管部门确定的比例，采用以下计算公式：

某类人员的定员人数=员工总数或某一类人员总数×定员标准（百分比）

这种方法主要适用于企业食堂工作人员、托幼工作人员、卫生保健人员等服务人员的定员。对于企业中辅助生产工人，思想政治工作人员，工会、妇联人员，以及某些从事特殊工作的人员，也可参照此种方法确定定员人数。

（5）按组织机构、职责范围和业务分工定员。

这种方法主要适用于企业管理人员和工程技术人员的定员。一般是先确定组织机构和各职能科室，明确了各项业务及职责范围以后，根据各项业务工作量的大小、复杂程度，结合管理人员和工程技术人员的工作能力、技术水平确定定员。

上述五种定员核定的基本方法，在确定定员标准时，应视具体情况灵活运用。例如，机器制造、纺织企业应以劳动效率和设备定员为主，冶金、化工、轻工企业应以工作岗位定员为主。有的大中型企业，工种多、人员构成复杂，也可以同时采用多种方法。实际上，在企业中，除有可以直接规定劳动定额的工种，尚有数百种工作岗位需要区分不同的情况，针对不同的变动因素，采用不同的方法来定员。有时还要采用制定定额的一些科学方法，以提高定员的精确程度。

3.3 招聘需求的确定

3.3.1 招聘需求的汇总与统计

1）招聘需求的分类

招聘需求的分类是处理招聘信息的第一步，招聘信息可以按照下面两种方法进行分类：

（1）按所要招聘的岗位进行分类。例如，把需要招聘的人员按经理、经理助理、一般员工岗位进行分类。再如，可以将招聘需求中的技术人员按机械工程师（含生产、研发、工艺、维修等部门的工程师）、化工工程师等分类。这样进行分类，便于以后招募时分类广告的发布。

（2）按所要招聘的部门分类。例如，生产车间需要10名机械工程师、10名车工、5名铣工，研发部需要9名机械工程师、2名行政人员，维修部需要16名机械工程师等。这样分类，便于按部门统计需求人数，有利于与部门工作定额、定编联系，有利于提高审核与批准的效率。

人力资源管理部门收集各部门人员需求申请时可参见表3-12。

表3-12   **人员需求申请表**

申请部门			部门经理		
申请原因	□员工辞退　□员工离职　□新增业务　□新设部门				
	说明				
需求计划说明		职务名称	工作描述	所需人数	最迟上岗日期	任职条件
	职位1					专业知识	
						工作经验	
						工作技能	
						其他	
	职位2					专业知识	
						工作经验	
						工作技能	
						其他	
合计			人			
薪酬标准	职位1	基本工资	元	其他待遇	
	职位2	基本工资	元	其他待遇	
部门经理意见	签字： 日期：				
人力资源部意见	签字： 日期：				
总经理意见	签字： 日期：				

2）对招聘信息进行记录、汇总

应建立一个人员招聘的资料库，将收集来的人员信息包括人员的需求表、人力资源部门对招聘岗位的调查情况进行汇总。对于人员需求信息，最好能按照"岗位"和"部门"两种方式进行汇总，这样有利于后续的审批与招募信息发布。

3.3.2　招聘需求的确定与审批

1）招聘需求的确定

由人力资源部门审核单位的招聘信息，然后将人员招聘信息归纳整理后，制作完成单位年度招聘计划报批表，以书面的形式递交（见表3-13）。

表3-13　　　　　　　　　　　　　××公司20××年度招聘计划报批表

人力资源部拟定　　　　　　　　　　　　　　　　　拟定时间：

招聘部门	现有人数	聘用人数	聘用岗位	人数	聘用原因	到岗时间	聘用条件				
							学历	专业	工作经验	性别与年龄	其他
行政人力副总意见											
总经理意见											

2）招聘需求的审批

招聘需求的审批是指将打印出来的人员招聘需求信息正式递交企业行政人力副总和总经理审核、批准。

3.4　招聘需求确定中常见的问题与对策

招聘需求的确定直接影响到招聘工作的各个方面，对于人力资源管理工作具有重要的意义，但是招聘需求的确定受企业各种因素的影响，在实际工作中存在着众多的难点和问题。

3.4.1　招聘需求确定中常见的问题

1）企业发展带来需求的不确定性

企业的发展导致对人力资源需求的变化。企业发展的不确定性必然导致人力资源需求的不确定性。从理论上讲，某一时期企业对人力资源的需求应当是确定的，但实际上，对两种基本形式的企业人力资源需求和供给的确定，都存在难以解决的问题。企业发展对人力资源需求不确定性的影响表现在两个方面：

（1）企业发展必然带来人力资源需求的变动，什么样的人力资源需求是企业各个发展时期最优的需求，这是不明确的。

（2）企业发展本身具有不确定性，难以准确预测，从而影响对人力资源需求的预测和把握。

2）工作界定的困难

企业在将经营与发展目标转化为招聘需求的过程中，存在许多困难，不能够精确界定，企业所确定的需求只能是估计的结果。企业采用各种方法确定的需求，在数量、类型、规格等方面都可能与实际需要不完全一致，不是真实的需求。

3）企业最优职位体系的不可知性

在明确了对人力资源的需求以后，要将其转化为各种不同的工作职责与任务，建立起科学合理的职位等级体系，并确定各职位的任职资格，这都属于组织设计和工作研究的内容。经过近百年的发展，组织设计和工作研究在理论和技术方法上都有了很大的发展，已趋于成熟，但这并不等于已经能够为我们提供足够的技术与方法，可以准确地将企业对人力资源服务的需要转化为工作职责与任务并建立起科学合理的职位等级体系。

4）各职位任职资格的主观性

不同类型企业所需要的人力资源是不相同的，那么怎样才能确切地知道企业究竟需要什么样的人力资源呢？按照组织设计和工作设计的一般程序，在完成职位设计以后，应根据各职位的职责和任务确定任职者应具有的素质和能力，但人的素质与能力多种多样，现实中的工作更是千差万别，也许在未来的某一天我们能够逐一确定不同工作职责与人的素质和能力之间的对应关系。但到目前为止，这种对应关系还很不清楚，我们还不能够准确知道适合各种工作职责的素质和能力是什么。因此，根据各职位的工作职责和任务确定任职者应具有的素质与能力，必然带有很大的主观成分，是不准确的。

3.4.2 基于招聘需求不确定性的管理策略

人力资源需求的不确定性是客观存在的，这应成为我们认识和实施企业人力资源管理的前提，现在我们来分析在招聘需求具有不确定性的情况下，企业人力资源管理应采取的主要策略。

首先需要明确的是，对于企业人力资源管理，准确确定招聘需求固然很重要，但不是绝对必要的。只有在追求人力资源管理绝对有效、取得最佳经济效益的情况下，准确确定人力资源招聘需求才是绝对必要的。如果承认人力资源管理只可能取得有限的效果，并以满意的效益为目标，或者将绝对有效和最佳经济效益仅仅作为人力资源管理的理想目标，作为可以无限接近的目标，就不需要假定人力资源招聘需求可以准确确定，在实践中也不必作出不切实际的努力。

克服企业招聘需求的不确定性的主要策略有：一是经验，或者说通过实践不断学习改进的能力；二是人力资源所具有的能动性、创造性和可增值性；三是时间。经验使我们可以不断地增进对企业人力资源需求了解的程度，从而弥补招聘需求不确定性带来的不足。对于一个训练有素的管理者，经验常常是比各种现成的管理技术与方法更加有效的管理手段。人力资源所具有的能动性、创造性和可增值性，使其具有广泛的适应性，能够根据具体情况的变化调整自己、发展自己，创造性地完成工作。而时间使我们可以不断地进行调整，使所确定的人力资源需求无限接近真实的需求，或者使人力资源供给无限接近真实的需求。因而企业人力资源管理的水平是长期积累的结果，不是一蹴而就的。

　　需要特别说明的是，我们提出企业招聘需求具有不确定性，并不是说企业各时期的招聘需求都不能把握，不能够进行测定。虽然企业招聘需求受多种因素的影响，但这些因素并不是不可知的，对人力资源需求的影响也不是不可以把握。随着研究的不断深入和技术手段的不断改进，人们对企业人力资源需求的认识会越来越全面、越来越深入，最终会积累足够的知识、技术和实证数据资料，使我们能够更准确地测定企业的招聘需求。

情境模拟 3-1

　　情境：
　　假设你是某家食品加工企业的人力资源部经理，公司为人力资源部经理草拟了一份工作说明书，其主要内容如下：
　　（1）负责公司的劳资管理，并按绩效考评情况实施奖罚；
　　（2）负责统计、评估公司人力资源需求情况，制订人员招聘计划并按计划招聘公司员工；
　　（3）根据实际情况完善公司员工工作绩效考核制度；
　　（4）负责向总经理提交人员鉴定、评价的结果；
　　（5）负责管理人事档案；
　　（6）负责本部门员工工作绩效考核；
　　（7）负责完成总经理交办的其他任务。
　　该公司总经理认为这份工作说明书格式过于简单，内容不完整，描述不准确。
　　操作：
　　（1）请根据上述材料拟写一份人力资源部经理工作说明书。
　　（2）工作说明书应该明确你的工作职责和任务、工作环境和条件、上下级及外界联络关系、任职资格要求等内容。
　　（3）你可以通过调查一家企业或查找资料来完善这份工作说明书。

◆◆◆◆➡ 学思践悟

思政教育主题：创新发展

　　农业农村农民问题是关系国计民生的根本性问题。党的二十大报告作出"全面建设社会主义现代化国家，最艰巨最繁重的任务仍然在农村"的重要判断，就"全面推进乡村振兴"作出新的重大部署。

　　在乡村振兴这一伟大的历史进程中，大学生们以他们的知识、热情和创新能力，正成为推动乡村振兴的重要力量，绽放着属于他们的青春光彩。他们带着满腔热血和专业知识，积极投身到广阔的乡村田野，将所学知识与实际相结合，助力乡村发展。在乡村振兴的道路上，大学生们不仅贡献了自己的智慧和力量，也收获了成长和历练。他们学会了如何与乡村居民沟通交流，如何解决实际问题，如何在实践中不断提升自己。这些经历不仅让他们更加了解国情、民情，也增强了他们的社会责任感和使命感。大学生们的参与，为乡村振兴注入了新的活力和动力。他们用青春和汗水，书写着属于新时代的奋斗篇章。他们的身影，成为乡村中最亮丽的风景线，他们的奋斗故事，也成为激励更多人投身乡村振兴的榜样。

　　资料来源　李颜.大学生在乡村振兴中绽放青春光彩[EB/OL].[2024-06-21]. https://topics.gmw.cn/2024-04/10/content_37255876.htm.

　　乡村振兴，是一个时代的命题，也是大学生们实现自我价值、服务社会的广阔舞台。请举例说明，大学生在乡村振兴的舞台上如何绽放光彩。

▶ 基础训练

一、选择题

随堂测 3-1

1.（　　）是对企业人员总量、构成、流动的整体规划，包括人力资源现状分析、企业定员、人员需求与供给预测和人员供需平衡等。

A.战略规划　　　　　　　　　　B.组织规划

C.企业人力资源制度规划　　　　D.人员规划

2.（　　）根据企业发展战略规划，以及工作量的增长情况，确定各部门还需要增加的工作岗位与人员数量，得出统计结果。

A.现实人力资源需求预测　　　　B.未来人力资源需求预测

C.未来人力资源流失预测　　　　D.整体人力资源需求预测

3.（　　）是采用统计方法预测人力资源需求的一种技术，该方法主要是以过去的变化趋势为依据来预测未来变化趋势，它的运用需要掌握大量的相关因素及数据资料，并建立合适的数学模型。

A.回归分析法　　　　　　　　　B.数学模型法

C.转换比率分析法　　　　　　　D.散点分析法

4.企业的发展受到诸多因素影响，劳动力供给必然影响企业命运，但在绝大多数情况下，企业不可能根据拥有的人力资源作出发展决策，也不可能因受其限制而停止发展，因此大多数企业在作决策时首先考虑的是（　　）。

A.供给　　　　　B.需求　　　　　C.供需平衡　　　　D.盈利

5.结构性失衡是企业人力资源供需中较为普遍的一种现象，在企业的稳定发展状态下表现得尤为突出。平衡的办法一般有技术培训计划、人员接任计划、晋升计划和外部补充计划。其中（　　）主要是为了抵消退休和流失人员空缺。

A.外部补充计划　　　　　　　　B.技术培训计划

C.人员接任计划　　　　　　　　D.晋升计划

二、简答题

1.简述工作分析与招聘需求的关系。

2.人力资源需求预测的方法有哪些？

3.如何科学合理地对企业的招聘需求进行汇总？

综合应用

□ 案例分析

LM公司年度人员需求预测报告

（一）人力资源现状分析

1.员工构成情况

伴随公司成立以来的发展和积累，目前公司在生产和经营领域初步形成了一支素质较高的人才队伍，共有在职职工368人，具体员工构成情况见表3-14。

表3-14　　　　　　　　　　　　　LM公司员工构成情况表

类别	具体分布情况							
职能分布	公司高层		管理中层		管理人员		生产人员	
	人数	比例	人数	比例	人数	比例	人数	比例
	5	1.4%	15	4.1%	38	10.3%	310	84.2%
学历分布	硕士及以上		本科		大专		大专以下	
	人数	比例	人数	比例	人数	比例	人数	比例
	6	1.6%	40	10.9%	135	36.7%	187	50.8%
年龄构成	30岁及以下		31~40岁		41~50岁		51岁及以上	
	人数	比例	人数	比例	人数	比例	人数	比例
	186	50.5%	116	31.5%	41	11.1%	25	6.9%

2.人力资源现状分析结果说明

（1）87.5%的员工为大专及以下学历。

（2）员工年龄在40岁以下的占总人数的82%，具备进一步学习的能力。

（3）随着公司的发展、业务规模的扩大，专业技术人才、一线生产人员、市场拓展人员均应有较大需求。

（二）人力资源需求预测结果

1.未来人力资源流失预测

（1）未来退休人员预测：公司2023年退休7人，其中2人内退，5人正常退休。2024年公司51岁及以上人员仅有25人，相对公司人员规模来说，退休人员很少，不会影响公司的人员数量，建议不作考虑。

（2）未来离职人员预测：公司2023年共有15人离职，其中12人主动离职，3人被开除，离职人员人数较少，基本集中在一线生产工人，在未来离职人员预测中不作考虑。

2.未来新增人员及主要岗位需求

为满足公司的战略发展需要，未来人员需求将集中于投融资管理人才和专业技术人才、业务经营人才等。

（1）投融资管理人才：公司未来几年内将积累大量财务资源，急需投融资管理方面人才，初步估计投融资管理人才需2人。

（2）专业技术人才：公司预计2024年将新增产品品种，新增1条生产线，初步估计需要具有生产专业技术中级及以上职称的人才3人、需要生产工人20人。

（3）业务经营人才：随着公司业务规模的扩大，将扩展销售领域和扩大市场份额，可引进具有丰富业务管理经验、极具市场开拓精神的高级经营人才，初步估计业务经营人才需要10人。

3.未来人员净需求（见表3-15）

表3-15   公司2024年各部门人员需求表

部门名称	新增岗位及人数	部门名称	新增岗位及人数
决策层	战略发展部2人	生产部	车间主任1人，生产岗位工人20人
财务部	投融资主管1人，专员1人	市场部	策划专员1人
技术部	技术研发人员2人	销售部	销售区域经理3人，销售专员7人
产品部	产品设计人员2人	质量部	检验员1人
行政部	人员不变	采购部	采购专员1人
人力资源部	人员不变	仓储部	不变
人员净需求	42人		

资料来源　根据相关资料编写。

问题：LM公司年度人员需求预测报告包括哪些方面的预测？

分析提示：人力资源需求预测要包括现实人力资源需求预测、未来人力资源需求预测、未来人力资源流失预测、整体人力资源需求预测等方面。

□ 实践训练

项目一　模拟德尔菲法进行未来人力资源需求预测

1.实训目的

体验使用德尔菲法进行未来人力资源需求预测，掌握其运作流程及注意事项。

2.具体步骤（见表3-16）

表3-16 未来人力资源需求预测的德尔菲法步骤说明表

步骤	具体操作说明	应注意问题
预测准备工作	1.由任课教师确定预测课题及各预测项目 2.成立预测临时机构，负责收集和准备背景资料 3.在各职系内成立专家小组，专家小组应由6~12人组成，应包括人力资源方面的专家、本职系内部门领导和员工	1.要给专家提供已收集的历史资料及有关的统计分析结果，充分利用专家的知识和经验 2.要采用匿名方式，使每一位专家都能独立自主地作出自己的预测，避免受其他专家的影响 3.对专家不要求预测精确，允许他们粗略估计，并要求提供预计数字的肯定程度 4.收集反馈过程要重复几次，直到专家的意见比较趋同时，才得出最后的预测结果
进行专家预测	1.预测临时机构把有关背景材料交给各位专家 2.要求各专家在各自的领域内，根据人力资源部提供的背景资料，结合自己对本职系的发展预测，对本职系内将要增加或减少的岗位和人数进行预测	
预测临时机构进行收集反馈	1.收集各专家的预测结果 2.预测临时机构对各专家意见进行统计分析，综合第一次预测结果 3.把综合结果反馈给各专家，要求其作出第二轮预测 4.将以上过程重复数次	
得出预测结果	当各专家意见接近一致时，结果即成为可以接受的预测	

3.要求

（1）各小组根据要求合理安排工作流程和工作任务。

（2）各小组保留分析过程数据资料。

（3）各小组代表在班级进行心得分享。

项目二 编制企业定岗定员计划表

1.背景

黄鹏是某化工公司人力资源部副经理，该公司副总要求他提出一份企业定岗定员计划表。目前该公司有设备看管工及维修工725人、行政文秘类职员103人、中层干部59人、技术人员58人、销售员43人。黄鹏在编制定岗定员计划表时，采集到了以下数据：近5年员工的平均离职率为4%，生产工人离职率为8%，技术和管理干部离职率为3%；同时，按照公司的扩产计划，销售人员要新增10%~15%，工程技术人员要增加5%~6%，其他人员结构不变。

2.实训目的

分析企业核定定员时的影响因素，掌握核定企业定员人数的方法，编制企业定岗定员计划表。

3.要求

（1）编制企业定岗定员计划表（见表3-17）。

（2）说明各种岗位人员定岗的依据和方法。

表3-17　　　　　　　　　（　　）年某化工公司各部门定岗定员计划表

序号	部门	（　　）年定岗定员			说明
		岗位名称	现有人员数	定员人数	
	总经办				
	工程部				
	经营部				
	生产部				

审核人：　　　　　　　　审核日期：　　　　　　　　批准人：

第4章 招募工作

▶ 学习目标 ▮▮▮▮

◆ 知识目标：了解招聘计划的内容、招募广告的编制目的和原则；明确企业招募可以采用哪些招募策略；熟知招聘计划的撰写和注意事项；掌握招募广告的设计技巧和发布媒体选择技巧，以及招聘信息库建立的基本技巧。

◆ 能力目标：能够运用恰当的招募策略和技巧开展招募工作。

◆ 素养目标：秉承公平正义观念，在人才选拔工作中建立公开透明的选拔渠道和公平公正的选拔机制。

▶ 引例 ▮▮▮▮

李总监的招募工作错了吗？

2023 年 1 月，李总监从长沙某食品集团公司跳槽到广东佛山一家知名陶瓷集团 GOK 公司担任人力资源总监。GOK 公司将 2023 年定为发展之年、技术突破年和管理创新年。因而，公司董事长要求李总监在 2023 年要广揽技术人才和管理人才，树立公司良好形象，确保企业战略目标的实现。李总监认为 GOK 公司在省内比较有名气，因此决定在公司网站、南方人才网、猎聘网发布招聘信息。为了吸引优秀求职者，同时向社会展示企业良好形象，李总监在招募公告中将公司工作环境、生活环境及福利待遇进行了美化处理。另外，李总监选择在 3—5 月参加校园招聘会招聘优秀的大学毕业生，指派人力资源部人员到南方人才市场参加招聘洽谈会招聘技术人员和管理者，并且全部管理岗位均采用外部招募方式。到了 2023 年 8 月，GOK 公司招募的专业技术人员数量有限，技术水平也不够突出，不仅如此，公司内的几位专业技术人员和管理人员也相继离开了公司。公司董事长对李总监的招募工作不但没有肯定，还提出了诸多质疑，责成李总监及时总结经验和教训。李总监感到很难受：为什么自己满腔热情、积极努力地工作却换不来满意的结果呢？

资料来源　根据经历见闻编写。

这一案例表明：招募工作对发展求变的企业来说是十分重要的，但要做好招募工作却不是件容易的事，并不是开展了招募工作就一定能确保吸引到大量优秀的求职者。招募工作主要是吸引合格的求职者并对求职者信息进行初步管理的过程，它是企业招聘工作中一个十分重要的组成部分。具体来说，在确定人员需求的数量、质量、结构、层次、到岗时间等方面的信息之后，企业招聘部门制订招聘计划、确定招募策略、挑选招募渠道、设计招募广告并发布信息、建立并管理招聘信息库等活动就构成了招募工作。

4.1 招聘计划

4.1.1 招聘计划的含义与内容

招聘计划是企业在人员需求信息确定的基础上制订的招募、甄选、录用方案及实施细则，它为人员招聘与录用工作提供了客观的依据、科学的规范和实用的方法，减少了人员招聘与录用过程中的盲目性和随意性，降低了错误选才、不规范选才带来的风险。

招聘计划是企业招聘与录用工作开展的指南，它明确了企业招聘工作的目标和主要内容。一般情况下，企业的招聘计划包括以下内容（如图4-1所示）：

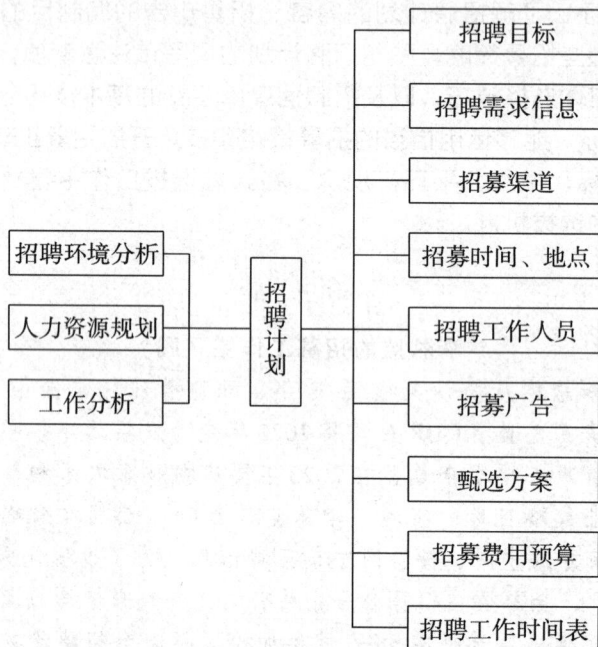

图4-1 招聘计划的内容

（1）招聘目标——企业这一次（或这一时期）招聘活动的主要目标是什么，比如，树立企业形象、节约招聘成本、建立与人才中介良好关系、快速招聘到大量人才上岗、宁缺毋滥选拔优秀人才等。

（2）招聘需求信息——招聘的岗位、人数和职位要求等。

（3）招募渠道——招募方式的选择，如确认是内部招募还是外部招募，是社会招募还是校园招募。

（4）招募时间、地点——招募时机的选择、招聘过程的时间计划、招募范围与具体地点的选择。

（5）招聘工作人员——确定参与招聘的工作人员。

（6）招募广告——招募信息的发布时间与渠道。

（7）甄选方案——甄选方法、甄选的拟定场所和拟定时间、甄选题目设计负责人员等。

（8）招聘费用预算——整个招聘过程中各阶段可能发生的费用的预算。

（9）招聘工作时间表——招募截止时间、甄选工作时间、新员工上岗时间等。

招聘费用的种类与内容见表4-1。

表4-1   招聘费用的种类与内容

费用种类	主要内容
招募费用	广告费、摊位费、招募差旅费、中介费等
甄选费用	各种测评的工具费、测评人员费和应聘人员的接待费
录用费用	背景调查、体检、建档等方面的费用
安置费用	新员工迁徙和安家的费用、办公设备设施及用品费
招聘人员费用	企业内部从事招募、甄选、录用、安置等工作的人员的工资与福利费
其他费用	以上各项费用之外的其他费用

4.1.2 招聘计划的样本

下面以某科技企业招聘计划为例说明招聘计划的内容（见表4-2）。

表4-2   某科技企业招聘计划

一、招聘目标

1.快速树立企业形象，扩大企业在广州地区的知名度

2.吸引大量优秀求职者并进行科学有效的筛选

二、招聘需求信息

职务名称	需求人数	主要任职要求
软件工程师	15	本科及以上学历，35岁以下，3年以上相关工作经验
营销员	10	大专及以上学历，40岁以下，5年以上相关工作经验
行政经理	1	本科及以上学历，40岁以下，5年以上相关工作经验

三、招募渠道

1.广告招募 2.参加招聘洽谈会 3.内部员工推荐

四、招募信息发布时间和渠道

1.公交广告（公交和地铁），2月7日至2月25日

2.南方人才网、前程无忧网、猎聘网，2月7日至2月24日

3.企业自己的网站，2月7日至3月5日

五、主要招聘人员名单及分工

姓名	职务	招聘工作中的职责
张军	人力资源部部长	全面负责本次招聘活动（规划、组织与协调）
李明	人力资源部招聘经理	具体负责招聘信息的发布、各种测试工作的安排与组织
曾莉莉	人力资源部招聘专员	负责应聘资料收集、整理、传送，应聘人员的接待等
王先峰	研发部部长	负责本部门应聘者资料的进一步筛选、笔试和面试内容的设计等
张长征	营销部部长	负责本部门应聘者资料的进一步筛选、笔试和面试内容的设计等
高培英	行政人力副总	整个招聘方案的审批、行政经理的面试等

六、甄选方案与时间安排表

拟聘岗位	甄选事项	负责人	时间安排
软件工程师	资料初步筛选	李明	2月28日截止
	资料进一步筛选及电话面试	王先峰	2月28日至3月5日
	笔试、综合面试	李明、王先峰	3月11日
营销员	资料初步筛选	李明	2月28日截止
	资料进一步筛选及电话面试	张长征	2月28日至3月5日
	笔试、综合面试	李明、张长征	3月11日
行政经理	资料初步筛选	张军	2月28日截止
	资料进一步筛选及电话面试	张军、高培英	2月28日至3月5日
	笔试、综合面试	李明、张军、高培英	3月11日

七、录用审批及上岗时间

1.生产技术副总、营销副总、行政人力副总及总经理审批，3月15日截止
2.新员工上岗拟定于3月27日

八、招聘费用预算

1.广告费用：公交广告（90 000）+网络广告（100 000）=190 000（元）
2.参加两次招聘洽谈会的费用：20 000（元）
3.甄选费用：笔试（5 000）+综合面试（20 000）+人员接待（20 000）=45 000（元）
4.录用与安置费用：26×1 500=39 000（元）
5.员工推荐费用：按公司招聘管理制度支付
合计（不计推荐费）：294 000（元）

九、招聘工作时间表

截至1月29日：起草完招募广告，并设计好招募广告的版面
1月30日至2月6日：联系好公交公司、地铁公司、专业网站并办好相关手续
2月7日：在公交、地铁、专业网站发布招募广告
2月7日至2月27日：收集、整理资料，进行初步筛选，并传送到相关部门，接待应聘者
2月10日至2月20日：参加两次招聘洽谈会（广州和深圳）
2月28日至3月6日：资料进一步筛选、电话面试、通知应聘者复试
3月11日：部分应聘者进行笔试、综合面试
3月13日至3月15日：相关领导对初录人员进行审批
3月16日至3月17日：通知初录人员报到事宜
3月27日：新员工上岗

人力资源部
2023年1月16日

4.1.3　招聘计划制订时的注意事项

（1）不同的组织或处于不同发展阶段的同一组织，在编制人员招聘计划时，应区别对待，突出重点，有的放矢，尤其是要根据企业的战略目标来确定招聘目标，并在招聘目标的指导下制定其他具体招聘细则。

（2）人员招聘计划不仅要规划未来（前瞻性），还应反映目前现有员工的情况（现实性），如员工的调入、调出和升迁等。

（3）从招募方式看，应明确区分，分类规划安排，比如，要区分对待定期招募、临时招募和个别招募，要考虑是用外部招募还是内部招募。

（4）处于多变的市场环境中，人员招聘计划应不断地根据实际情况的变化进行调整，如人员策略、地点策略、方式策略和经费计划等，需要根据具体执行情况或外部环境变化进行相应的调整。

（5）编制和实施人员招聘计划时，还必须考虑到社会公众价值观念的取向、政府的劳动就业政策和有关的劳动法规。在录用员工时，不能有性别歧视。

4.2　招募策略

招募策略是招聘计划的具体体现，是为了实现招聘计划而采取的具体策略。在招募活动中，企业必须根据外部环境、内部条件和招聘对象的特点，科学有效地安排招募人员、选择招募时机和地点、选择招募方式、加强招募活动宣传等，这些能够确保招募活动更有活力的策略，就是招募策略。其具体策略包括招募的人员策略、招募的时间策略、招募的地点策略、招募的方式策略和招募的宣传策略等。

4.2.1　招募的人员策略

一般情况下，应聘者第一次直接接触到的企业人员是招募人员，他们通过对招募人员的气质风貌、言语行动、办事风格等外显性因素的观察，来判断企业的经营理念、管理风格和发展前景。所以，作为企业代表的招募人员，其素质的高低直接关系到组织能否吸引到优秀人才。如果招募人员语言粗俗、素质低，势必会"吓走"真正的人才。因此，选择招募人员十分重要，一定要注重策略与技巧。

1）企业主管应积极参与招募活动

招募工作不仅仅是人力资源部的事，各部门主管也应该尽量加入到招募员工活动中，这样更能显示出企业对专业人才的重视，也能加强对专业人才的初步鉴别。对中小型组织而言，招募工作的成败取决于企业主管对招募工作是否热心。同理，大中型组织招募较高层次人员，也需要高层领导人亲自出面。

2）招募人员在招募工作中要充满热情

从事招募工作的人员一定要热情，招募人员热情的程度能够反映出招募人员对应聘者的关心程度，招募人员依靠其热情给应聘者一种带动和示范，无形中感染别人，对组织吸引人才有很大益处。

3）招募人员应当公正

招募者在招募应聘者时，必须有正确的出发点，这个出发点就是公正，必须坚持公正的原则。否则，容易出现选人唯亲唯友的情况，影响招聘的质量。

4）招募人员应该懂法

在供过于求的人才市场上，应聘者形形色色，招募人员应该根据劳动政策法规的要求，吸引那些合法合规的优秀劳动力。比如，不能招募童工，不能有年龄、性别、民族等方面的歧视。

5）招募人员的其他要求

招募人员除了应当有丰富的专业知识、心理学知识和社会经验，还应当具有品德高尚、举止儒雅、文明、办事高效等特点。应聘者无不希望接触到开明而爽朗的人，这样可以使谈话的气氛愉快而轻松。

◆◆◆◆➡ 小思考4-1

请问在校园招聘活动中，为什么很多公司喜欢派该校毕业且在公司发展不错的师兄师姐回校开展招聘宣讲等工作呢？

答：从心理学视角分析，人们最容易接受自己熟悉、亲近的人或与自己情况类似的人的信息。师兄师姐是学长、校友，是学弟学妹入校后学习的榜样，他（她）们的出现能够很快拉近与毕业生的距离，迅速获得毕业生的认同，对他（她）们传递的信息，毕业生能够欣然接受。同时，在公司发展不错的师兄师姐，对求职的学弟学妹的职业选择能起到示范引领作用，也会很乐意向他们进行讲解和答疑。

4.2.2　招募的时间策略

在招聘过程中，选择什么时间开始发布招聘信息、参加招聘洽谈会或委托中介推荐人才，这既关系到应聘者的数量，又关系到招聘的效率与成本，还关系到招聘的质量。招募工作开始得越早，用于吸引求职者的时间越长，应聘者人数越多，供挑选的余地越大，招聘的质量越高，但是花费的时间也更长，支出的费用更高。所以，要对招募时间进行正确的选择。

招募时间策略表现在两个方面：一是招募时机的选择，二是招募持续时间的确定。

1）招募时机的选择

招募的时机就是企业开始发布招聘信息、参加招聘洽谈会或委托中介推荐人才的日期。选择什么样的招募时机，一般需要考虑以下两项因素：

（1）人才市场供给的季节性。

一般来说，人才市场的人才供给每年有3个旺季，一个是每年的11—12月，另一个是每年春节后的1～2个月，还有一个是每年的6—7月。每年的11—12月成为人才供应旺季的主要原因是：高校一般要到11月底才允许企事业单位入校开展招聘活动，优秀的企事业单位往往想在这段时间从高校中挑选最优秀的大学生，大学生往往也在这段时间开始找工作（因为课程基本完成）；准备年后"跳槽"的员工，往往也会在年底前的这段时间开始物色新的单位。每年春节后的1～2个月成为人才供应旺季的原因是：无论是应届毕业生，还是社会人员，春节给大家提供了与亲朋好友充分交流工作的机会和广泛收集招聘需求信息的机会，也由于有新年（农历年）新打算的传统，大家往往会在年后"倾巢而出"地找工作。每年6—7月成为人才供应旺季的主要原因是：每年6月底还有一定比例的应届本科毕业生没有就业，特别是没有考上研究生的本科毕业生，成为主要的人才供应来源。

按照成本最小化的原则，组织应避开人才供应的淡季，而在人才供应的旺季开展招募工作，这时候招募的效率最高。照此原则，到农村招聘体力劳动者最好是在农闲时节。

◆◆◆◆➡ 小思考4-2

请问高校招募高学历、高职称的专业教师的时机选择与高科技企业招募高学历、高技能研发人员的时机选择是否有区别？

答：有区别，主要在于：高校专业教师一般来源于高校，教师承担的专业教学任务是以学期为单位的，所以招募高校教师的时机最好选择在每学期结束前的3~4个月；由于其潜在应聘对象更多来源于企业，所以高科技企业招募研发人才的招募时机选择的自由度要大很多。

（2）招聘过程所需的时间。

企业为保证新聘人员准时上岗，在什么时间开始招募工作最合适呢？这主要取决于招聘过程需要花多长时间，招聘的人员越多，甄选与培训的时间越长，招聘过程的时间也就越长，因而也就需要将招募开始的时间安排得尽量早一点。

对于招募开始时间的确定，一般通过对招聘各个阶段所需时间的大致分析，运用倒推法计算出招聘的开始时间即可。

◆◆◆◆➡ 小思考4-3

某企业准备招聘35名营销员和20名研发工程师。根据预测，招聘过程中每个阶段的时间占用情况是：招募时间是15天（收集应聘者信息），筛选应聘材料并进行电话筛选和预约复试的时间是5天，笔试和综合面试的时间是3天，作出录用决策和审批的时间为3天，继续沟通确保部分或全部候选人能来企业报到的时间是10天，受聘者21天后到企业报到并参加为期1周的入职培训。请问该公司应该在新员工上岗前多少天发布招募信息为好？

答：用倒推法，可以计算得知：招聘过程需耗时64天。所以，招募信息至少应该在新员工上岗前64天发布。

2）招募持续时间的确定

招募工作持续的时间主要取决于以下两项因素：

（1）待聘岗位的性质。

一般情况下，越是人员需求紧急的岗位，招募持续的时间越短，当然选择发布招聘信息的媒体可多一些，投入的招募费用也会高一些；越是级别高的岗位，对企业越重要的岗位，招募持续的时间越要长些，这样利于获取更多优秀的人才信息。

（2）人员需求信息发布的媒体特点。

这方面主要是考虑媒体的广告成本和作用时效。电视媒体发布招聘信息的招募时间宜短，因为其覆盖面广、受众多、价格高；网络（尤其是中小型公司的内网）发布招聘信息的招募时间宜长，因为其受关注度不高、受众少、价格低。当然，还要与待聘岗位性质相结合进行考量。

4.2.3 招募的地点策略

选择在哪个地方进行招募，应考虑人才分布规律、求职者活动范围、组织的位置、劳动力市场状况以及招募成本等因素。一般情况下，企业倾向于在所在地的市场招募普通员工，在跨地区的市场上招聘专业技术人员，在全国范围甚至国际市场上招募高级管理人员。

1）选择好招募范围

是在本地区或几个地区内招募，还是在面向全国招募，或是在全球招募？一般来说，范围越大，优秀的人才就越多，但费用开支也会较高。如果企业对于劳动力的技术水平要求不高，则可面向农村招募，当然应尽可能选择距离近的、人工成本低的和关系相对稳定的农村。如果企业需要的是高学历、高素质的人才，则应尽可能面向全国招募。

2）就近选择以节省成本

如果您是广州一家企业的老板，为招聘优秀的大学毕业生，您可以选择在广州或在北京的高校中进行招募，但毫无疑问，去北京招募的费用比在广州招募要高很多。

3）地点应该相对固定

地点相对固定才能更节约招募成本，并能与相关机构保持良好的合作关系。企业一般选择在既有条件又有招募经历的地点开展招募工作，这样既能保证招募工作的高效开展，又能降低招募的成本。比如，招募中高级管理人才或技术人才的广州企业可以选择南方人才市场；招募大量农民工的企业可以选择劳动力输出大省中的某个县或某个乡。当然，组织可以根据要招聘员工的类型、数量和本组织的发展战略选择适当的地点招募。由于每次组织的招募都可能涉及不同类型、不同层次的需求，因此不可能在一个市场就完成全部的招募任务，需要在多个市场上进行招募。当在某个市场招募效果不好时，可以向更高级别的市场发展，或向其他地区发展。

4.2.4 招募的方式策略

招募方式是指吸引求职者所使用的渠道与方法。招聘岗位不同、人员需求数量与具体要求不同以及新员工到岗时间和招聘费用的限制等，这些都影响招募对象的来源与范围，也影响招募信息发布的方式、时间与范围，从而也使得招募渠道不同。招募渠道可分为校园招募和社会招募，也可分为内部招募与外部招募。内部招募是在企业内部公开发布信息，从现有员工中吸引适宜人员应聘新的岗位，其方法主要有推荐法、布告法和档案法。外部招募是从企业外部吸引适合待聘岗位需求的应聘者，主要有发布广告、借助中介机构（包括人才交流中心、招聘洽谈会、猎头公司等）、校园招募、网络招募、熟人推荐等方法。在招募方式选择上，企业要综合分析各种招募方式的优缺点，并根据不同招募岗位的特点和招募预算选择合适的招募方式。

4.2.5 招募的宣传策略

招募工作不仅受到企业形象和声誉的影响，其本身也是直接影响企业形象和声誉的过程之一，所以在招募的过程中，企业一方面要尽可能地吸引合适的求职者，另一方面还需要利用招募的机会进行企业形象和声誉的宣传活动。

为了宣传企业良好形象，塑造和维护企业声誉，企业应该科学地选择招募信息发布的媒体，并在招聘洽谈会、校园招募、熟人推荐等招募方式中注重对企业形象的宣传。当前，通常选择短视频平台（如抖音、快手、B站、小红书等）发布招募广告来宣传企业。另外，在招聘洽谈会或校园招募中，可以利用投影、宣传画册等来提升企业形象。

4.3 招募渠道

招募渠道是指企业为吸引求职者所采取的途径与方法。企业可以从内部现有员工中招募待聘岗位所需要的人才，即内部招募，也可以从外部招募适合企业待聘岗位要求的人才，即外部招募。各种招募渠道各有利弊，究竟应当采用哪一种方式来吸引求职者，需要根据企业文化（价值理念和用人理念）、待聘岗位性质、招募渠道特点、招募费用预算等因素来确定。

企业在选择招募渠道时，一般可以遵循以下四个步骤：首先分析待聘岗位的招聘要求，接着分析招聘对象的特点，然后确定拟招对象的适当来源，最后选择恰当的招募渠道。

4.3.1 内部招募

1）内部招募的来源

内部招募指企业在出现岗位人员空缺后，从内部选择合适的员工来填补这个位置的过程。内部招募的最大优势在于雇主了解雇员，雇员熟悉企业，这样可以提高招聘效率、降低招聘成本和招聘风险，同时，还能极大地鼓舞员工的士气。内部招募的来源主要有内部提拔、工作调换、工作轮换、重新聘用、公开招募。其中，公开招募是面向企业全体人员，内部提拔、工作调换、工作轮换则局限于部分人员，重新聘用则是吸引那些因某些原因而暂时不在岗的人员。

拓展阅读4-2

麦当劳的
晋升制度

（1）内部提拔。

当企业中比较重要的岗位出现空缺时，首先考虑让企业内部符合条件的员工从一个级别比较低的岗位晋升到一个较高级别的岗位，这个过程就是内部提拔。这种做法给员工以升职的机会，会使员工感到有希望、有发展，对于激励员工非常有利。从另一方面来讲，内部提拔的人员对本企业的业务工作比较熟悉，能够较快适应新的工作。然而内部提拔也有一定的不利之处，如内部提拔的人员不一定是最优秀的，有时甚至会导致少部分员工的嫉妒与不平。

（2）工作调换。

工作调换是指当企业中出现人员空缺的岗位时，将与空缺岗位同层次或高一层次的员工调去工作的过程。工作调换包括"平调"和"下调（降职）"，以"平调"为主，这也是在企业内部寻找合适人选的一种基本方法。工作调换的目的是要填补空缺，但实际上它还起到许多其他作用。例如，可以使内部员工了解企业内其他部门的工作，与本企业更多的人员有深入的接触、了解。这样，一方面有利于员工今后的提拔，另一方面可以使上级对下级的能力有更进一步的了解，从而为今后的工作安排做好准备。

（3）工作轮换。

工作轮换和工作调换有些相似，但又不同。如工作调换从时间上来讲往往较长，而工作轮换则通常是短期的、有时间界限的；另外，工作调换往往是单独的、临时的，而工作轮换往往是两人以上、有计划进行的；工作调换可以在同级或下级间进行，而工作轮换一般只在同级间进行。工作轮换可以使企业内部的管理人员或普通人员有机会了解企业内部的不同工作，给那些有潜力的人员提供以后晋升的机会，同时也可以缓解部分人员由于长期从事某项工作而带来的烦躁和厌倦等情绪。

（4）重新聘用。

拓展阅读4-3

竞聘上岗的
程序和步骤

有些单位由于某些原因会有一批不在岗的员工，如下岗人员、长期休假人员（如曾因病长期休假，现已康复但由于无位置还在休假的人员）、已在其他地方工作但关系还在本企业的人员（如停薪留职）等。在这些人员中，有的恰好是内部空缺岗位所需要的人员，他们中有的人素质较高，对这些人员的重新聘用会使他们有再为企业工作的机会。另外，这些人员可以尽快上岗，企业也减少了培训等方面的费用。

（5）公开招募。

公开招募，又称竞聘上岗，是面向企业全体人员的，其做法通常是企业在内部公开空缺岗位，吸引员工来应聘。这种方法的另一个好处就是使员工有一种公平合理、公开竞争的感觉，会使员工更加努力奋斗，为自己的发展增加积极的因素。这无疑是人力资源开发与管理的目标之一。党的二十大报告指出：深化人才发展体制机制改革，真心爱才、悉心育才、精心用才，求贤若渴，不拘一格，把各方面优秀人才集聚到党和人民事业中来。

2）内部招募的主要方法

（1）推荐法。

推荐法可用于内部招募，也可用于外部招募。它是由本企业员工根据企业的需要推荐其熟悉的合适人员，供用人部门和人力资源部门进行选择和考核。由于推荐人对用人部门与被推荐者比较了解，使得被推荐者更容易获得企业与职位的信息，便于其决策，也使企业更容易了解被推荐者，因而这种方法较为有效，成功的概率较大。在企业内部最常见的推荐法是主管推荐，其优点在于主管一般比较了解潜在候选人的能力，由主管提名的人选具有一定的可靠性，而且主管们也会觉得他们具有全部的决策权，满意度比较高。其缺点是这种推荐会比较主观，容易受个人因素的影响，主管们可能提拔的是自己的亲信而非胜任的人选。有时候，主管们并不希望自己手下很得力的员工被调到其他部门，以防影响本部门的工作实力。

（2）布告法。

布告法是在确定了空缺职位的性质、职责及其所要求的条件等情况后，将这些信息以布告的形式，公布在企业中一切可利用的墙报、布告栏、内部报刊、公司网站上，尽可能使全体员工都能获得信息，所有对此岗位感兴趣并具有此岗位任职能力的员工均可申请。目前在很多成熟的企业当中，张榜的形式由原来的海报形式改为在企业的内网上发布，各种申请手续也在网上完成，从而使整个过程更加快捷、方便。布告法的目的在于使企业中的全体员工都了解到有哪些职务空缺需要补充人员，使员工感觉到企业在招募人员这方面的透明度与公平性，有利于提高员工士气。一般来说，布告法通常用于非管理层人员的招聘，特别适合于普通职员的招聘。布告法的优点在于可以让企业内更为广泛的人员了解到此类信息，为企业员工职业生涯的发展提供了更多的机会，可以使员工脱离原来不满意的工作环境，也促使主管们更加有效地管理员工，以防本部门员工的流失。其缺点是这种方法花费的时间较长，可能导致岗位较长时期的空缺，影响企业的正常运营，而员工也可能由于盲目地变换工作而丧失原有的专长性优势。

（3）档案法。

人力资源部门都有员工档案，从中可以了解到员工在教育、培训、经验、技能、绩效等方面的信息，帮助用人部门与人力资源部门寻找合适的人员补充职位空缺。员工档案对员工晋升、培训、发展有着重要的作用，因此员工档案应力求准确、完备，对员工在职位、技能、教育、绩效等方面信息的变化应及时做好记录，为人员选择与配备做好准备。值得注意的是，这里强调的"档案"，应该是建立在新的人力资源管理思想指导下的人员信息系统，该档案中应该对每一位员工的特长、工作方式、职业生涯规划有所记录，将过去重"死材料"的防范型档案，转变到重"活材料"的开发型档案，为内部有效管理和用人做好准备。在现代档案管理基础上，利用这些信息帮助人力资源管理部门获得有关职位应聘者的情况，发掘那些具备了相应资格但由于种种原因没有申请的合格应聘者，通过企业内的人员信息查找，在企业与员工达成一致意见的前提下，选择合适的员工来填补空缺或新增的岗位。

3）内部招募的优点

（1）准确率高。

由于招募对象来自企业内部，用人部门和人力资源部门对其有较充分的了解。招募对象在企业工作中表现出来的工作动机、工作态度、工作业绩、知识与技能水平、个性特征、发展潜力，招募人员是比较清楚或比较容易获悉的，所以这种建立在对内部应聘者信息可靠了解基础上的招募，能够提高招聘成功率。

（2）适应较快。

内部应聘者更了解本组织的运营模式和业务流程，与从外部招募的新员工相比，他们能更快地适应新的工作。

（3）认同度高。

企业内部应聘者由于经受了企业文化的熏陶，对企业已经投入了精力和情感，且愿意继续为企业服务，因此往往会更加认同企业的经营理念、管理模式，从而更加忠于企业。

（4）激励性强。

内部招募能够给员工提供发展的机会，强化员工为组织工作的动机，也增强了员工对组织的责任感，尤其是各级管理层人员的招募，这种晋升式的招募往往会带动一批人的一系列晋升，从而能鼓舞员工士气，同时，也有利于在组织内部树立榜样。通过这种相互之间的良性互动影响，可以在组织中形成积极进取、追求成功的氛围。

（5）费用较低。

内部招募可以节约大量的费用，如广告费用、招募人员与应聘人员的差旅费等，同时还可以省去一些不必要的培训项目，减少了组织因岗位空缺而造成的间接损失。此外，从组织文化角度来分析，员工在组织中工作了较长一段时间后，已基本融入了本组织的文化，对本组织的价值观有了一定的认同，因而对组织的忠诚度较高、离职率低，避免了招聘不当造成的间接损失。

许多企业都特别注重从内部选拔人才，尤其是中层管理者、高层管理者。例如，著名的通用电气公司董事长、首席执行官——对通用电气和全世界的企业管理都作出巨大贡献的韦尔奇，就是从企业内部选拔出来的。韦尔奇之后的董事长兼首席执行官杰夫·伊梅尔特和约翰·弗兰纳里都是从内部经过系统、严格考察之后选拔确定的。

4）内部招募的缺点

（1）因处理不公、方法不当或员工个人原因，可能会在组织中造成一些矛盾，产生不利的影响。

内部招聘需要竞争，而竞争的结果必然有成功与失败，并且失败者占多数。竞争失败的员工可能会心灰意冷、士气低落，不利于组织的内部团结。内部选拔还可能导致部门之间"挖人才"现象，不利于部门之间的团结协作。此外，如果在内部招聘过程中，按资历而非能力进行选择，将会诱发员工养成"不求有功，但求无过"的心理，也给有能力的员工的职业生涯发展设置了障碍，导致优秀人才外流或被埋没，从而削弱了企业的竞争力。

（2）容易造成"近亲繁殖"，抑制创新。

同一组织内的员工有相同的文化背景，可能会产生"团体思维"现象，抑制了个体创新和组织创新，尤其是当组织内部重要岗位主要由基层员工逐级升任时，就可能会因缺乏新人与新观念的输入，而逐渐产生一种趋于僵化的思维意识，这将不利于组织的长期发展。许多观察人士认为，通用汽车公司20世纪90年代所面临的严重问题就与其长期实行的内部招募策略有关。幸运的是，通用汽车公司后来意识到了这一点，并开始注意吸收"新鲜血液"。

此外，如果组织的高层管理者多数是从基层逐步晋升的，大多数高层管理者年龄就会偏高，不利于发扬冒险和创新精神，而冒险和创新则是新经济环境下企业发展至关重要的两个因素。要弥补或消除内部招募的不足，需要人力资源部门做大量细致的工作。

◆◆◆◆➡ 案例分析4-1

如何做好内部招募？

一家五金厂的仓库管理很混乱，原有的仓库管理制度执行不到位，"账物卡"的准确率不到60%。即使经过一段时间的整改，效果仍不理想，其中一个很重要的原因就是仓库主管的管理能力差，已经不适合管理十几个人的仓库。公司决定将其调离工作岗位，岗位空缺通过内部招募选拔新的人员来代替。人力资源部发出了内部招募通知，直到竞聘报名截止时，却只有2人报名。

问题：为什么会出现这种现象呢？

分析提示：

（1）原因分析

咨询项目组的老师和人力资源部的人员在进行调查和了解后，发现了造成这种局面的原因：

①各部门对内部招募重视不够，人力资源部只下发了内部招募通知，宣传、引导不到位，很多人不知道。

②咨询项目组的老师在沟通中发现，仓管员中有跃跃欲试者，但顾虑较多，由于企业没做过内部招募，他们担心可能存在内定等不公平现象，因此也就没去报名竞聘。

③现行薪酬体系不合理，仓库主管的岗位工资偏低，因此缺乏吸引力。

④竞聘职位对电脑操作知识要求过高（实际上仓库主管没必要具备很丰富的电脑操作知识），使得员工因达不到条件而放弃竞聘。

（2）采取措施

①由人力资源部重新发布内部招募通知，并要求各个部门必须在内部会议上宣传和引导，让全体员工都知道公司很重视内部招募。

②召开由总经理参加的竞聘动员大会，讲解竞聘流程，并告知大家，不会有不公平的内定现象发生，消除员工的顾虑。

③提高仓库主管的岗位补贴，使其工资水平有一定的吸引力。

④降低对电脑操作知识的要求，让更多的员工具有竞聘资格。

（3）实施效果

经过大力宣传、引导和措施调整后，有5人参加竞聘活动。竞聘优胜者担任仓库主管后对仓库进行了整改，使仓库管理发生了明显的变化，3个月后，仓库"账物卡"的准确率达到了95%。

4.3.2　外部招募

1）外部招募的来源

如果企业的人员需求数量多或素质要求高，那么企业内部招募很可能满足不了企业的需要，特别是当企业处于创业初期或快速发展时期，或是需要特殊人才时，仅有内部招募是不够的，必须借助于企业外部的人才市场，采用外部招募的方式来获取所需的人员。外部招募的具体来源有高等院校和中等院校、竞争对手与其他单位、下岗失业者、退伍军人和退休人员等。

（1）高等院校和中等学校。

学校通常被分为中等学校、高等院校两类。中等学校是许多单位招聘办事员和其他初级操作性员工的主要渠道，而高等院校则是发现大批年轻、具有较高素质的、潜在的专业人员以及技术人员和管理人员的主要场所。一些单位为了不断从学校获得所需人才，在学校设立奖学金，与学校横向联合，资助优秀或贫困学生，借此吸引学生毕业后到该企业工作；有的还为学生提供实习机会和暑期工作机会，以期日后确定长久的雇佣关系，而在实习期间，这些单位也达到了试用观察的目的。而对于学生来讲，他们则得到了积累工作经验和评估在该企业中工作与发展的价值的机会。

（2）竞争对手与其他单位。

对于需要相关专业工作经验的岗位来说，用人单位可以考虑从同一行业或同一地区的其他单位招聘人才，有时甚至可以从竞争对手单位"挖"人。对于人力资源管理人员来说，通过正常合法的途径将外单位的合格应聘者吸引过来，就构成了外部招募的重要来源。对于小企业来说，更要注重寻求那些有在大公司工作经验的人才，这些人在大公司的工作环境中经受了科学管理体制的熏陶，具有较高的素质，有助于小企业提高管理水平。

（3）下岗失业者。

在这些下岗失业者中，大部分都具有长时间的工作经验和社会阅历，有些还具有出色的企划能力和领导能力，从下岗失业者中也可以招募到单位需要的人员。

（4）退伍军人。

军队是个大熔炉，经过这个熔炉锤炼的军人具有坚强的意志、忠诚的品质、严明的组织性和纪律性，是部分这样岗位的最佳人选。另外，拥军优属是每个单位和个人的光荣义务，招聘退伍军人把他们妥善安置在合适的岗位上，有利于提高单位的知名度，树立企业良好的社会形象，并且可以和当地政府建立融洽的关系。

（5）退休人员。

目前我国已经进入老龄化社会，包括退休者在内的老年人也构成企业的员工来源之一。随着健康中国战略的实施，人民群众的健康意识不断增强，生活医疗条件得到改善，退休人员正处在身体和心理都是很好的状态，那些工作经验丰富、协调能力强、身心素质好、社会资源多的退休人员，常常是企业招募的极佳候选人。当前有很多单位返聘自己单位或其他单位的退休人员，让他（她）们充当技术导师或担任经营管理顾问，取得了很好的效果。

2）外部招募的主要方法

（1）发布广告。

当企业要从外部招募人员时，通常会在一些大众媒体上刊登本企业职位空缺的消息，吸引对这些空缺职位感兴趣的人员应聘。由于大众媒体传播信息的速度快、范围广，所以采用广告的形式进行招募，既能快速有效地吸引所需的人员来应聘，又能为扩大企业知名度作出贡献。

发布广告有两个关键的问题，其一是广告媒体如何选择，其二是广告内容如何设计（招募广告的内容设计与媒体选择将在本章下一节专题阐述）。一般来说，单位可选择的广告媒体很多，传统媒体如广播、电视、报纸、杂志等，现代媒体如网站、视频平台等，其总体特点是信息传播范围广、速度快，应聘人员数量大、层次丰富，单位的选择余地大。在确定广告内容时，单位必须注意维护和提升单位的对外形象。

广告的内容不仅应明确告诉潜在的应聘者单位能够提供什么职位、对应聘者的要求是什么，而且广告应有吸引力，能够激发大众对单位的兴趣。另外，广告还应告诉应聘者申请的方式和时间。

（2）借助中介。

人才流动日益频繁，企业招聘工作量不断加大，为了方便单位高效择人，也为了方便求职者快速择业，人才交流中心、职业介绍所、劳动力就业服务中心、猎头公司、招聘网站等人才中介机构应运而生、蓬勃发展。通过这些机构，单位与求职者均可获得大量的信息，同时也可传播各自的信息。下面介绍几类中介机构：

①人才供求数据库。人才交流中心、综合性人力资源公司、招聘公司等中介机构建有专业性的人才供求网络平台（人才供求数据库）。求职者可以方便地从数据库中查询符合自己求职意向的岗位和用人单位。用人单位交纳一定的费用之后就可以从数据库中挑选人才，也可委托这些中介机构挑选。这种招募方法针对性强、费用低、信息获取快。

拓展阅读4-4
企业参加招聘洽谈会的程序

②招聘洽谈会。招聘洽谈会，是单位和应聘者直接进行接洽和交流的一种传统招募方式，它能使双方都给对方留下比较直观而形象的印象。随着招聘市场的日益完善，招聘洽谈会呈现出向专业化方向发展的趋势，如中高级人才洽谈会、研究生双向选择会、高职高专毕业生双向选择会、旅游与酒店管理人才专场招聘会等。通过参加招聘洽谈会，单位招聘人员不仅可以了解当地人力资源的素质和走向，还可以了解同行业其他单位的人力资源政策和人才需求情况。这种方法，由于应聘者集中，单位的选择余地较大，但招聘高级人才还是较为困难。

③猎头公司。对于高级人才和尖端人才，通过传统的渠道往往很难获取，但这类人才对单位的作用却非常重大，所以，"猎头公司"（英文 head-hunter 的直译，主要是指为单位寻找合适的高层次或尖端人才，同时也为高级人才寻找合适单位的公司）应运而生。猎头公司一般都会建立自己的人才库。优质高效的人才是猎头公司最重要的资源之一，对人才库的管理和更新是他们日常的工作之一，而搜寻手段和渠道则是猎头服务专业性最直接的体现。

猎头公司往往对单位及其人力资源需求有较详细的了解，对求职者的信息掌握较为全面，猎头公司在供需匹配上较为慎重，其成功率比较高，但是其服务费昂贵，向单位收取的费用通常是所推荐人才年薪的25%~35%。

拓展阅读4-5
校园招聘的常用流程

（3）校园招聘。

校园招聘又称上门招聘，即由单位的招聘人员通过到学校举办专场招聘会、参加学校举办的毕业生招聘会等形式直接招募人员。对学校毕业生最常用的招募方法是校方每年举办的人才供需洽谈会，供需双方直接见面，双向选择。除此之外，有的用人单位会自己在学校召开专场招聘会、在学校中散发招募广告等，有的用人单位则通过定向培养、委托培养等方式直接从学校获得所需的人才。

校园招聘通常用来选拔工程、财务、会计、计算机、法律以及管理等领域的专业化初级水平人员。一般来说，工作经验少于3年的专业人员约有50%是在校园中招聘到的。

（4）员工推荐。

企业的员工推荐自己的亲朋好友或其他熟人加入企业，这是一种很好的人员招聘方法。其原因是：一是推荐人顾及自身的利益，既会考虑企业的利益，又会考虑被推荐者的利益；二是员工既熟悉单位和空缺岗位情况，又熟悉被推荐者的个人情况，能岗匹配性较好；三是候选人一旦被录用，顾及介绍人的关系，工作也会更加努力；四是招募成本较低。当然，如果推荐人有其个人目的，那么员工推荐极可能在单位中形成"小集团""小帮派"等"利益共同体"，从而不利于企业各项方针、政策和管理制度的落实。

有关资料显示，美国微软公司约有40%的员工是通过员工推荐方式获得的。员工推荐最适合专业技术人才，也可用于中高级管理人才和普通员工。为了鼓励员工积极推荐，单位可以设立一些奖金，用来奖励那些为单位推荐优秀人才的员工。

（5）网络招聘。

互联网时代的到来，使得网络招聘受到越来越多的用人单位和求职者的欢迎。因为，求职者可以轻松地通过网络浏览人员需求信息，并上传个人求职信息或发送应聘材料；用人单位可以轻松发布招聘信息，快速搜索应聘信息。

企业可以利用自己的网站发布招募信息，也可以通过门户网站、专业招聘网站、在线视频平台发布招募信息。越来越多的企业通过自己的网站发布信息，并要求应聘者在网上投寄简历或填写申请表，这样便于企业快速筛选和建立自己的人才信息库，当然，这对技术和资金会有相应的要求。也有很多企业委托专业招聘网站、在线视频平台收集与筛选应聘材料，或者联合测评机构让应聘者在网上递交应聘材料时接受在线心理或知识测评，这样，在应聘材料后就会附有一个测评报告，从而更加利于人员的选拔。企业选择哪种网站、平台进行招聘，主要取决于企业的规模、声誉、招募策略、经费预算等因素。

3）外部招募的优点

（1）带来新思想、新方法。

从外部招募来的员工对现有的组织文化、生产管理流程有一种崭新的、大胆的视角，对组织、对人、对事物很少存在情感和利益方面的纠缠，因而能够大胆地进行改革与创新。典型的内部员工已经彻底被组织文化同化了，受惯性思维影响，既看不出组织有待改进之处，也没有进行变革、自我提高的意识和动力，整个组织缺乏竞争的意识和氛围，可能呈现出一潭死水的局面。从外部招募优秀的技术人才和管理专家，可以在无形中向组织原有员工施加压力，激发其斗志，使他们从惯性思维、"温水煮青蛙"中跳跃出来，从而产生"鲶鱼效应"。特别是高层管理人员的引进，这一点尤为突出，因为他们有能力重新塑造组织文化。例如，惠普公司的董事会就出人意料地聘用了朗讯公司的一个部门经理来任首席执行官（CEO），以重塑惠普公司的文化。

（2）有利于招到一流人才。

外部招募的人员来源广，选择余地很大，能招聘到许多优秀人才，尤其是一些稀缺的复合型人才，这样可以省去内部培养过程从而节省内部培训费用。

（3）树立良好的企业形象。

外部招募也是一种很有效的交流方式，组织可以借此在其员工、客户和其他外界人士中树立良好的形象。

（4）缓解内部竞争者之间的紧张关系。

若采用内部招募方式，企业中某些员工在平常的工作中就会为了将来的某个重要岗位而勾心斗角、相互拆台。一旦那个重要岗位由某位员工获得，其他参与岗位竞争的人就会出现不满情绪，消极怠工，不服从管理，或者选择离开企业。而外部招募则可以消除内部竞争者之间的心理失衡，避免组织内部成员间的不团结。

4）外部招募的缺点

（1）招募成本高。

无论是通过媒体发布信息，还是通过中介机构进行招募，都需要支付一笔费用，若是利用招聘洽谈会或猎头公司开展招募工作，企业支付的招募成本会更高。

（2）筛选难度大，时间长。

为了招聘到合适的人员，企业希望能够比较准确地了解应聘者的态度、兴趣、个性、知识、能力和经验等情况，从而预测他们在未来的工作岗位上能否达到组织所期望的要求。因而，很多企业会采用多种甄选方法，如应聘材料、推荐信、笔试、心理测评、面试、评价中心等，但由于外部应聘的人员较多，这必然会加大甄选的难度，延长整个招聘过程的时间。

（3）进入角色慢。

从外部招募来的员工需要花费较长的时间才能熟悉组织的结构、内部流程、管理规范和潜规则，进而融入组织文化。

（4）影响内部员工的积极性。

拓展阅读4-6

如果组织中有员工具有胜任空缺岗位的素质与愿望，但是却没有被选用或提拔，而是由外部人员填补了岗位空缺，就会导致"招来女婿气走儿子"的现象。

百特（中国）
的员工推荐

（5）决策风险大。

常言道"路遥知马力，日久见人心"。要想通过几次短时间的接触，就准确判断应聘者是否符合本组织空缺岗位的要求，是很困难的，因而外部招募必然会存在对应聘者动机辨别不清、素质甄选不准的风险。

4.3.3 招募渠道的选择

1）内部招募与外部招募的比较

内部招募与外部招募各有利弊，二者的优点与缺点基本上是互补的（见表4-3），所以企业在选择招募渠道时，尽量将二者进行综合利用，既可以发挥内部招募和外部招募各自的优势，又可以在一定程度上避免其不足。

表4-3　　　　　　　　　　　　　　　内部招募与外部招募的利弊

渠道特性	内部招募	外部招募
优点	对人员了解全面，选择准确性高，了解本组织，适应更快，鼓舞士气，激励性强，费用较低	来源广，有利于招到高质量人员，带来新思想、新方法，有利于树立组织良好形象
缺点	来源少，难以保证招聘质量，容易造成"近亲繁殖"，可能会因操作不公等造成内部矛盾	筛选难度大，时间长，进入角色慢，了解少，决策风险大，招聘成本大，影响内部员工积极性

内部招募与外部招募应如何结合？结合程度应该如何？这取决于企业的战略计划、招聘目的、招聘岗位、上岗速度、企业资源条件和组织经营环境等因素。企业招聘的最

终目的是提高企业的竞争能力和适应能力，所以有很多专家认为：如果在内部员工中找不到足以胜任空缺岗位的人选，则一定要借助外部招募；如果内部员工可以胜任空缺岗位要求，也至少要保留一部分岗位供外部招募。研究表明，至少应保留10%的中上层岗位供外部招募，这样既可以给内部员工更多的发展机会，又可以输入外部新鲜血液。

一般情况下，下列需求应通过外部招募满足：补充初级岗位；获取现有员工不具备的技术；获得能够提供新思想并具有不同背景的员工；引进能够改善企业管理水平的高级管理者。

2）选择招募渠道时应遵循的原则

（1）高级管理人才和重要岗位的专业技术人才应遵循内部优先的原则。

当今企业的竞争是核心能力的竞争，而企业核心能力的最关键来源就是稀缺、难以仿制、难以获取的高级管理人才和关键的专业技术人才。高级管理岗位和重要专业技术岗位，需要品德高尚、技能精湛、经验丰富的员工，更需要认同企业文化、熟悉企业经营管理流程、善于团队合作的员工，而这种员工是很难从"空降兵"中获得的。

（2）快速成长的企业应遵循外部招募为主的原则。

对处于成长期的企业，由于其发展速度较快，仅仅依靠内部选拔与培养无法在短期内跟上企业的发展步伐。同时，企业人员规模是有限的，可供选择的余地较小，无法得到较佳的人选。在这种情况下，企业应当采取以外部招募为主的策略，广开渠道，吸引和接纳所需的各类人才。

（3）遵循企业文化导向选择人才的原则。

如果企业想维持现有的强势企业文化，适宜从内部选拔人才（若能满足的话），毕竟内部员工比外部应聘者会更加认同企业经营理念、核心价值观、行为准则等。如果企业想改善或重塑现有企业文化，则适宜从外部招募人才，因为新员工会带来新思想、新观念和新的行事风格，从而促进企业文化的变革和改进。

（4）外部环境剧烈变化时，适宜采用内外紧密结合的方式开展招募工作。

当外部环境发生剧烈变化时，尤其是技术和管理方式发生根本性变化时，企业既有员工很可能跟不上发展变化的要求，这时就必须从外部引进技术骨干和优秀管理者。另外，为了在环境剧变时，继续让企业文化和原有优良传统发挥作用，让企业平稳快速地发展，还必须考虑从内部提拔合适的员工，使他们能够与新招聘的员工形成组织所需的团队力量。

4.4 招募广告

尽管企业可以采用多种多样的招募渠道，但是不管采用哪种招募渠道，企业首先都需要进行招募广告的设计与招募信息的发布。招募广告是单位为补充空缺岗位人员而使用的吸引应聘者的方法，是应用最普遍、最广泛的一种招募方法。招募广告的受众范围十分广泛，包括现实的求职者、潜在的求职者、外部客户、社会公众、公司员工等，所以企业的招募广告代表着企业的形象，需要认真设计与实施。

4.4.1　招募广告的目的及设计原则

1）招募广告的目的

企业编制与发布招募广告，至少应该达到两个目的：一是吸引合适的应聘者；二是宣传企业价值观，展示企业风貌，树立企业良好形象。所以企业必须紧紧围绕这两个目的，认真思考两个问题：在招募广告中应该突出哪些内容？应该选择什么样的广告媒体发布信息？

2）招募广告设计的原则

一份好的招募广告应该能够吸引广大读者，使他们对广告的内容产生兴趣，激起求职者申请空缺岗位的欲望，并促使其快速采取实际的行动。这就是招募广告设计应该遵循的"注意（attention）–兴趣（interest）–愿望（desire）–行动（action）–记忆（memory）"的 AIDAM 原则。

（1）引起注意。

能否引起受众的注意，这是招募广告成败的关键，毫无疑问，不能让人注意到的广告肯定是没有任何价值的。在多数媒体上，大部分广告都是批量发布的。广告设计如果没有特色，就很容易淹没在其他广告之中，无法引起应聘者的注意。招募广告引人注目的方法包括醒目的字体、与众不同的色彩、醒目的位置等，最醒目的内容应是单位最具吸引力之处，如单位的名称、单位的标志、招聘的岗位、待遇条件、工作地点等。

（2）激发兴趣。

要想在引起注意的基础上让受众产生兴趣，就必须设计出能够使人感兴趣的点或面，比如，撰写生动的、具有煽动性的、能引起读者共鸣的广告词加上巧妙、新颖的呈现方式就很容易令人感兴趣。例如，"你将投身于一项富有挑战性的工作""你愿意与充满活力的单位共同成长吗""与您携手共进，同创辉煌未来；成功永远属于富有理想和激情的年轻一代"等。

（3）产生愿望。

求职者的愿望通常与他们的需求紧密联系在一起，因此企业可以通过强调吸引人的一些因素，如成就、培训与发展的机会、挑战性的项目、优越的薪酬福利等，激发求职者获得该项工作的愿望。比如，"企业每年为员工提供一次海外培训或考察机会""您愿意加入产生千万富翁的摇篮吗"等。

（4）采取行动。

招募广告的最终目的之一是在公布信息之后，很快就收到大量符合条件的求职材料，因而在广告设计中还需要做到：一是提供联络方式，包括通信地址、电子邮箱、公司的网址、联系电话等；二是促使求职者马上采取行动，可以用"本广告有效期为 7 天""请您在一周之内递交应聘材料"等。

（5）留下记忆。

不管看到招募广告的人是否采取行动，都要在他们记忆中留下较深的印象，这也是招募广告的重要目的，即对企业的形象与业务进行宣传。要达到此目的，上述广告设计方法应该综合应用。

3）招募广告设计的注意事项

在设计招募广告时，除了应该遵循广告设计的 AIDAM 原则，还需要注意以下几点：

（1）真实。

招聘的单位必须保证招募广告的内容客观、真实，并且要对虚假广告承担法律责任。对广告中涉及的录用人员劳动合同、薪酬、福利等政策必须兑现。毕竟，优秀的应聘者被吸引来且被录用后，若因企业实情与广告不符而辞职，这对于企业的生产经营和企业声誉都不是好事。

（2）合法。

广告中呈现的信息要符合国家及地方的法律法规和政策，尤其是劳动政策法规的要求。

（3）简洁。

广告的编写要简明扼要，重点突出招聘的岗位名称、任职资格、工作职责、工作地点、薪资水平、福利待遇等内容。

4.4.2　招募广告的内容及样本

1）招募广告的内容

为了达到招募的目的，遵循招募广告设计的原则，招募广告一般应该包括以下内容：

（1）标题与标志。

这是招募广告中最引人注意的部分，营销专家发现广告标题与标志比广告文本内容要多5倍的吸引力。这是引起读者注意的关键部分，一定要设计得有吸引力，抓住读者的眼球。比如，"千万年薪诚聘""高薪诚聘""给自己打工，做明日老板""内地的企业，沿海的待遇——诚聘"，"华为诚聘——实现中国人才在中国发挥才能的理想"等。另外，知名品牌企业的标志本身就能很好地吸引读者。

（2）单位简况。

最好以简洁的语言介绍单位最具特色和富有吸引力的情况，千万不可长篇大论、词不达意。最好能提供单位的网址，以便感兴趣的读者浏览单位的网页以获取更进一步的信息。

（3）待聘岗位情况。

待聘岗位的介绍通常包括岗位名称、所属部门、主要工作职责等，起草招聘广告时参考一下工作说明书会比较有帮助。但要注意的是，招聘广告中的岗位情况介绍应该从读者的角度出发来考虑，以读者能够理解和感兴趣为主，切不可照搬工作说明书。

（4）岗位任职资格。

对应聘者的基本任职条件提出要求，主要包括知识、经验、能力等，尽量避免出现性别、年龄、民族、宗教信仰等方面的内容。

（5）人力资源政策。

如果需要且版面许可，可以提及应聘岗位能够享受的相应人力资源政策，包括薪酬水平、劳动合同、培训机会等内容。

（6）应聘材料。

告知应聘者必须准备哪些材料，如中英文简历、学历学位证书复印件、资格证书复印件、身份证复印件、照片等，以及对薪金的要求和户口所在地等信息。

（7）联系方式。

应聘者大多通过信件、电子邮件、传真等方式将简历和应聘材料发送到单位，因此需要提供公司的通信地址、传真号码或者电子邮箱，一般情况下不必提供电话号码。另外，还应该提供应聘的时间范围或截止日期。

2）招募广告的样本及分析

（1）苏州三星电子有限公司招聘工人的广告样本。

表4-4是苏州三星电子有限公司2017年招募广告（已对原广告稍作调整）。

表4-4 苏州三星电子有限公司的招募广告

SAMSUNG 三星集团
网络招聘中心　　　　　　　　　苏州三星电子有限公司招工简章

　　苏州三星电子有限公司成立于1995年，总投资3.3亿美元，主要生产销售电冰箱、洗衣机、空调、压缩机及其配套零部件。目前拥有10 000余名员工，产品除了在国内市场热销，还出口至全球60多个国家和地区。公司现有2个厂区，分别位于园区苏虹东路501号和园区综合保税区界浦路。三星的经营理念是"以人才和技术为基础，创造最佳产品和服务，为人类社会作出贡献"，三星精神是"与顾客共存，向世界挑战，创造出未来"。公司始终坚持"人才第一"的经营理念，通过选人、育人、用人、留人等优化机制充分体现人尽其才原则。公司近年来，连续多次被政府部门评为劳动保障示范企业、劳动关系和谐企业。
　　三星集团长期招聘工种：操作员、技术员、文员、助理、仓管、叉车工、品检、质检、业务员、维修技工等，综合工资为4 200元/月～5 800元/月（具体视个人加班情况而定）。当天安排面试、住宿，需自备床上用品及生活用品。

　　一、招聘要求
　　1.年龄范围：16～35周岁。2.性别要求：男女不限。3.学历要求：初中及以上学历（熟悉并掌握26个英文字母读写）。4.身体要求：身体健康，无明显文身、烟疤、伤疤，无传染性疾病等。5.视力要求：无色盲、色弱，矫正视力0.8（现通用4.9）以上。6.身份要求：持有本人有效身份证（接受临时身份证）。7.身高要求：男性身高160cm以上，女性身高150cm以上。8.其他要求：品行端正，吃苦耐劳，能配合公司加班等。
　　二、面试须知
　　1.现场面试带好本人二代身份证。2.带好一寸彩色白底照片8张，正反面身份证复印件6张，黑色水性笔一支，毕业证书原件及复印件一张。3.需要住宿的自带床上用品及生活用品。4.本招聘属于三星集团直招，不收取任何中介费用，招聘信息真实可靠。
　　三、工作时间
　　1.公司执行白晚班两班制。正常工作时间为每天8小时，每周5天。2.加班时间：平时每日加班不超过3小时，每周至少休息1天。
　　四、薪资待遇
　　1.基本工资：2 540元/月（入职第二个月2 800元/月），夜班津贴20元/天。2.技能奖金：50元/月～150元/月。3.加班工资：平时加班1.5倍，周末加班2倍，国家法定假日加班3倍。4.综合工资：4 200元/月～5 800元/月。5.每天超出8小时算加班。
　　五、入职流程
　　1.通过电话、QQ、网站在线报名预约面试。2.招聘专员通过电话进行初试。3.到工厂参加复试，通过录用。4.在工厂参加新人入住体检。5.通过体检后分配工作部门。6.签订劳动合同并参加岗前培训。7.成为正式员工。
　　六、发展空间
　　公司为每一位员工提供了"公平公正""个人晋升靠能力和贡献"的发展平台：每季度进行一次绩效考评，每年进行两次转正评定。签订劳动合同，享受正式工待遇，还可以升任班长、仓库主管等管理职位和设备保养员等技术职位。
　　七、体检和来苏路费
　　1.体检项目：肝功能、胸透、心电图、血常规、尿常规（体检费自理）。2.在职一个月凭车票可报销300元以内来苏路费。
　　八、劳动保障
　　录用后签订劳动合同，缴纳五险一金。
　　九、伙食
　　上班期间公司提供免费工作餐（四菜一汤+水果或饮料），员工根据自身口味可另选择麻辣烫、水饺、馄饨、炒面、汤面等，营养搭配合理。
　　十、住宿
　　公司提供免费住宿，4～8人间，环境幽雅，提供24小时热水，免费宽带、有线电视、空调、洗衣机、桌椅、衣橱、独立卫生间等，有班车接送。
　　十一、我们的承诺
　　1.每月10日准时发放上月工资。2.为每一位员工办理社会保险。3.为每一位员工提供带薪年假。

真诚欢迎你加入三星，共创辉煌，展望未来！
友情提示：外地人来苏州之前请务必与三星工作人员联系，以防上当受骗！

咨询电话：139-1407-××××　QQ在线：2056087102　3443393199　企业邮箱：3443393199@qq.com
公司网址：http://www.samsung-zp.com　厂区地址：江苏省苏州市工业园区苏虹东路501号

（2）对苏州三星电子有限公司招聘工人的招募广告的分析

本招募广告的优点是：①广告的标题中用了三星公司的标志，能凸显世界知名企业的吸引力，因为三星在数码方面的声誉是大家所共知的。②集团公司简介中的经营理念是"以人才和技术为基础，创造最佳产品和服务，为人类社会作出贡献"，体现了三星公司对于人才、技术的重视，也体现了三星的全球责任和国际视野，能够让有梦想、有追求的应聘者产生共鸣。③在广告正文的开头部分，就说明了长期招聘的工种和有竞争力的工资以及应聘当天就能搞定的求职面试过程，既便于求职者快速决定是否需要进一步浏览本广告，又能增强对求职者的吸引力。④广告对应聘要求、面试须知、工作时间、工作待遇、入职流程、来苏路费、住宿、伙食等事项进行了详细说明，一目了然，便于应聘工人的阅读及理解，这些事项也正是求职者十分想知晓的内容。⑤公司对自己重视人才、体现人文关怀、富有竞争力的薪酬、住宿、伙食进行了详细介绍，这能很好地吸引求职者。⑥广告的联系方式清晰，对于所需递交的材料说明、递交方式介绍详细，并特别提醒求职者本招聘是公司直招，不要上当受骗，这能够让求职者充分做好准备并避免受骗。

本招募广告的缺点是：①作为全球公司，该招聘对求职者有年龄和身高要求，有歧视嫌疑。②通过初试、复试，决定录用后发生的体检费用由应聘者承担，不妥，特别是对体检不合格而不能入职的应聘者更不妥。③能从多处看出公司对应聘者有较多的加班要求，是否会超出法定加班时间限制，不可确知。

4.4.3　招募广告的媒体选择

发布招募广告的媒体很多，主要包括广播、电视、网站、报纸、杂志、其他印刷品等，这些可以借用的广告媒体具有不同的优缺点和适用范围，招聘人员要选择运用合适的媒体发布招募广告，一方面需要掌握各种广告媒体的特点，另一方面需要把握拟聘岗位、广告受众方面的情况。

1）根据广告媒体的特点进行选择

选择什么样的广告媒体取决于媒体特点和广告所要吸引对象的特点，各种媒体优缺点不同，适用的范围也不同，表4-5是各种招募广告媒体的比较。

广告媒体各有利弊，用人单位在选择时，要综合考虑空缺岗位、广告价格、潜在应聘者所在的地域、工作特性等因素。在所有这些媒体中，网站凭借其传播速度快、范围广、查询方便等特性，受到了越来越多用人单位的青睐。在媒体选择上的另一个趋势，就是在自己的单位主页上做广告，许多单位都在主页上开辟了"欢迎加盟"栏目，这样，单位就可以把大量的信息放在主页上供应聘者查询，这对那些知名度较高、主页访问量大的单位，也是一种很好的选择。

2）根据媒体的受众特点进行选择

一个媒体的受众是哪些人远比它的受众人数有多少更为重要，因为这会关系到到底有多少潜在的岗位候选人在看你的广告。例如，一份专业化的报纸可能比一份大众化的报纸的读者要少得多，但是对于你所要寻找的专业岗位候选人来讲，专业化的报纸可能是他们更容易看到的。对于专业人员而言，他们一般喜欢阅读与自己专业相关的报纸或杂志，而较少关注一般性的报纸与杂志。对于招募专业性人才，尽量采用专业性较

表4-5　　　　　　　　　　　　　　　　　**各种招募广告媒体的比较**

媒体类型	主要优点	主要缺点	适用范围
报纸	报纸发行量大，能够迅速将信息传达给读者；同时广告的篇幅可以灵活选择	阅读对象较杂，很多读者并不是所要寻找的岗位候选人；保留的时间较短，很多报纸只能在某一天内被人看到，现实中与潜在的应聘者可能会错过这个时间；报纸的纸质和印刷质量可能会对广告设计造成限制	比较适合在某个特定地区招聘；适合候选人数量较多的岗位；适合流失率较高的行业或职业；适合在短期内需要得到补充的空缺职位
杂志	接触目标群体的概率比较大；便于保存，能够在较长时间内被人看到；纸质和印刷质量比报纸好	广告的预约期较长；申请岗位的期限也会比较长；同时发行的地域可能较为分散	岗位候选人相对集中在某个专业领域内的情况；空缺岗位并非迫切需要补充；所需应聘者地区分布较广
广播、电视	能够产生有较强冲击力的视听效果；容易给人留下深刻的印象；如果选择在黄金时段播放则受众人数更多	广告的时间较短，不便于保留；费用一般也比较高	当单位需要迅速扩大影响时；需要招聘大量人员时；用于引起求职者关注、将单位形象的宣传与人员招聘同时进行时
网站	信息传播范围广；速度快、成本低；时间周期较长；联系快捷方便；不受时间、地域的限制	没有在网上寻找工作的潜在应聘者看不到职位空缺信息；不具备上网条件或不具有网络搜索水平的求职者看不到招募信息	大型企业、外资企业、高新技术企业和计算机、通信领域人才及中高级人才的招聘多采用此种方法；不论何种行业，不论何种职业层次，一般都可采用
印刷品	在求职者采取某种即时性行动的时候，可以引起他们对单位的兴趣，而且极富灵活性	宣传力度比较有限，可能会被人随手抛弃；自身的作用非常有限，必须与其他招募方法相结合方能产生良好的效果	在一些特殊场合，如为劳动者提供就业服务的就业交流会、公开招聘会、定期举行的就业服务会上，可以布置海报、标语、旗帜等；当求职者访问组织的某一工作地时，可以向他们散发招聘宣传材料
在线视频平台	冲击力、互动性和传播性强；垂直招聘平台目标受众精准	高质量的招聘视频制作时间长、费用高；视频制作质量难以把控，效果难以评价	当单位需要以直观、生动的方式展示公司时；当单位想吸引年轻人才时；当单位需招聘具有特定技能或经验的求职者时；当单位想进行跨地域招聘人才时

强的报纸、杂志或网站。如在《经理人》上刊登经营管理人才招募广告，在"中国人力资源开发网"上刊登人力资源管理人才招募信息等。当前，垂直细分招聘网站是在线招聘网站中发展较好的一个领域，专业性人才越来越倾向于在专业网站上求职。

3）根据媒体的广告定位进行选择

选择媒体首先要看所要选择的媒体有没有类似的招聘广告，有多少和你的组织所需要的岗位大致相当的岗位的招聘广告。如果这个媒体上根本没有招聘广告，那么就需要慎重选择，因为求职者往往希望在一个媒体上找到比较多的自己所适合的岗位。如果某份报纸上招聘的岗位多是一些低级的岗位，而你需要招聘的是较高级的岗位，那就需要仔细分析一下这份报纸是否适合你。

●●●●➡ 小思考4-4

拓展阅读4-7

选择报纸刊登招聘广告的程序和方法

春晖公司进军广州市场半年有余，但是销售业绩并不理想，公司准备加大人员推广力度，提高市场占有率，因而计划招聘30名市场营销人员。请问，用什么媒体发布招募信息效果比较好？

答：使用广州当地的报纸（如《广州日报》《南方都市报》）、专业性营销人才网（如中国营销人才网、营销人才网）以及地铁广告（如广州地铁3号线广告栏）效果会比较好，因为春晖公司招募的对象人数较多、流动性较强、地域特点比较明显。

4.5 招聘信息库的建立与管理

4.5.1 招聘信息库的建立

1）招聘信息库概述

人力资源管理的各项工作中都会产生大量的信息，如人力资源规划、组织结构设计、岗位体系设计、人员流动管理、员工招聘、培训与开发、薪酬福利管理、绩效管理、职业生涯管理等方面的工作都会产生相关的信息，为了及时有效地管理这些庞大的信息，越来越多的企业购买或自建了人力资源管理信息系统。在企业的招聘过程中也会产生大量的人事信息，如招聘需求信息、招聘计划信息、应聘者信息、录用者信息等，这些信息也就构成了招聘信息库。所以，招聘信息库只是人力资源管理信息系统的一个组成部分。

2）招聘信息库的内容

拓展阅读4-8

招聘申请表的设计

（1）招聘需求方面的信息：各用人部门提交的人员需求申请表，企业招聘人员汇总表，岗位与人员核定表，招聘计划等。

（2）招聘计划方面的信息：招聘岗位与人员，招募渠道，招募广告，甄选方案，招聘预算，招聘时间表等。

（3）未被录用者方面的信息：招聘申请表或应聘简历，求职者个人证明或鉴定材料，笔试、面试或其他测试方面的材料。未被录用者的材料保留下来，可以建立一个候选者信息库，当以后有类似需求时，可以调用这些信息。

（4）被录用者方面的信息：招聘申请表或应聘简历，求职者个人证明或鉴定材料，笔试、面试或其他测试方面的材料，背景调查与体检资料，个人证书、证件、资格证信息，录用决策信息，录用通知及相关材料，劳动合同信息等。

（5）新员工（转正后）方面的信息：新员工个人基本情况（姓名、性别、特长、受教育程度、工作经历、专业技能、家庭和社会关系、各种证书与证件信息等），责任岗位信息（名称、所属部门、上下级关系、职责与权利、劳动环境与条件等），薪酬福利及相关收入情况，职业生涯规划情况等。

4.5.2　招聘信息库的管理

员工招聘信息库的管理一般遵循以下步骤和方法：

1）招聘信息的收集

对于上述招聘信息的收集，主要由人力资源部门通过各种渠道和方法进行。人力资源部要将有关人员过去的信息和当前的信息收集起来，尤其是要加强对新聘员工信息资料的收集。信息收集的过程中，若能够采集到电子版的信息则更容易进行计算机化管理，若不能采集到电子版的信息，则可利用扫描仪把原始数据输入到计算机中，这样可以节省录入时间并避免校对资料的问题。

2）招聘信息的整理

员工招聘信息的整理就是按照一定的规则、方法和程序，对收集到的相关招聘信息资料进行鉴别、归类、排列、登记、技术处理，使之系统化、规范化、条理化，以达到"完整、真实、准确、实用"的要求。

3）招聘信息的保管

招聘信息的保管工作主要包括信息的编号、存放，信息的接收、转移及登记，信息的检查和保密等。

对于经过初步处理并归类的资料，建议根据部门和员工进行编号，并将常用的、重要的信息资料放在一个利于保管的文档中，且给其起一个易于让管理者识别但又不易于别人识别的文件名（如果是用传统资料柜保管，也可进行类似处理）。这样做，能够确保资料的迅速检索、及时调用。

为了更好地保管招聘信息，这些信息必须集中在人力资源部等相关部门，任何个人或其他不相关部门不得保存本人或他人的信息资料。当授权的部门、个人需要查阅招聘信息，尤其是员工个人信息时，一定要凭密码进行。若是临时性的个别查询，一定要得到相关领导的批准，并进行借用或查阅的登记。招聘过程中转移到各部门的文字性应聘材料，在招聘工作完成后，各部门应该将其连同各种测试、评价信息一起移送人力资源部。

为了使招聘信息的保管工作做到规范化、科学化，还需要建立相应的保管制度，如材料的归档制度、检查与核对制度、查阅制度、传递制度、保密制度等。对于制定的制度要根据现实需求不断进行调整、完善，并确保严格执行。

4）招聘信息的更新

招聘工作处于动态变化之中，所以对于招聘过程中不断发生的有关部门信息和个人信息应该进行及时更新。

4.6 招募工作中常见的问题与对策

4.6.1 招募工作中常见的问题

1）招聘计划中的常见问题

（1）现实中有很多企业在开展招募工作时，根本就没有做招募计划，或者没有做书面的招募计划。

（2）所做的招募计划内容不全面、不周详，不能很好地指导实践，甚至出现为"计划"而"计划"的现象。比如，招募计划中没有经费预算项目，没有比较详细的工作日程计划，没有甄选方案内容等。

（3）招募计划的制订，由人力资源部独立完成，没有与相关部门商量，增加了执行的难度。比如，甄选方案的时间、方式、参与人员，没有同用人部门的相关领导商量就想当然地确定了，甄选工作实施时才协商、协调。

2）招募策略中的常见问题

（1）参与招募的人员中没有用人部门的相关人员，参与招募的人员不热情友好、不够专业。

（2）招募的时间选择不当，错过了人才供应的高峰期；招募信息发布的时间太晚。

（3）招募的地点选择不科学，未能根据拟聘岗位人员需求特性、企业招聘目的、潜在求职者可能区域等情况选择招募地点；不是从成本最小化的角度选择招募地点，而是从招聘人员可以去外省或国外走走的角度考虑。

3）招募渠道选择中的常见问题

（1）招募渠道单一，或者仅用公司网站进行招募，或者仅用报纸进行招募，或者仅用参加招聘洽谈会进行招募。

（2）未能较好地组合利用内部和外部招募渠道，对于内部招募和外部招募的优缺点认识不足。

4）招募广告中的常见问题

（1）广告内容设计不科学、不合法，未能根据国家法律法规和企业的招聘战略、目标设计广告内容。最常见的问题是夸大企业优点，弱化企业缺点，隐瞒某些对应聘者不利的关键信息。

（2）广告信息发布的媒体选择不恰当，不能根据广告媒体特点、受众特点、广告定位选择相应的媒体。

5）招聘信息管理中的常见问题

（1）很多企业只对录用者的信息进行收集、整理，而对未录用者的信息采取弃之一旁不管的态度，这样不利于企业建立备用人才信息库，会增加企业后续招募工作的成本，降低后续招募工作的效率。

（2）招聘信息库的建立与管理不及时、不专业，导致很多信息需要时找不到，或找到了却不完整。

（3）招聘信息库的建立与管理手段还比较落后，仍停留在对文字材料的归类整理上，没有采用电了化的管理手段。

4.6.2　招募工作常见问题的对策

常言道："发现问题比解决问题更难。"当我们发现了上述问题以后，解决这些问题也就比较容易了，可以参照本章前述理论，结合企业实际情况和个人的工作经验，有针对性地解决招募工作的问题。

情境模拟 4-1

情境：

家宜食品有限公司是大连一家海产品生产加工企业，该公司最近正在推进组织结构调整工作，但是公司人力资源部部长却提出辞职，并于当天离开了公司。公司领导层决定马上招聘一位新的人力资源部部长，但是大家在招聘方式上不能达成一致意见。一方主张内部招聘，并提议由人力资源部现任副部长接任，因为现任副部长在公司工作了4年多，对公司各方面的情况比较熟悉；另一方主张外部招聘，因为组织结构调整牵涉内部员工的利益，新任人力资源部部长需要顶着较大的压力去实施影响部分既得利益者利益的改革，而内部产生的部长会因业已形成的复杂人际关系而难以大胆地施展拳脚。

操作：

（1）模拟操作项目：辩论赛。

（2）角色分配：将班级同学分为七个组，第一组由4位同学代表支持内部招聘的一方，第二组由另外4位同学代表支持外部招聘的一方，第三组由4~6位同学作组织者，第四组和第五组分别由3~6位同学组成第一组和第二组的智囊团和陪练团，第六组由7~10位同学担任评委，第七组由其他同学作观众。

（3）辩论赛目的：主要是提高大家对内部招聘与外部招聘优点与缺点的认识，同时提高大家的口头表达能力。

（4）对参辩双方的要求：分析人力资源部部长的职位特点和当时的企业环境情况，做到观点鲜明、论据确凿、说服有力。

（5）对组织者的要求：联系好辩论赛场地，商榷好时间，拟定好辩论赛流程，准备好奖品。

（6）对评委的要求：拟定科学合理的评判标准并告知参辩双方，认真观察和记录辩论赛过程中双方的表现，作出客观公正的评判。

学思践悟

思政教育主题：公平正义

近年来，为了保护劳动者的公平就业权益，有关部门多次强调严禁发布含有限定性内容的招聘信息。随着国家法律法规的逐步完善和公平就业理念成为社会共识，以往那些明目张胆的歧视性条款已经基本从各单位的招聘启事中销声匿迹了。然而，明面上没有了不等于私底下不存在。一些用人单位，将歧视性条件零散分解在招聘条件中，采取各种隐蔽的手法，规避法律法规的限制，让求职者抓不住其涉嫌歧视的把柄，有冤无处诉。对求职者而言，就业歧视会影响其经济收入和职业发展；对社会来说，就业歧视会造成人力资源的闲置与浪费，并损害社会公平正义。因此，我国在促进就业公平方面始终态度明确，并出台了一系列相应的政策法规来维护劳动者在就业方面的合法权益，对妨害就业公平的行为予以打击和惩处。

资料来源　庄红韬.别让"隐形歧视"破坏了就业公平［EB/OL］.［2024-05-12］. http://opinion.people.com.cn/n1/2022/0408/c1003-32394715.html.

平等就业能够有效促进实现高质量充分就业，消除就业歧视是实现平等就业的重要内容。党的二十大报告提出，要消除影响平等就业的不合理限制和就业歧视，使人人都有通过勤奋劳动实现自身发展的机会。请就如何消除就业歧视、促进平等就业谈谈你的看法。

▶ 基础训练

一、选择题

随堂测4-1

1.从企业外部吸引适合待聘岗位需求的应聘者的招募方式称为（　　）。

  A.校园招募　　　　　　　　　B.外部招募

  C.社会招募　　　　　　　　　D.内部招募

2.招募广告设计应该遵循"注意-兴趣-愿望-行动-记忆"的（　　）。

A.真实原则　　　　B.合法原则　　　　C.简洁原则　　　　D.AIDAM原则

3.招聘计划是企业在人员需求信息确定的基础上制订的关于（　　）的方案及实施细则。

  A.人力资源规划　　　　　　　B.招募

  C.工作分析　　　　　　　　　D.甄选

  E.录用

4.招募策略是为了实现招聘计划而采取的具体策略，主要包括（　　）。

  A.招募宣传策略　　　　　　　B.招募方式策略

  C.招募时间策略　　　　　　　D.招募地点策略

  E.招募人员策略

5.内部招募的来源主要有（　　）。

  A.公开招募　　　　　　　　　B.员工推荐

  C.工作轮换　　　　　　　　　D.工作调换

  E.重新聘用

二、简答题

1.招聘计划为什么重要？它一般包括哪些内容？

2.企业招募工作中有哪些招募策略可以采用？请谈谈你对招募的人员策略的看法。

3.你认为内部招募和外部招募分别适合于招募什么类型的人才？

4.请结合实际，谈谈招募广告设计中应该注意哪些事项？

5.你认为招聘信息库有用吗？为什么？

综合应用

□ 案例分析

如本章引例"李总监的招募工作错了吗"所述。

问题：为什么李总监满腔热情、积极努力的工作却换不来满意的结果呢？他到底有什么地方做得不对？

分析提示：在招募策略上李总监至少存在以下5个方面的不妥。

（1）招募时间策略不妥。3—5月确实有大量比较"务实"的毕业生，但是基本上都不是最优秀的毕业生了，他们基本上在前年的11—12月和当年的2—3月被挑选完了。

（2）招聘人员策略不妥。在外地（广州）参加洽谈会未邀请用人部门的相关负责人参与。

（3）招募地点策略不妥。南方人才市场虽是知名大型人才市场，但是该市场能提供的陶瓷类专业技术人才和管理人才很少。其实，佛山是中国卫浴陶瓷的制造基地，本地就有大量的专业技术人才和管理人才。

（4）招募方式策略不妥。GOK公司进行管理流程再造工程，需要起用求新、求变、有魄力的改革人才，招募管理人员采用外部招募为主的方式可以，但是不能不兼顾内部招募，不能不考虑内部管理人员的职位和经验情况、需求和发展情况等；另外，公司招募较多的专业技术人才时，特别是招募比较高端的专业技术人才时，通过网络发布招募信息是很不妥的，这会让竞争对手筑起"防火墙"，甚至会被"挖墙脚"，这时用猎头公司和员工推荐的方式会更好。

（5）招募广告策略不妥。老板想通过招聘活动来树立GOK公司的社会形象，那就应该选择电视，还可选择在公司网站或其他网络平台上展播公司形象宣传的微视频，另外，招募广告中掺杂了虚假信息，对于兑现不了的待遇，不能在招募广告中承诺，这样既不利于录用员工的稳定性，也不利于公司形象的树立。

□ 实践训练

鹏皓集团是总部位于浙江宁波的一家调理食品和饮料生产企业，该公司为了开拓华东市场，准备在上海招聘20名营销人员，在杭州招聘15名营销人员。假如你是公司的人力资源部部长，请你设计一则招募广告（有些内容可以设想）。请问你将选择什么样的广告媒体去发布招募广告，为什么？

要求：招募广告设计要体现"五项原则"和"三项注意"；广告媒体的选择要切合媒体特点、广告受众特点。

第5章 甄选的基本方法

█████▶ 学习目标 ████

◆ 知识目标：了解人员甄选的含义与基本流程；知晓人员甄选的方法；熟知心理测评的含义、类型和实施程序；熟悉评价中心的含义、方法与应用；掌握简历的形式、内容和简历筛选技能；掌握与应用申请表格筛选的技巧；熟悉笔试的类型、内容，掌握笔试的组织实施过程。

◆ 能力目标：能够恰当地运用合适的方法、技巧开展甄选工作。

◆ 素养目标：甄选工作的实施要严谨细致，培养"最讲认真"的优良工作作风。

█████▶ 引例 ████

丰田公司全面的甄选体系

为了挑选出优秀的、有责任感的员工，丰田公司建立了全面的甄选体系，该甄选体系大体上可以分成4个阶段，选拔过程大致需要4～5天。

第1阶段丰田公司通常会委托专业的职业招聘机构，进行初步的甄选。应聘人员一般会观看丰田公司工作环境和工作内容的录像资料，同时了解丰田公司的招聘体系，随后填写工作申请表。1个小时的录像可以使应聘人员对丰田公司的具体工作情况有概括了解，初步感受工作岗位的要求，同时这也是应聘人员自我评估和选择的过程，一些应聘人员会知难而退。招聘机构也会根据应聘人员的工作申请表、具体的能力和经验进行初步筛选。

第2阶段是评估应聘人员的技术知识和工作潜能。这通常会要求应聘人员进行基本能力和职业态度心理测试，评估应聘人员解决问题能力、学习能力和潜能以及职业兴趣爱好。如果是技术工作岗位的应聘人员，则需要进行6个小时的现场机器和工具实际操作测试。通过了此阶段，应聘人员的有关资料将转入丰田公司。

第3阶段丰田公司接手招聘工作。本阶段主要是评价应聘人员的人际关系能力和决策能力。应聘人员在公司的评估中心参加4个小时的小组讨论，讨论的过程由丰田公司的招聘专家即时观察评估，比较典型的小组讨论可能是应聘人员组成一个小组，讨论未来几年汽车的主要特征是什么。这种方式可以考察应聘人员的洞察力、灵活性和创造力。在第3阶段应聘人员还需要参加5个小时的实际汽车生产线的模拟操作。在模拟过程中，应聘人员需要组成项目小组，承担计划和管理的工作。例如，如何生产一种零配件，应聘人员要考虑人员分工、材料采购、资金运用、计划管理、生产过程等一系列生产因素的有效运用。

第 4 阶段应聘人员需要参加 1 个小时的集体面试，分别向丰田公司的招聘专家介绍自己曾经取得的成就，这样可以使丰田公司的招聘专家更加全面地了解应聘人员的兴趣和爱好，应聘人员以什么为荣，什么样的事业才能使应聘人员兴奋，从而更好地作出工作岗位安排和职业生涯规划。在此阶段也可以进一步了解应聘人员的小组互动能力。

通过了以上 4 个阶段，应聘人员基本上会被丰田公司录用。

资料来源　佚名. 丰田公司的"全面招聘体系"［EB/OL］.［2023-06-21］. http://www.gzpi.gov.cn/rsgzz/hrjx/200506/t20050621_21934.htm.

这一案例表明：丰田公司十分重视招聘的核心工作——甄选。丰田公司的人员甄选体系既十分系统化、科学化，又十分细致化、特色化。由此可见，要做好甄选工作必须遵循一定的客观程序，掌握和运用好有关甄选的知识与技巧。

5.1　人员甄选概述

5.1.1　人员甄选的含义

人员甄选，是指用人单位在招募工作完成后，根据用人条件和用人标准，运用适当的方法和手段，对应聘者进行审查和鉴别，考核他们的知识、技能、经验，了解他们的人格等，并对他们未来的工作绩效做预测，从而挑选出组织所需要的、适合职位空缺的人员。人员的甄选包括两个方面的内容：一是甄选的客观标准和依据；二是人员甄选技术的选择和使用。

对于任何现代组织尤其是以人才为核心竞争力的组织来说，选择合适的组织成员对于组织生存和发展，都将产生极其重要的影响。因此，企业会谨慎地采用科学的、适当的甄选方法，从众多候选人员中挑选合适的组织成员。人员甄选已成为现代组织管理过程中的一项重要的、具体的、经常性的工作，是人力资源管理活动的基础和关键环节之一。

5.1.2　人员甄选的意义

当组织人力资源需要扩大和补充时，企业需要按人力资源需求进行增加、维持和调整，以确保人力资源供需的动态平衡，维持组织的生存和发展。为此，人员甄选的意义在于：

（1）补充适合的新生力量，使事得其人、人适其事，从而实现人与事的科学结合，为组织扩大经营规模和调整结构提供人力资源上的可靠保证。

（2）建构合理的员工队伍，优化组织内部人力资源的配置，实现部门内部、部门与部门之间人员的密切配合。

（3）稳定组织队伍，减少人员流动。经过甄选能使人员恰当地胜任工作，并从工作中获得高度满足感。

（4）减少人员培训与开发的开支，提高培训的效率，使管理活动更多地投入到如何使好员工变得更好，不断提高员工工作绩效、提高管理的效率等方面，而不是改造不称职的员工。

（5）确保良好的个人素质。组织成员素质的优良奠定了管理的基础，能使此后的一系列人力资源管理活动得以顺利进行。

5.1.3 人员甄选的基本流程

人员甄选是一个系统工程，涉及甄选目标和对象的确定、甄选方法的选择以及甄选结果的分析与评价等方面。人员甄选的实施过程已逐步形成规范的流程（如图5-1所示）。

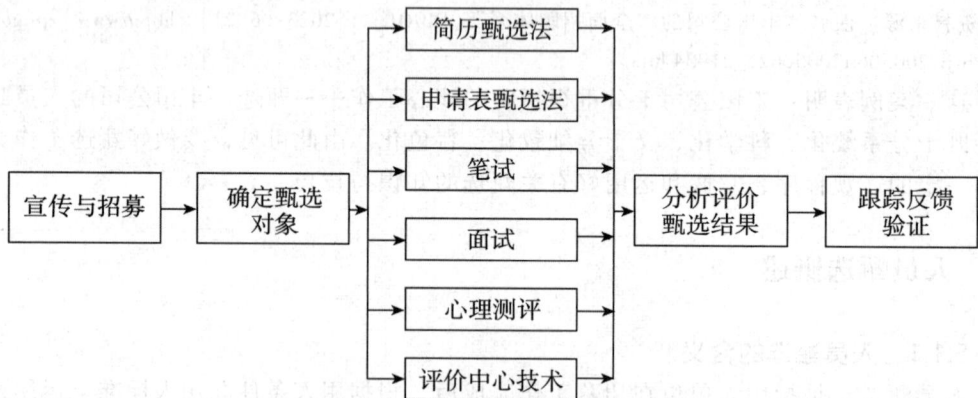

图5-1 人员甄选的基本流程

人员甄选的整个过程都是在甄选目标的指引下完成的，对需要测评的内容进行详细分析，选择一套合适的甄选方法是至关重要的。从图5-1中可以看出，很多种方法都能够实现人员甄选的最终目的，而每一种甄选方法又对应聘者的某项素质具有针对性的测评功能。因此，不断地学习和领悟每一种人员甄选的方法及其特点就显得非常重要。

5.1.4 人员甄选的方法

人员甄选是科学与经验的有机结合。在发出人员招募信息之后，可以采用不同的技术和方法，对应试者进行鉴别和考核，了解应试者掌握的知识和技能，了解其实际能力和真正的潜力，了解应聘者的个性和求职动机。常用的人员甄选方法有以下几种：

1）简历甄选法

简历甄选法是利用个人简历的信息进行初步筛选，虽然个人简历对于申请者来说具有较大的自由发挥的空间，但只要企业招聘人员能有技巧地甄选简历，就可以从中获取一些有用信息。

2）申请表甄选法

申请表是招聘单位根据自身的情况和对应聘者的要求而设计的一种表格。申请表的设计要结构完整、简单明了、直截了当、通俗易懂、易于填写，让应聘者对招聘者的要求一目了然，这有利于招聘者进行初步筛选。

3）笔试

笔试是让应聘者在试卷上完成有关试题，然后由评卷人员根据应聘者的解答给予判定成绩的一种测试方法。它主要用于测试应试者的基本知识、专业知识、管理知识、相关知识及综合分析能力、文字表达能力等。

　　4）面试

　　面试是最常见的招聘方式。应聘者与面试考官直接交谈，面试考官根据应聘者回答问题的情况，考核其运用专业知识分析问题的熟练程度、求职动机、实践经验、思维敏捷性、语言表达能力等，通过对面试过程中人员行为特征的观察分析，了解其外表、气质、风度及情绪的稳定性，以此判断应聘者是否符合应聘职位。

　　5）心理测评

　　心理测评是用标准化的心理量表对应试者的心理和行为进行测评。主要的心理测评有个性测评、人格测评、性格测评、能力测评、动机测评等。

　　6）评价中心技术

　　评价中心技术是指把应试者置于一个模拟的工作情境中，让应聘者完成各种工作，主试者采用多种评价技术，观察和评价应聘者在该模拟工作情境下的行为、能力表现，以便测试其管理能力和潜质。常用的方法包括无领导小组讨论、文件筐测试、角色扮演、口头演讲、案例分析、管理游戏等。

5.2　简历甄选法

5.2.1　简历形式与结构的分析

　　1）以学历为主的简历分析

　　采用这种简历的应聘者主要是大中专院校的应届毕业生或毕业仍在待业的人员，因为缺乏工作经历，所以其简历的重点在学历。对这类简历主要分析以下项目：

　　（1）个人资料：姓名、通信地址、邮政编码、电话号码、出生日期、出生地、性别、身高、体重、健康状况、可到职日期、身份证号码。

　　（2）应聘职位。

　　（3）学历：就读学校及院系的名称、学位、起止时间以及与应聘职位相关的课程与成绩。

　　（4）社会实践和课外活动情况。

　　（5）所获奖励情况。

　　（6）特别技能与专长。

　　（7）业余爱好与特长。

　　2）以经历为主的简历分析

　　采用这种简历的应聘者主要是社会求职人员，他们已经具有一定的工作经验。这种类型的简历，往往会突出应聘者的工作经历，相对"弱化"其学历。分析这种简历时，要注意以下几点：

　　（1）要关注其工作经历与应聘职位的相关度，且重点关注其近期的工作经历。

　　（2）要关注应聘者单位更换、职位或岗位变换的类型、层次与合理性。

　　（3）要关注应聘者的技术资格、技能等级和是否受过与应聘岗位密切相关的重要培训。

（4）要关注工作经历胜于关注学历、要关注工作经验胜于关注工作经历、要关注工作职责胜过关注职位头衔、要关注工作过程和关注工作结果并重。

（5）要关注应聘者的家庭情况（如婚否、配偶或恋人所在地、小孩年龄与所在地等）。

3）以职能为主的简历分析

这种形式的简历较少，也是突出工作经历，因而所含元素和以经历为主的简历相同。以经历为主的简历和以职能为主的简历的根本差别在于：以经历为主的简历是按时间顺序排列工作经历，而以职能为主的简历则是按工作职能或性质概括工作经历（如将职业生涯中几次非连续从事人力资源管理工作的经历写在一起），并无时间上的连贯性，旨在强调某些特定的工作能力和岗位适应程度。

5.2.2 快速初步筛选简历的技巧

1）对简历的整体印象

从总体来看，甄选人员可以分析简历的外观是否整洁、格式是否规范、语法和文字是否准确。同时，在简历中将感兴趣的地方或是想进一步了解的信息做上标记，以便进一步甄选时询问应聘者。

2）分析简历结构

合理的简历结构应该简单明了、层次清晰、逻辑严密。简历结构在很大程度上反映了应聘者的组织和沟通能力。通常应聘者为了强调自己近期的工作，书写工作经历和教育背景时往往采用从现在到过去的时间顺序方式，此时，要留意应聘者在更换不同单位的时间方面是否连贯。

3）判断是否符合岗位技术和经验要求

甄选人员要注意个人信息和受教育经历，判断应聘者的专业资格和经历是否与空缺岗位相关并符合要求。如果不符合要求，就没有必要再浏览其他内容，可以直接筛选掉。在受教育经历方面，甄选人员要特别注意应聘者是否用了一些含混的字眼，比如没有注明大学教育的起止时间和类别，这样做很有可能是在混淆专科和本科的区别。

4）审查简历中的逻辑性

在工作经历和个人成绩方面，甄选人员要注意简历的描述是否有条理、是否符合逻辑。比如，一份简历在描述自己的工作经历时，列举了一些知名的单位和一些高级岗位，而他所应聘的却是一个普通岗位，这就需要引起注意。又比如，一份简历中应聘者自称在许多领域取得了成绩，获得了很多的证书，但是，在他的工作经历中很难有这样的条件和机会，这样的简历也要引起注意。如果能够断定在简历中有虚假成分存在，就可以直接将这类应聘者淘汰。

5）留意简历中可疑之处和前后矛盾之处

对于简历之中出现的可疑之处，要圈出来以便在面试时加以深入了解。对于简历中出现的前后不一致的地方，不要匆忙下结论。在简历中出现这种情况，有可能是应聘者的笔误，也有可能是应聘者为了掩盖某些事实，招聘人员可以在面试中对应聘者加以询问。

6）注意从简历自荐信中获取有价值的信息

很多求职者（主要是应届毕业生）的简历中有自荐信，仔细阅读自荐信有助于筛选工作。甄选人员要注意它所反映出来的职业特征、独创性和总体印象。职业特征——附属的公文信件格式一定要符合规范；独创性——不是指写得特别，而是指这是申请人经过精心考虑而写给公司的，说明他的动机是能够被公司录用；总体印象——通过阅读简历，是否留下了好的印象。

5.2.3　简历内容的分析

简历的内容大体上可以分为主观内容和客观内容两个部分。主观内容主要包括应聘者对自己的评价和描述，如"本人乐于助人、具有团队合作精神""本人吃苦耐劳、积极上进"等内容。客观内容主要分为个人基本信息、教育经历、工作经历和其他重要的信息四个方面。甄选人员在筛选简历时，注意力应放在客观内容上。

1）个人基本信息

个人基本信息主要包括姓名、性别、民族、年龄、婚否、籍贯、学历等。这部分信息有助于招聘单位确定：应聘者是本地人还是外地人，是否有特殊的饮食和文化习惯，应聘者家庭情况是否能促进其工作的稳定性等。

2）教育经历

教育经历包括正规学业经历和培训经历。对于专科及以上学历的应聘者，其所就读的学校的情况（如大学的文理科特色、大学的文化与传统等）和学历学位情况（所学专业、不同学历专业之间和求学时期的关系等），都是值得重视的地方。这类信息能够在一定程度上说明应聘者的智力和学习能力情况。

3）工作经历

工作经历包括工作单位、工作岗位与职务、起止时间、工作内容、参与项目名称等。甄选人员在分析应聘者工作经历时，要重点关注其近期的工作经历、与应聘岗位要求相关的工作经历；要重点分析其工作岗位职责与成就；要分析其工作单位和岗位变换的合理性、逻辑性；要关注其工作单位变换的地理区域、行业差别、单位差别、岗位差别、频次以及变换的原因；要分析其参与项目的名称与内容、时间与地点、参与项目的身份（主要参与还是次要参与或辅助参与）和取得的项目成就等。

4）其他重要的信息

其他需要重点关注的信息主要有个人成绩、求职意向、个人能力、兴趣爱好、工作地点要求、职务和待遇要求等。其中，个人成绩包括在学校、工作单位、其他社会组织中所取得的成绩和相关奖励。另外，对于大学本科毕业生，还需要关注其在大学期间参与社会实践、专业技能大赛以及获奖情况。

5.3　申请表甄选法

5.3.1　申请表格的设计技巧

申请表格的设计，关键在于保证每个项目均与胜任某项工作有一定的关系，且比较客观，使其他人容易理解与检核，因此，申请表格的设计至关重要，应遵循以下设计技巧：

1）选择符合岗位需要的项目

申请表格的项目内容一定要包括那些代表"关键淘汰因素"的问题，这些因素反映出工作中要求员工必须达到的工作标准。例如，如果这个工作岗位需要经常出差，那么在申请表中一定会包含有关"你是否愿意出差"的问题。如果一开始应聘者就回答"否"，那么就可以直接淘汰了，这样做可以节省许多时间和精力。

2）申请表的格式符合逻辑性

结构设计合理的求职申请表，应当简单明了，直截了当，便于填写，使应聘者能够快速而顺利地完成。相反，如果申请表设计烦琐，难以填写，那么组织有可能采集不到理想的信息。为此，申请表项目的选择和格式的安排既要体现工作岗位的要求，又要便于应聘者填写，同时也要便于招聘者在阅读申请表时能够快捷地获取有关信息。

3）申请表内容的合法性

申请表的内容选项要注意是否有违反法律法规的地方，或者是否有因表述含糊使人误会而有触犯法律法规的可能性。当前越来越关注个人隐私的保护，用人单位制作的申请表可以收集应聘者的性别、年龄、民族、婚姻等信息，但是出于合法性考虑，用人单位最好声明不会根据这些信息作出人员甄选的决定。

4）把关键问题和一些重要信息放在显著位置

把最有用的信息放在申请表的最前面，有利于节约申请表的初步筛选时间。如果企业需要应聘者的电话号码、邮箱之类的联系方式，那么这项信息就应该放在申请表的最前面；如果企业岗位特别需要某些上岗资格证书，那么也要在申请表的前面列出此项，这样一旦出现不符合的情况，招聘企业就没有必要再浪费时间去看申请表的其他部分了。

5）务必留下足够的填写空间

在填写申请表时，往往会有这样的规律：申请表留的地方多大，申请人就提供多少信息。这就是说，如果某项信息是企业非常重视的部分，希望申请人多提供一些这方面的资料，但申请表这部分的空白又恰恰留得很少，那么企业就无法通过申请表详细了解申请人这方面的信息。为了避免这种问题的出现，应该在申请表相应的位置留下足够的填写空间。

5.3.2　快速初步筛选申请表的技巧

1）快速阅读整个申请表

通过快速阅读整个申请表可以判断应聘者的态度，剔除一些存在明显错误、填写不完整、字迹难辨的应聘者。快速浏览的另一个目的是重点关注一些特别信息，如果它们不符合工作岗位的要求，可以立刻排除。例如，旅行社需要应聘人员持有导游证，如果应聘者没有，则招聘企业就可以直接淘汰这位应聘者。

2）注意与工作岗位有关的信息

人们普遍认为，阅读申请表要注意那些与工作岗位有关的信息，如以往的工作经历、过去工作成功的必要条件等关键信息，还要考虑过去的工作岗位与现在的工作岗位有多大的相似程度。例如，企业要招聘一名中层管理者一定会要求应聘者最好从事过相同或类似管理工作，如果应聘者在这方面没有任何经验，那么企业可以据此直接淘汰该应聘者。

3）识别需要警惕的可疑信息

在阅读求职申请表时，要警惕可疑的信息，注意发现问题。要检查证明符合工作岗位要求的有关技能、能力方面的信息，看是否有疑问；要检查申请表与简历上的信息是否一致，如果有时间空缺，一定要查明这段时间应聘者在干什么；要检查能够证明业务发展水平和行业知识水平的信息，看是否有疑问等。

4）关注与职业相关的问题

在审查申请表时，要估计背景材料的可信程度，要注意应聘者以往经历中所任职务、技能、知识与应聘岗位之间的关联性。例如，应聘者是否标明了过去单位的名称，过去的工作经历与现在申请的工作是否相符，工作经历和教育背景是否符合申请条件，是否经常变换工作并对这种变换工作缺少合理的解释等。在筛选时要注意分析其离职的原因、求职的动机，对那些频繁离职人员应该重点关注。

5）分析应聘者填写表格的心理

无论是刚刚出来找工作的新手，还是经常更换工作岗位的人士，在填写招聘申请表时，他们都会避免提及自身的缺点，或是回避一些不愿意触及的问题。他们往往会不由自主地摆出防御的姿态，在完成申请表项目填写的过程中，有意无意地凸显自己的优势，掩盖自己的不足，甚至更改自己的经历，编造一些信息，误导用人单位，企业招聘人员应该对应聘者的这种心理有所把握。

6）不要匆忙对应聘者下结论

由于首因效应和晕轮效应，招聘者常常会出现以偏概全、主观臆断的错误。应聘者为了得到工作岗位，迎合招聘者的心理，会有意无意地夸大自己的优势，编造信息，更改经历，这些都可能对招聘者产生误导。这就要求招聘者对一些重要信息进一步核对，不应凭自己的喜好，匆忙就对应聘者下结论。

5.3.3　申请表甄选法的优缺点

简历是应聘者自带的个人介绍材料，没有统一的格式规范，而申请表则是由用人单位专门设计的，其中的内容对应聘者素质是有一定测评价值的。因而，申请表甄选法的优点是直截了当，限制了不必要的内容，同时也不显示应聘者个人的评价倾向，只说明事实，反映信息，因此应聘者不会有所警惕。另外，通过调查与查阅档案可以证实应聘者所填的信息，因此应聘者一般不会作假。申请表甄选法的缺点是这种封闭式的申请表限制了应聘者的创造性，并且制作和分发费用较高。

5.3.4　AI高效甄选申请表

人工智能技术（Artificial Intelligence，AI）在人力资源管理中的应用日益广泛，在人员申请表的甄选中，AI能够极大地提高筛选效率和准确性，为企业快速定位合适的人才提供有力支持。

企业可以针对设计好的应聘申请表，设定相应的教育背景筛选条件，如学历、专业、毕业院校等，AI能够自动对申请者的教育背景进行比对和分析，筛选出符合企业需求的人才。AI也能够通过对申请者的工作经历进行深度挖掘和分析，评估其工作能力、职业发展和稳定性等方面的潜在价值。同时，AI可以根据岗位任职资格条件，设定相应技术和经验要求，运用大数据和算法，筛选出具有特定行业经验或技术水平的申请者，提高招聘的针对性和效率。另外，AI可以通过与权威机构数据库进行连接，对申请者的毕业证书、技术技能等级证书、资格证书等进行自动验证，这有助于确保申请者的资质真实可靠，避免因资格不符而造成的招聘风险。

5.4 笔试法

5.4.1 笔试概述

笔试是要求求职者在试卷上笔答事先拟好的试题，然后由试卷评定人员根据求职者解答的情况按一定标准予以判定分数的一种测试方法。采用这种甄选方法虽然不能全面地了解求职者的工作态度、品德修养以及口头表达和操作技能等，但是其优点也是显而易见的。采用笔和纸的方式应答给求职者带来的心理压力较小，易于发挥其水平，同时评分公正，可避免模棱两可或取巧的答案，通过客观型试题笔试、论述型试题笔试和论文题笔试的基本方法，对应聘者的知识、技能和各项素质的考核信度和效度都较高。

1）客观型试题笔试方法

客观型试题笔试方法的特点：统一组织安排标准化试题考试，过程比较容易控制，评卷标准化；客观题测评的知识内容涵盖面广、范围大，宜于测评对知识的记忆、理解和应用。客观型试题笔试方法的优点是可以在短时间内对大批人员同时进行测评，评分公平合理，便于阅读。客观型试题笔试方法的不足之处是不容易测出求职者的能力和创造力，试题不容易编制。

2）论述型试题笔试方法

论述型试题可以分为限制型试题和扩展型试题。论述型试题笔试方法的特点：综合性强，题量小，内容覆盖面有限，适用于测评求职者的综合分析问题、解决问题能力。论述型试题笔试方法的优点是比较灵活，容易测出求职者分析解决问题的能力，测评效度较高。论述型试题笔试方法的不足之处是命题难度大，考虑因素多，评分十分困难。

3）论文题笔试方法

论文题笔试方法要求求职者就某一个问题以论文的形式发表自己的见解。论文题笔试方法的特点：综合性强，一般只有一道题目，要测出被测评人的多方面的知识和素质，适用于测评求职者的综合知识与才能。论文题笔试方法的优点是可以鉴别求职者的知识、才能、文字表达能力、推理判断能力、归纳分析能力。论文题笔试方法的不足之处是命题难度大，评分缺乏客观标准。

5.4.2 笔试题目的设计

笔试题目的设计是决定笔试质量的关键。命题需要综合考虑广度、深度以及题目的结构恰当与否，这将直接决定甄选考核的信度和效度。在设计试卷题目时，我们应该注意以下几个方面：

1) 笔试命题的目的明确

笔试命题要自始至终符合甄选的目标，试题的编撰者在编写试题时，要清楚地知道这道试题是测试应聘者的专业知识、综合知识，还是测试应聘者的逻辑思维能力或分析解决问题能力，使得每道试题都有明确的测试目的。

2) 笔试题目内容科学合理

试题的内容既要测评应聘者知识掌握程度，又要能测出应聘者的能力水平，还要反映出应聘者的潜在能力；试题的难度要恰当；试题的题量既不能过大，也不能过小，让绝大部分应聘者在完成试卷时既不觉得时间非常紧张，也不觉得时间十分充裕。

3) 笔试题目类型搭配合理恰当

笔试题目的类型应该与测试目的一致。例如，测试知识性的内容，可以采用客观题；而在测试应聘者的逻辑思维能力、分析解决问题能力时可以采用论述型或论文题。

◆◆◆◆➡ 小思考 5-1

宝洁公司笔试题

宝洁公司的笔试题主要包括解难能力测试、英文测试、专业技能测试三大类。

• 解难能力测试

在中国，使用的是宝洁全球通用试题的中文版本，试题分为五个部分，共50小题，限时65分钟，全为选择题，每题5个选项。

第一部：读图题（12题）

第二和第五部分：阅读理解（14题）

第三部分：计算题（12题）

第四部分：读表题（12题）

• 英文测试

这个测试主要用于考核母语不是英语的人的英文能力。考试时间为3个小时，其中，100道听力题45分钟，阅读题75分钟，3道简答题60分钟，这些题都是用英文描述以往某个经历或者个人思想的变化。

英文题样：Summarize a situation where you took the initiative to get others on an important task or issue, and played a leading role to achieve the results you wanted.

• 专业技能测试

并不是任何部门的申请者都需经过专业技能测试，它主要是考核申请具有专业限制的部门的人员，如研究开发部、信息技术部和财务部等。宝洁公司研发部门招聘的程序之一是要求应聘者就某些专题撰写学术报告，并请公司资深科研人员加以评审，用以考核其专业功底。对于申请公司其他部门的人员，则无须进行该项测试，如市场部、人力资源部等。

资料来源 根据网络资料整理。

问题：宝洁公司通过三大类笔试题分别考核应聘者哪些方面？

答：宝洁公司三大类笔试题搭配合理。解难能力测试是宝洁对人才素质最基本的考核，整套题主要考核申请者以下素质与能力：自信心、工作效率、思维灵活性、承压能力、应变能力、阅读理解能力、逻辑思维能力、分析判断能力、推理计算能力。英文测试除了可以考核应聘者的英文能力，还可以了解应聘者的经历和潜质。专业技能测试则考核应聘者专业理论功底和专业操作技能。

5.4.3　笔试的组织

笔试的组织实施主要有以下几个阶段：

1）成立考务小组

成立考务小组的目的在于保证笔试的公正性和客观性，应当由责任心强、公平、正直、细致的人员负责整个考务小组的考务工作。

2）制订实施计划

制订周密细致的实施计划会使笔试工作井然有序地进行。实施计划的主要内容包括考试科目和考试方式的确定，考试时间、场地和考场的安排，考场纪律、监考人员安排，阅卷人员、阅卷方式、阅卷场地的安排等。

3）组织好命题

命题是笔试的首要问题，直接关系到笔试的效果。一套好的试题能测出应试者知识水平的全面性和真实性，能依据工作岗位的特点突出重点。同时，还应具有明确的标准答案和评分规则。

4）做好监考

要做好试卷的收发工作；合理安排考场监考人员，挑选有丰富经验的监考人员，能适当处理特殊情况；严格执行考试纪律，杜绝考试舞弊行为。

5）评卷

评卷的关键在于客观、公正、公平，严格按照标准答案和评分规则进行阅卷，尽量避免个人主观因素对判分的影响。

5.4.4　笔试注意事项

1）试题的科学性

笔试首先要注意的是命题，命题的恰当与否关系到笔试的效度高低。无论招聘什么类型的人员，其命题必须既能考核应试者的文化知识，又能反映出工作岗位的特点和要求，命题过难或过易都不利于人员的甄选。可以由人事部门负责出题，也可以由外面的单位、企业、学校等有关专家出题，有条件的企业还可以建立自己的试题库，保证试题的科学性。

2）评分标准客观

笔试评分要拟定评分标准，确定阅卷和赋分规则。试题的分值要与考核的内容和试题的难度相对应，否则，无法反映应试者的真实水平。

3）评分过程公正、客观

阅卷人员评分过程要公正、客观。严格按评分标准和计分规则进行判卷，对所有应试者一视同仁。要建立严格的成绩复核制度，处罚徇私舞弊者等。

5.5　心理测评法

◆◆◆◆➡ 小思考5-2

心理测评被企业广泛应用于招聘

企业的发展离不开人才的支持，面对当前企业对高层次、高素质人才的需求和人才市场供大于求的现状，人力资源部门把好进人关，选好、选精所需的人才，对企业的发展具有重要意义。把心理测评技术应用到企业招聘中，可以为其吸收人才提供科学的保证。

问题：对员工进行心理测评对企业的招聘管理具有哪些作用？

答：（1）提高人职匹配度，有助于准确选才。

无论是招聘新员工，还是在企业内部提拔人才，应用员工心理测评技术都可以全面客观地评估候选人的职业能力特点、职业兴趣、个性特点、职业价值观、解决问题风格、成就动机等，从而做到择优录用，避免"误用庸才，错失良才"。

（2）协助员工进行职业生涯规划。

员工心理测评可以帮助员工更加了解自己，清楚地知道自己的长处和兴趣，以便在职业生涯规划中扬长避短，从而有助于员工个人的职业生涯设计和职业生涯发展，帮助员工更好地实现自我发展。

（3）增强团队的凝聚力和战斗力。

团队角色理论认为，由风格各异的个体组成的团队所作出的决策，要比单个个体的决策更有创意。实践表明，团队合作不成功的原因之一在于不同团队角色的成员搭配不当，导致在某些领域投入过多，而在另一些领域投入不够。把具有互补性的员工结合起来，能够产生积极的协同作用。通过心理测评，可以清楚地了解目前团队的现状及每一个成员的角色特征，建立相应的档案，有利于进行合理的人员配置，提高整个团队的凝聚力和战斗力。

（4）降低骨干员工的流动率。

据调查，目前大多数企业员工辞职的主要原因是员工的需求得不到满足，对企业产生了不满情绪。通过对员工进行心理测评，可以清楚地了解员工的主导需求，准确把握员工对薪酬、福利、工作环境、进修、晋升、休闲等方面的重视程度，从而有的放矢地对员工进行激励或给予针对性的培训，能够大大降低员工的流动率。

员工心理测评在企业招聘中发挥着重要的作用，它使招聘工作更加科学化和规范化，但由于目前我国企业应用这一技术还处于起步阶段，存在着一些不足，因此还需要在这方面进行研究探索。

5.5.1　心理测评概述

心理测评是心理学在人力资源管理领域的具体应用，通过一系列科学的方法和标准化的程序，即借助心理量表，对应聘者的个体能力、能力倾向、兴趣、性格等特点及差异进行测试和描述的一种系统的心理测量程序。心理测评的主要特点有：

（1）心理测评是代表性测评。它不是对个体心理的各方面进行全面观测，而是通过测查少数经过科学选择的代表性样本行为推断个体的总体心理特征。

（2）心理测评是间接性测评。心理测评对象是个体的个性特征，如性格、能力、兴趣等，这些特征无法直接测量，只能通过外在行为主观地推断。

（3）心理测评是相对性测评。在对人的行为进行比较时，没有绝对标准，亦没有绝对零点，只有一个连续的行为序列。在许多情况下，心理测评就是通过测定一个人在此行为序列上的相对位置，推断其相应的能力水平和性格特征。

拓展阅读5-1

心理测量

（4）心理测评是标准化测评。心理测评的工具要具有较高的信度、效度和完整的常模资料。在实施测评时，对测评的程序、方法、环境及记分的方法都作出严格的规定。

心理测评为人员的甄选提供了理论指导和技术支持，使人员甄选从经验测评走向规范的科学测评。随着我国人事制度改革的推进，心理测评技术在国家公务员录用考试、领导干部选拔、企事业单位招聘选拔人员及个人求职中均得到了有效的应用。

5.5.2 心理测评的类型及内容

心理测评是测查个体个性差异的工具，主要包括能力测评、人格测评、兴趣测评、动机测评等。

1）能力测评

能力是直接影响活动效率，使活动、任务得以顺利进行的心理特征。能力测评主要用于测量被测评人较稳定的、表现在认知能力方面的心理特质，主要体现被测评人在外部环境影响下较不易改变的那些认知特点，如观察力、注意力、记忆力、理解力、抽象思维能力、判断推理能力等，其目的在于预测被测评人在某个领域中的发展潜能。

能力测评可以划分为智力测评和能力倾向测评。智力测评是对个体一般能力进行的测定，其目的是为预测被测评人在职业领域所能取得的成就提供依据。目前，最具有影响和权威性的智力测评主要是比奈—西蒙智力量表、韦氏智力量表、瑞文标准推理测评。能力倾向测评主要用于测定个体在某方面的潜能，用于预测个体在接受适当的培训后，从事某种工作可能获得的成就。目前，应用较多的能力倾向测评有一般能力倾向测评、机械能力测评等。

2）人格测评

人格测评是用标准化的测评工具（如量表或图形），引发被测评人陈述自己的看法或对图形的条件反射，然后对结果进行统计处理、研究分析。它主要用于测量被测评人的价值观、态度、情绪、性格、气质等方面的个性心理特征。

常用的测评方法有自陈量表和投射技术。自陈量表要求被测评人在一系列描述某一行为特征的陈述句或问题中作出符合自己情况的回答。最常用的自陈量表是卡特尔的16种人格因素问卷。投射技术是指给被测评人一些意义不明确的刺激图形，让其在完全不受约束的情形下自由反应，从而把内在的动机、需要、态度等投射出来，应用较多的是主题统觉测评和罗夏墨迹测评。

3）兴趣测评

兴趣测评是指用标准化的测评工具测量、分析和评价被测评人对某类职业或工作所抱有的积极态度的程度。职业兴趣揭示了人们想做什么和他们喜欢做什么，从中可以发现应聘者最感兴趣或最满意的工作是什么。如果当前所从事的工作与其兴趣不相符合，那么就无法保证他会尽职尽责、全力以赴地去完成本职工作。在这种情况下，可能不是工作本身，而可能是高薪或社会地位促使他们从事自己并不热衷的职业。一个有强烈兴趣并积极投身本职工作的人与一个对其职业毫无兴趣的人相比，两者的工作态度与工作绩效是截然不同的。

如果能根据应聘者的职业兴趣进行人事合理配置，则可最大限度地发挥其潜力，保证圆满完成工作。一般来说，可以将人们的兴趣分为六类：现实型、智慧型、常规型、企业型、社交型和艺术型。

4）动机测评

动机测评主要是从被测评人的需求、动机、兴趣等方面进行测评，以考评被测评人与工作岗位之间的匹配关系。常见的动机测评有管理动机测评和职业兴趣测评。

5.5.3　心理测评的实施程序

由于心理测评的目的并不完全相同，组织实施的具体任务和要求也有所差异，其一般程序为：

1）根据测评计划，制定测评实施细则

由于测评计划是一个总体性、原则性的计划，再加上测评从计划到实施有较长的间隔时间，其间会有一些变化，有许多具体的、细节性的内容不可能在测评计划中一一列出。而在实施细则时应提出具体的任务分工、时间安排及可操作的标准等要求，便于在实施时掌握、操作和运用。

2）做好测评前的准备

测评准备包括测评材料、工具、场地、人员、经费的准备。测评场地的选择、布置要适合测评方式与方法的要求，符合不同测评对象的特点。人员的准备主要是确立测评对象和测评员，并将要求等通知到人，做好宣传动员工作。

3）人员培训

人员培训包括三方人员，即测评对象、测评员和管理人员。培训的目标是要提高他们对测评意义的认识，明确各自任务、职责和要求。对这三方人员的培训应分别进行，直到他们都达到了培训的目标，才能进行正式测评，否则，难以达到预期的测评目的。

4）组织测评人员

由于现代人才测评方法的多样性，测评场地不再固定在某一特定的地方，为了使测评活动能够有步骤、按计划地顺利进行，需要对参与测评的人员进行合理的组织、安排，使各个环节之间衔接良好。

5）实施测评

实施测评是指招聘人员进行具体的心理测评、笔试、机试、情境模拟测试或评定等。在进行这些具体的测评活动时，招聘人员必须按这些活动自身的规律和要求进行。

6）管理测评工具、器材和资料等物品

对测评工具、资料、器材进行科学的管理和维护是组织实施阶段的重要任务之一，其中包括一些阶段性的测评数据和结果。安全、保密是对测评工具、资料、结果及器材管理的基本要求。

5.5.4 心理测评的注意事项

1）心理测评的文化差异

心理测评的量表和一些心理测评软件绝大部分是从国外引进的，其会受国外文化的影响，因此，在引进国外成熟的心理测评工具时必须采用科学的测评编制方法，重新修订，使得心理测评量表和软件具有较高的信度和效度，这样才能使测评具有较高的使用价值。

2）信度和效度

信度是衡量测评结果是否稳定、可靠的指标，即测评结果是否反映了被测评人稳定的、可靠的真实特征，主要表现为：重测信度高，即被测评人在不同时间、经过不同测评人员所测结果的一致性高；同质性信度高，即同一测评内部各题目所测的是同一种行为或行为特征；评分者信度高，即不同评分者对同一测评结果的评分一致。

测评效度是衡量测评有效性的指标。证明测评效度的方法主要有结果效度、内容效度和效标关联效度。

关于信度与效度的内容，详见本书"8.4 甄选工作的评估"的相关内容。

3）标准化

标准化是指测评编制、施测、评分和测评分数解释必须遵循严格、统一的科学程序，以保证所有被测评人的公平性。所谓使用心理测评方法的标准化，是指使用尽量标准化的量表执行标准化的实施程序，使用标准化的指导语实施标准化的评分和分数解释，这样才能获得一个比较准确的测验结果。

4）对实施心理测评的人员进行专门的训练

由于心理测评的技术性强，而且涉及被测评人的个人隐私问题，因此在如何实施、如何作结论、在哪些范围内使用等方面都有严格的规定，如果不懂心理测评的程序和道德规范，就会出现不科学使用，甚至滥用心理测评及其结果的现象。

（1）注意对应聘者的隐私加以保护

应聘者的各项能力、人格特征和兴趣特征都属于应聘者的个人隐私。如未征得应聘者同意，不能公布应聘者的心理测评结果。如果应聘者未通过心理测评，招聘人员应该将测试结果报告退还给应聘者。

（2）要有严格的程序

从心理测评的准备到心理测评的实施，以及最后的心理测评结果的评判，都要遵循严格的程序。负责人必须经过专业的心理测评培训，必要时可请专业人员协助工作。

5）心理测评的结果不能作为唯一的评定依据

在单位决策时，由于单位的具体情况不同，因此对心理测评结果的参考程度也会不同。心理测评可以和面试、笔试等方式同时进行，招聘人员应结合多种方法，作出客观评价，不能将心理测评作为唯一的评定依据。

5.6　评价中心法

评价中心法是一种由多种方法组合而成的测评高级人才的技术。这种方法将被测评人置于一个逼真的模拟工作情境中，采用多种测评技术，观察和评价被测评人在该模拟工作环境下心理和行为的表现，以此预测被测评人的管理技能和潜在能力，是组织选拔管理人才的评价方法。

评价中心法突破了传统测评方法的局限，开创了人才测评技术的新道路，与早期测评技术如智力测验、个性测验等不同，它综合了管理学、心理学、社会学、行为科学、人类学等学科的最新研究成果，是对传统测评技术的重大改进。评价中心法不仅能够从个体活动的角度进行评价，还能够从群体活动中对个体的行为进行评价，并且评价的是人未来的潜能。评价中心法不但可以用于人员招聘选拔，还可以用在培训和职业生涯规划等工作中。

许多研究表明，评价中心法注重现场研究和实践性，着重考核被测评人实际解决问题的能力，是一种很实用的、有效的选拔管理人才的方法。它不仅采用了动态的情境性测评方法，还综合使用了多种测评技术和手段对真实的工作情境进行模拟。但是，我们也要意识到这种测评方法的主观性程度较高，制定统一的、标准化的评价指标比较困难，并且成本相对较高。

评价中心法有各种各样的形式，其中最普遍使用的情境性测评方法主要有无领导小组讨论、文件筐测试、角色扮演、口头演讲、案例分析、管理游戏等。

1）无领导小组讨论

无领导小组讨论是评价中心技术中经常采用的一种测评技术。它的操作程序是让被测评人组成一个讨论小组（一般来说，4~6人的讨论小组最合适），自由讨论给定的主题，要求在讨论结束时给出小组讨论的结果或者解决方案。

无领导小组讨论的具体程序：首先，将由若干人员组成的小组引入一间有一张桌子和数把椅子的屋子里，通常不安排小组人员就座的顺序，不指定主持小组讨论的"组长"，也不布置讨论议题与议程，更不向被测评人提要求；其次，发给小组成员材料，材料中介绍了一种管理情境，其中包括若干个待处理的问题和决策，以便引导小组成员的讨论，测评者自始至终不出面、不干涉小组的行为，令其在自然的环境下自发进行；最后，由测评者根据观察到的每个人的行为表现及其所起的作用对被测评人进行评分。观察点通常是被测评人的主动性、说服力、口头沟通能力、组织协调能力、自信心、创造力、心理承受能力、全局观念等。从效度的角度来看，无领导小组讨论测试的要素主要集中在与中高层管理岗位相适应的能力、个性品质方面的特征，并不符合基层岗位人员所需要的要素指标。

2）文件筐测试

文件筐测试又称公文筐测试、文件处理测试，是评价中心法中最重要的测评方法之一。实践证明，文件筐测试在测评管理者时具有较好的有效性。它的具体操作方法是：

首先，向被测评人发一套文件，包括下级提交的报告、计划、请示等，上级的指示、批复、规定、政策，以及供应商、政府等的函电、传真及电话记录等；随后，要求被测评人在规定的时间内将这些公文处理完毕，并要求解释说明这样处理公文的原因，并形成公文处理报告，以此考核被测评人在规定条件下处理问题的能力。这种测试方法可以有效地反映被测评人在管理方面的计划能力、组织协调能力、推理判断能力、分析决策能力、领导能力等。此外，这种测试方法还反映了被测评人的信息收集和加工处理能力、解决问题的条理性和灵活性，以及对他人的敏感性等。

◆◆◆◆➡ 案例分析 5-1

如何处理这些文件？

瑞翔网络（集团）发展有限公司是国内知名的互动娱乐传媒公司。该集团公司成立于1999年11月，致力于通过互联网为用户提供多元化的娱乐服务。其主营业务是网络互动游戏，由集团公司的主体企业瑞翔游戏负责运营。该集团公司的运营能力、客户服务能力、技术保障与销售网络都保持在业内的领先水平上。从2004年起，集团公司通过并购的方式，不断拓宽业务领域。目前，又成立了瑞翔在线阅读、瑞翔在线购物以及瑞翔软件技术3个全资子公司。其中，瑞翔软件技术有限公司是集团公司收购的一家软件公司——擎天宝软件技术有限公司，主要为用户提供在线杀毒的技术服务。目前，集团公司共有820名员工，预计3年后突破1 500人。集团公司新近又筹划并购了益友在线旅游服务公司，希望通过此次并购进入利润丰厚的在线旅游服务行业。由于最近几年公司的并购行为，以及业务的多元化，员工人数大量增长，公司遭遇的法律问题越来越多元化，集团公司为此成立了法律事务部。

集团公司采取的是依托型的职能机构，即负责互动游戏的主体企业瑞翔游戏的职能机构，同时也是集团公司本部的职能机构。瑞翔游戏的总经理就是集团公司的董事长刘凯，他也是集团公司人力资源总监张涛的直接上级。此外，人力资源总监张涛有4个直接下属，分别是招聘主管、培训主管、绩效主管、薪酬和劳动关系主管，每位主管下设1名专员辅助其工作。下属的其他3家子公司分别设有1名公司人力资源部经理，每位人力资源部经理分别配有1名助理。

现在是2012年5月20日14：00，您（张涛）刚结束了两天的封闭会议，来到办公室处理累积的邮件和电话录音等。您必须在3小时内处理好这些文件，并作出批示。17：00还有一个重要的会议需要您主持。在这3小时里，没有任何人来打扰您。好，现在开始工作了，祝您一切顺利！

任务：

请您查阅文件筐中的各个文件，给出您对每个文件的处理思路，并作出书面表述。具体答题要求：

（1）请您给出处理问题的思路，并准确、详细地写出您将要采取的措施及意图。

（2）在处理文件的过程中，请认真阅读情境和不同文件的内容，注意文件之间的相互联系。

（3）在处理每个具体文件时，请重点考虑以下内容：需要收集哪些资料？需要和哪些部门或人员进行沟通？需要您的下属做哪些工作？应采取何种具体处理办法？您在处理这些问题时的权限和责任是什么？

（4）问题处理可能出现不同的结果，在这种情况下需要针对各种情况给出相应的处理方法。

以下是需要您处理的文件。（为节约篇幅，此处只列出五个文件作为示例）

［文件一］

类　别：电子邮件

来件人：房芳　瑞翔游戏兼集团绩效主管

收件人：张涛　瑞翔集团人力资源部总监

日　期：5月18日

张总：

我为公司刚成立的法律事务部草拟了绩效考核办法，希望和您讨论一下。评分方案分为两部分，一部分考核工作业绩，另一部分考核工作态度。

（一）工作业绩是指对上级安排任务完成情况的考核，占总权重的70%。

（1）上级对安排任务的完成情况打分，按1~5分进行评分，占工作业绩评分比率的60%。

（2）部门其他成员对工作配合程度打分，按1~5分进行评分，最后计算多个团队成员打分的平均分，占工作业绩评分比率的40%。

（二）工作态度是指对员工工作主动性的考核，占总权重的30%。

（1）考勤情况，全勤为5分，迟到1次减1分，迟到5次及以上为0分，占工作态度评分比率的50%。

（2）加班情况，加班20小时以上为5分，加班15~20小时为4分，加班10~15小时为3分，加班5~10小时为2分，加班0~5小时为1分，不加班为0分，占工作态度评分比率的50%。

房芳

［文件二］

类　别：电子邮件

来件人：王诚　瑞翔游戏兼集团培训主管

收件人：张涛　瑞翔集团人力资源部总监

日　期：5月18日

张总：

我最近和各游戏研发部门的经理沟通培训需求时，他们普遍反映了一个问题：公司每年都要在各大院校的计算机专业毕业生中招聘很多新员工，这些应届毕业生在学校学习的内容和工作实际要求有很大的差距，新员工一般要通过至少半年的培训和辅导才能符合岗位的需要，公司耗费了很大的成本。但是，应届毕业生也有很多优势，如薪酬要求低、工作勤奋、愿意接受公司的培训。我有一个想法，能否在招聘前与这些院校进行更深入的合作，帮助其开设一些实践性选修课程，欢迎实习生到我们公司实习，这样有助于我们挑选合适的员工，也将部分岗前技术培训提前到他们的实习期，我们也能节约大量培训成本和筛选成本。

不知道您对这个想法有什么建议，能否和您讨论一下？

王诚

［文件三］

类别：电话录音

来件人：李惠　瑞翔软件技术公司人力资源部经理

收件人：张涛　瑞翔集团人力资源部总监

日期：5月18日

张总：

最近我们公司连续有3名部门经理辞职。我私下打听了一下，原擎天宝的技术总监周凌在公司并购期间提出了辞职，现在自己创建了方圆软件公司，这3名部门经理过去曾是周凌的得力手下。我感觉他们的离职是事先商量好的。他们是瑞翔软件最重要的3个技术部门的经理，他们的辞职会给瑞翔带来不可估量的损失。另外，他们跟公司签订了3年的劳动合同，而且还有违约条款的限制。我现在没有给他们任何答复，希望您能尽快和我联系。

李惠

［文件四］

类别：电话录音

来件人：刘凯　瑞翔集团董事长

收件人：张涛　瑞翔集团人力资源部总监

日期：5月18日

张涛：

下周董事会将就公司人才保留的问题进行讨论。上次你们提交的离职调查中提到，随着公司不断对新收购的公司进行巨额投资，内部员工有失衡的感觉，现在越来越多的优秀员工提出离职的原因是希望能自己创业。我和董事会的成员商议是否可以在瑞翔开展内部员工创业计划。我们在公司内部提供一个创业平台，员工可以提出自己的创业想法，如果得到董事会的同意，将获得瑞翔的全额投资。这实际上是一种委托开发合作，公司通过全额投资把项目委托给提议人，提议人可以组建自己的开发团队，并可以建立新的公司进行开发，开发结束后新公司将获得这个项目的知识产权以及部分股权的购股选择权。

这种模式在瑞翔从未实施过，我们先聊聊，你再从激励和约束的角度考虑一下，提出个方案给我。

刘凯

［文件五］

类别：电子邮件

来件人：常薇　瑞翔游戏兼集团招聘主管

收件人：张涛　瑞翔集团人力资源部总监

日期：5月18日

张总:

您好! 最近公司实施了工作轮换制度, 帮助员工拓展工作领域, 有一项计划是集团公司和 3 家子公司的财务部的员工进行轮换。但是, 由于 3 家子公司的薪酬定位和薪酬结构有很大差异, 财务部的员工很容易发现自己的薪酬和其他公司财务部的同级员工存在差异, 那些薪酬水平较低的员工怨声载道, 认为公司很不公平。我认为工作轮换制度实际上已经弊大于利了, 建议停止这项制度的运行, 希望您能给予支持。

常薇

资料来源 根据 2012 年 5 月人力资源和社会保障部国家职业资格全国统一鉴定之企业人力资源管理师一级综合评审部分的考题整理。

问题: 如果你是人力资源部总监, 你会如何处理这些文件呢?

分析提示: 在处理公文筐时要能分清轻重缓急, 要识别职权范围, 要恰当授权和适度 "越权", 要尽可能采用多种有效方式 (如集中召开会议、电话、签批、暂时搁置等) 解决问题。

3) 角色扮演

角色扮演是指在模拟情境中, 测评者设置了一系列人际冲突和矛盾, 要求几个被测评人分别扮演不同的角色, 来处理各种问题和矛盾, 以此来观察被测评人的多种表现, 以便了解其心理素质和潜在能力的一种测试方法。角色扮演是管理人员素质评价的一种重要方式, 主要用来评价一个人的人际关系技巧、情绪稳定性和控制能力、处理各种问题的技巧和方法等。

4) 口头演讲

口头演讲主要是让被测评人在公共场合, 以一个独特的、清晰的角色, 就某一主题阐述自己的观点, 主要是考核被测评人的语言表达、分析推理和在压力下反应的能力。此方法较适合领导、销售、市场、培训类岗位的人员甄选。

5) 案例分析

案例分析是指在某种模拟情境中, 先让被测评人看一些材料, 了解某个组织在管理中存在的问题, 然后要求被测评人提交一个解决问题的分析报告。

6) 管理游戏

管理游戏是一种比较复杂的测评方法, 它是要求被测评人扮演一定的管理角色, 在模拟的工作情境中解决实际问题的一种测评活动。

总体看来, 测评情境不同, 甄选的方法也是多种多样的, 但它们的目的都是揭示特定职位所需的胜任特质, 从而对被测评人进行测评。

5.7 甄选方法选用中常见的问题与对策

一套好的人员甄选方法, 应该既能够正确地反映应聘者的知识水平、实际技能、个性心理特征, 又能反映应聘者的特点与工作岗位之间匹配程度, 为提高录用决策的准确率提供有价值的信息。为确保甄选的有效性, 应该注意的问题及其对策如下:

1）简历筛选法中，注意简历与本人实际情况的差距

简历的精美程度与应聘者自身的能力没有必然的联系。用人单位只是通过简历大致了解应聘者的情况，初步判断是否需要进一步了解，而应聘者则是希望通过简历来反映自己优秀的方面。因此，作为招聘单位应该尽量避免仅以简历就对应聘者匆忙下结论，也不应该因简历的精美程度而对应聘者的面试结论产生影响。

2）在初步筛选中，容易出现重经历（干过什么）、轻能力（能干什么）的问题

对于有工作经验的人来说，过去的工作经历并不代表现在的工作能力，工作能力比工作经历更重要。一个人以前所处的工作环境和他以前从事的工作内容最能反映出他的胜任特征和能力特征，特别是一些从事高新技术的研发人员，如果在两三年时间内没有从事相关的工作，那么他所掌握的技术就没有优势可言。此外，还应该从他以前从事工作的经历中分析出他的价值观和价值取向，这些信息远远比学历、经历更重要。行为科学认为，能力是保证个体顺利完成任务的个性心理特征，能力是通过具体活动表现出来的。用人单位可以根据实际情况，用不同的方式考核其能力水平。

3）心理测评方法的局限性

近年来，心理测评技术已被应用于国家公务员考试，以及面向社会公开招聘处级及厅局级干部的工作中。心理测评作为洞察人心的工具目前尚不完善，只是人事决策的辅助手段，既不能否认也不能夸大测评的功用。人的心理现象的复杂性、动态性，决定了心理测评手段的多样性。任何心理测评方法均有其局限性，只有将它们与传统的考核、考评方法结合起来，互相补充，才能更好地发挥作用。

虽然现有的心理测评方法可在一定程度上考核一个人的心理需求和价值取向，但是难以全面了解一个人的品质，那种认为心理测评是万能的、测评可以解决一切问题的想法是不可取的。心理测评方法不适用于高层领导的选拔，高层领导的胜任特征是现有测评方法无法测量的，需要通过长期领导工作实践对其检验。在心理测评技术十分发达的西方国家，对高层领导的选拔也不用心理测评，而是用竞选的办法。

心理测评是一项科学性很强的工作，实施者必须受过系统严格的训练且取得相应资格，并遵守相应的职业道德，如对测验材料和测评结果保密等，招聘单位应该与专门机构的专业人士一起实施心理测评。

4）应给应聘者更多表现机会和发挥空间

一些跨国公司在招聘应届毕业生时，往往要经历一系列的招聘活动，目的是给予学生更多的表现机会。一种人员甄选方法，往往只是考核应聘者的某个方面，要深入全面了解应聘者，需要用不同的甄选方法明确对应聘者的认识。比如，在应聘者递交应聘材料时，可让应聘者提供更详尽的能够证明自己工作能力的材料；在面试时，招聘者可以同时运用心理测量等手段测试应聘者的个性特征。

◆◆◆◆➡ 案例分析5-2

农场捕鼠专员的招聘

某农场因捕鼠专员的离职而造成场内鼠患成灾，农场总经理要求 HR 经理 5 天之内招聘到 3 位优秀的捕鼠专员。

HR经理接到这个指示后，将写好的招聘启事，贴在了农场的大门口，上面这样写道："本农场欲招3位捕鼠专员，待遇优，福利好，有意者请报名。"

第二天，农场门口来了7位应聘者——鸡、鸭、羊、狗、蛇、猫、猫头鹰。HR经理组织相关人员开始甄选工作。

第一轮是学历甄选。农场认为捕鼠是专业技术工作，需要招聘一位受过正规高等教育的应聘者。鸡和鸭都是名牌大学的优秀本科毕业生，自然过关；羊和猫头鹰是普通大学的硕士毕业生，也过关了；猫和狗是大专毕业生，HR经理皱了皱眉头，也过关了。结果，第一关被淘汰的只有一位，就是只有初中文化水平的蛇。

第二轮是笔试甄选。这当然难不倒名牌大学本科毕业的鸡和鸭；羊和猫头鹰平时勤勉、刻苦攻读，也顺利通过笔试；狗上学时不太认真，碰到这些题目有些为难，只答对了部分题，但是它在这么短的时间内，已经给主考官鞠了6个躬、点了9次头，所以也过关了；由于猫在校时坚持技能训练，对理论重视不够，只答对了部分题，又不会讨好考官，所以在笔试中被淘汰。

第三轮是面试。总经理、农场场主和HR经理3个主考官坐在那里，应聘者一个接一个地进来。第一个是鸡，它一进来就说："我在学校时是学捕鼠专业的，曾经就如何掌握鼠的习性与行动方式写过一篇论文，并获过奖。"3个主考官一致认为鸡好，鸡被留下了。第二个进来的是鸭，它说："我没有发表过什么论文，但是在大学期间，我读了大量关于鼠的文献。"鸭也被留下了。第三个进来的是羊，它说："我没有发表过什么论文，也没有读过关于鼠的文献，但是我有一颗持之以恒的心和坚硬的蹄子。你们只要帮我找到老鼠洞口，然后我就站在那里，高举着我的前蹄，看到有老鼠出来我就踩下去，10次当中应该会有两三次可以踩死，只要我坚持下去，相信有一天我会消灭老鼠的！"3个主考官被羊的这种精神感动，于是羊也被录取了。第四个进来的是狗，它一进来就点头哈腰地说："瞧3位精神抖擞、气质高雅，都是十分优秀的成功人士……"3个主考官被夸得晕晕忽忽的，狗最终也被录用了。最后一个是猫头鹰，虽然它学习刻苦、成绩优秀，且有多年抓田鼠的经验，但是它不善表达，外形矮小且丑陋，一点都不讨人喜欢，所以就被淘汰了。

资料来源　根据相关资料整理。

问题：经过3轮甄选，整个招聘活动结束了。真正会捕鼠的蛇、猫、猫头鹰都被淘汰了，不会捕鼠的却被录用了，且超计划多录用了一位。为什么会导致这个失败的结果呢？

分析提示：该招聘陷入了只重视应聘者的学历、理论知识、外在形象、表达能力和面试态度等误区，没有把握岗位的性质及其对人才的胜任素质和能力的要求。在招聘之前应该认真思考以下问题：这个岗位的任务和职责是什么？岗位需要什么样的人？他们应该具备什么样的能力和素质？应当通过什么样的渠道搜寻和吸引这样的人才？如何在甄选过程中辨别这些能力和素质？不同的甄选方法的优缺点和适应范围是什么？简历分析、笔试筛选、面试测评等工作需要注意什么？

情境模拟 5-1

情境：

某个企业（确定名称、性质、业务等）选择了3个空缺岗位向某校学生进行招聘。某学校某班级进行了招聘模拟。

操作：

（1）分组。

全班学生分成若干组，每组由3～4人的招聘团、4～5人的应聘团、2～3人的观察团组成进行招聘模拟。

（2）操作要求。

应聘者：结合自身条件和个人定位情况，明确应聘岗位，制作应聘材料，准备相关工作。

招聘者：制作招聘海报，发布有关信息；编写求职申请表、面试提纲、复试通知书等；对于不同的岗位考虑不同的甄选方法；其他准备工作。

观察者：对招聘现场过程进行记录；对每一位应聘者和招聘者进行观察和评价；对应聘者和招聘者在这次活动中的表现提出建议和意见。

（3）小结。

每位人员根据自己在活动中所扮演的角色，谈谈自己的心得体会：学到了什么知识，了解到了哪些资讯，培养了什么技能；从不同角色的角度出发对此次招聘模拟有什么想法，受到了哪些启发。

◆◆◆◆➡ 学思践悟

思政教育主题：人才强国

人才是经济社会发展的第一资源。人才评价具有导向和示范作用，是人才发展的指挥棒。习近平总书记高度重视人才评价工作，强调"要完善人才评价体系，加快建立以创新价值、能力、贡献为导向的人才评价体系，形成并实施有利于科技人才潜心研究和创新的评价体系"。要继续深化人才分类评价机制改革，以职业属性和岗位需求为基础，完善人才分类评价方式和办法，突出品德、能力、业绩评价，建立以创新能力、质量、贡献、绩效为导向的人才评价体系。落实用人单位人才评价主体责任和自主权。

资料来源 邢瑞华.构建更加科学的人才评价体系[N].山西日报，2023-09-26.

用人单位要做好人员甄选工作，一定要采用全面、系统、科学的人才评价方法，请你谈一谈可以运用哪些方法来提升人才甄选的有效性。

▰▰▰➤ 基础训练 ▰▰▰

一、选择题

1.模拟实际的管理情境，如测试者处理商业信函、内部纪要、报告、文件和管理人员常用的信息等，然后按照优先次序和重要程度，处理或进行授权的评价中心法是（ ）。

随堂测 5-1

A.无领导小组讨论　　　　　　　B.角色扮演

C.文件筐测试　　　　　　　　　D.案例分析

2.通过一系列科学的方法和标准化的程序，即借助心理量表，对应聘者的个体能力、能力倾向、兴趣、性格等特点及差异进行测试和描述的一种系统的测评程序被称为（ ）。

A.心理测评　　　B.人格测评　　　C.评价中心法　　　D.能力测试

3.人员甄选的方法主要有（ ）。

A.内部招聘　　　　　　　　　　B.简历甄选

C.笔试法　　　　　　　　　　　D.面试法

E.心理测评

4.分析简历时要注重分析其提供的客观内容，以下属于需要分析的客观内容是（ ）。

A.个人基本信息　　　　　　　　B.教育经历

C.工作经历　　　　　　　　　　D.个人成绩

E.培训经历

5.设计招聘申请表时需要考虑的内容有（ ）。

A.选择符合岗位需要的项目

B.申请表的格式符合逻辑性

C.申请表内容的合法性

D.把关键的淘汰问题和一些重要信息放在显著位置

E.务必留下足够的填写空间

二、简答题

1.人员甄选的含义是什么？方法有哪些？有何意义？

2.试述快速初步筛选简历的技巧。

3.试述申请表格的设计技巧。

4.试述笔试的类型、笔试的组织及笔试的注意事项。

▰▰▰➤ 综合应用 ▰▰▰

□ 案例分析

到底该选谁来担当此重任

尚海是一家 PC 机销售公司的总经理，公司的总部设在北京，销售网点遍及广州、上海、武汉等地，每年的销售业务以 35% 以上的速度递增。就在前几天出了一件让他感觉非常棘手的事，市场部经理卞亚由于个人原因向公司提交了辞呈，虽然公司多次挽留，但是仍没有改变他的决定。现在，公司急需任命一位市场部经理代替卞亚。但是，尚海与其他部门的负责人讨论了几天，也没有达成一致的意见。

尚海认为现任市场部副经理韩少可以接替卞亚的职位，但是，这个想法却遭到其他部门负责人的强烈反对，人事部经理刘杰首先发言："虽然韩少有很强的分析能力，在环境变化时能很快适应，但是我认为他太强势，甚至有点刚愎自用，很少听取别人的意见。如果他当市场部经理，下属可能会怨声载道，而且他只有高中文化程度，下属多数都是大学毕业生，让一个没有高学历的人担任经理，下属会服气吗？"

销售部负责人也指出："韩少干得的确不错，但是过分的热心和乐观令人感到有点不安，这有可能导致他无法进行正常而实际的市场调查和研究工作。"

尚海又想到了市场部另一位副经理肖凌。和韩少不同，肖凌做事不张扬，为人非常随和，善于团结下属，手下人会很好地跟他团结在一起，办起事来也有韧性，在工作上肖凌的表现总是很出色。但是尚海还是犹豫不决，因为肖凌有时心太软，在他手下有几位表现很差的销售员，按理说应该被辞退，但肖凌却不忍心这样做。

这两天，有人又透露给尚海一个消息：某公司市场部经理李雯最近与老板闹翻了，正要辞职。公司何不趁此机会把她挖过来呢？她的能力我们都清楚，绝对没有问题。尚海听后，觉得这也是一个办法，但考虑后，又觉得不太妥当。虽然理李雯是一位难得的人才，但是她能否很快熟悉本公司的业务，理顺各种关系，有效地开展工作呢？外来的和尚不一定就会念经。再说，这样做很可能会挫伤本公司市场部人员的积极性。

面对这些候选人，尚海陷入了沉思，到底该选谁担当此重任呢？

问题：公司在管理人员选拔上存在哪些问题？有何应对良策？

分析提示：案例中的公司存在着人事决策机制的缺陷。首先，公司在人事决定的方法上有问题；其次，公司没有建立选拔干部的制度；再次，中高层次的管理者的选拔缺乏必要的技术手段；最后，尚海的用人标准不清晰、不明确。

□ 实践训练

项目一：设计甄选方案

广州××（连锁）机电设备公司，专门从事空气压缩系统的各类设备的规划、销售、整装、维护工作。公司产品齐全，配备件充足，网络密集，服务快捷。公司成立13年以来，在各界朋友的关爱、支持及全体员工的不懈努力下，业务不断发展壮大，现公司急需招聘机电设备销售业务代表若干名。请你利用本章所学知识设计选聘有关人员的方案。

要求：（1）按要求进行前期的准备工作，如宣传发布信息、设计招聘申请表格等；

（2）设计笔试测评的方案；

（3）设计面试测评的方案。

项目二：撰写人员甄选的调查报告

教师联系实践训练的单位——可以是校内的某个部门，也可以是校外的某个单位，也可由有资源的学生自行联系实践训练的单位。班级学生以3~5人的小组为单位，运用所学的人员甄选理论到联系好的实践训练单位对该单位的人员甄选工作进行实地调查，撰写"关于××单位（部门）人员甄选工作的调查报告"。

要求：（1）写出调研单位（部门）的人员甄选情况；

（2）指出该单位（部门）人员甄选工作的成功之处与不足之处；

（3）提出对该单位（部门）人员甄选工作的建议；

（4）以小组为单位进行课堂陈述或将各组调研报告与全班学生共享。

第6章 面试工作

◆ 知识目标：了解面试的目的、重要性和面试的内容及种类；明确面试的基本过程；熟悉、掌握面试准备与组织工作的方法与技巧；掌握面试问题设计的技巧和面试提问的技巧；掌握面试信息汇总、整理的相关技巧。

◆ 能力目标：能够恰当地运用合适的方法、技巧开展面试工作。

◆ 素养目标：具备良好的沟通能力、组织协调能力和敏锐的洞察力；具备自信、稳定的情绪，拥有驾驭面试过程和控制时间的能力。

▶▶▶▶ 引例 ▶▶▶▶

宝洁（中国）公司的面试

宝洁（中国）公司的面试分两轮，第一轮为初步面试，第二轮为综合性面试。

第一轮面试一般由一位经理对一个求职者用中文进行面试。面试人通常是有一定经验并受过专门面试技能培训的公司部门经理，且一般是应聘者所申报部门的经理，面试时间为30~45分钟。

通过第一轮面试，宝洁（中国）公司将出资请应聘者到广州宝洁中国公司总部参加第二轮面试，也是最后一轮面试。为了表示宝洁（中国）公司对应聘者的诚意，除报销往返机票外，面试全过程在广州最好的酒店或宝洁（中国）总部进行。第二轮面试时间约60分钟，面试考官至少3人，为确保招聘到的人才真正是用人单位（部门）所需要和经过亲自审核的，复试都是由各部门高层经理亲自参加。

宝洁（中国）公司第二轮面试过程主要由4部分构成。一是相互介绍并创造轻松交流气氛，为面试的实质阶段作铺垫。二是交流信息，这是面试的核心部分。一般面试考官会按照既定的问题（8个）提问，要求每一位应聘者能够对他们所提出的问题作出一个实例分析，而实例必须是其过去亲身经历的。这些面试问题由宝洁（中国）公司的高级人力资源专家设计，无论应聘者是如实回答还是编造回答，都能反映应聘者某一方面的能力。宝洁（中国）公司希望得到每个问题回答的细节，高度的细节要求让个别应聘者感到不能适应，没有丰富实践经验的应聘者很难很好地回答这些问题。三是讨论的问题逐步减少或合适的时间一到，面试就引向结尾。这时面试考官会给应聘者一定时间，由应聘者向主考人员提几个自己关心的问题。四是面试评价。面试结束后，面试考官立即整理记录，根据应聘者回答问题的情况及总体印象作出评定。

附：宝洁（中国）公司面试的问题、评价指标、评价标准、录用决策。

•面试问题：①请你举一个具体的例子说明，你是如何设定一个目标并达到目标的。②请举例说明，你在一项团队活动中如何发挥主动性，并且起到领导者的作用，最终获得你所期望的结果。③请你描述一种情形，在这种情形中你必须去寻找相关的信息，发现关键的问题并且自己决定依照一些步骤获得期望的结果。④请你举一个例子说明，你是怎样通过事实履行你对他人的承诺的。⑤请你举一个例子说明，在完成一项重要任务时，你是怎样和他人进行有效合作的。⑥请你举一个例子说明，你的一个有创意的建议曾经对一项计划的成功如何起到重要的作用。⑦请你举一个具体的例子说明，你是怎样评估你所处的环境，并且将注意力集中于最重要的事情上以便获得你所期望的结果。⑧请你举一个具体的例子说明，你是怎样学习一门技术，并且怎样将它用于实际工作中。

•评价指标：决策与计划能力、毅力、团队合作精神与能力、分析与解决问题能力、组织与协调能力、学习能力、创新能力和诚实度。

•评价标准：评分采用"8分三等制"，即1~2分——能力不足，不符合职位要求，缺乏技巧、能力及知识；3~5分——普通至超出一般水准，符合职位要求，技巧、能力及知识水平良好；6~8分——杰出应聘者，超出职位要求，技巧、能力及知识水平出众。

•录用决策：在"面试评估表"的最后一页有一项"是否推荐栏"，有3个结论供面试考官选择：拒绝、待选、接纳。在宝洁公司的招聘体制下，聘用一个人，须取得所有面试考官的一致认可。若是几位面试考官同时面试应聘者，在集体讨论之后，最后的评估多采取一票否决制。只要有一位面试考官选择了"拒绝"，该应聘者将从面试程序中淘汰。

资料来源　根据网络资料整理。

这一案例表明：宝洁（中国）公司非常重视应聘者的面试工作，其面试程序科学、流程规范、要求严格。其实，很多企业都特别重视面试工作，如思科公司对于通过应聘材料审核和电话筛选的应聘者，还要进行5~8轮面试才能最终确定录用者。由此可见，要做好招聘工作必须做好面试工作。

6.1　面试概述

6.1.1　面试的含义

面试是指在特定的时间和地点，由面试考官与应聘者按照面试组织方预先设计好的目的和程序，进行面谈、相互观察、相互沟通的过程。通过面试，用人单位可以了解应聘者的仪表风度、工作经验、业务知识水平、求职动机、沟通能力、情绪状态等，应聘者可以更全面地了解用人单位的相关信息。

面试具有以下特点：

（1）面试以谈话和观察为主要手段；

（2）面试是一个双向沟通的过程；

（3）面试具有明确的目的性；

（4）面试是按照预先设计的程序进行的；

（5）面试考官与应聘者在面试过程中的地位是不平等的，面试考官始终处于主动状态。

6.1.2 面试的目的与重要性

1）面试的目的

面试主要是用人单位为了全面、动态地了解应聘者情况而设计的甄选方法，从用人单位的角度来看，面试的主要目的是：

（1）了解应聘者的专业知识、工作经验、技能水平和其他非智力因素（应聘者能够做什么）；

（2）了解应聘者的求职动机（应聘者愿意做什么）；

（3）让应聘者更加清楚地了解应聘单位的发展情况、应聘岗位信息和相关的人力资源政策等，以此来宣传单位、吸引人才，为录用了解应聘单位、愿意加盟的候选人奠定基础；

（4）决定应聘者是否通过本次面试。

2）面试的重要性

（1）面试可以比较全面地考核应聘者的综合素质。面试的主动权一般掌握在主考官手里，主考官通过精心设计的、多方位的、具有很大弹性和灵活性的面试问题来实现对应聘者知识、能力、工作经验和其他非智力因素的考核，并以此推断应聘者在未来工作岗位上可能的行为表现（如工作业绩、人际关系、团队合作等）。

面试以谈话和观察为主要方式，谈话主要以提问的方式展开。同时，观察也是面试过程中的一个重要手段。主考官根据自己的知识经验，运用自己的感官，特别是视觉、听觉，观察应聘者的言语、非言语行为，并判断应聘者的人格特征、仪表风度、自信心、反应能力、思维敏捷性、情绪、态度、技能水平、经验情况、智力水平及一般能力。因此，面试可以动态、全面地考核应聘者的综合素质。

（2）面试可以加强双方的交流，提高招聘的匹配率。在面试过程中，应聘者并不是完全处于被动状态。主考官可以通过观察和谈话对应聘者进行比较全面的评价，进而判断应聘者是否适合本单位和拟聘岗位；应聘者也可以通过主考官的行为判断主考官的价值标准、态度偏好、对自己面试表现的满意度等。同时，应聘者也可借此机会了解自己所应聘的单位、职位等方面的情况，进而判断是否适应和接受这一工作。由此可见，整个面试过程中，用人单位和应聘者都能够通过谈话和观察了解对方、认识自己，从而促使双方作出判断：自己是否适合对方，对方是否需要自己。这样，更加有利于提升岗位匹配度。

（3）面试可以弥补其他甄选方法的不足。人员甄选的方法很多，但是每种甄选方法都有其适用条件和不足。例如，初步甄选方法中的申请表和简历筛选，只能静态地反映应聘者的个人基本信息、知识、工作经历和技能水平状况，而且这些信息还可能是不真实的。又如笔试的成绩不能反映应聘者的整体素质，而且还存在高分低能现象；而心理测评必须由专业人员实施测试，测试的信度和效度受到诸多因素的影响，其主要反映应聘者的个性与心理状态方面的内容。然而，面试是一个灵活多变、相互沟通、相互观察的过程，它可以动态、全方位地获取应聘者的综合信息。

6.1.3　面试的内容

企业文化不同，拟聘岗位不同，考官价值观与个性不同，则面试的目的也会不同，从而面试的内容也会不同。一般地，企业面试时可以选择以下内容：

1）仪表风度

仪表风度是指应聘者的体型、外貌、气色、衣着举止、精神状态等。如对客户服务人员、营销人员、公关人员、企业经理人员等的仪表风度的要求较高。研究表明，仪表端庄、衣着整洁、举止文明的人，一般做事有规律、注意自我约束、责任心强。

2）专业知识

了解应聘者掌握专业知识的深度和广度，其专业知识更新是否符合所要录用职位的要求，以作为对笔试中专业知识测试的补充。面试对专业知识的考查更具灵活性和深度，所提问题也更接近空缺岗位对专业知识的需求。

3）工作实践经验

通过查阅应聘者的个人简历或求职登记表，拟定相关的提问；查询应聘者的有关背景及过去工作的情况，以补充、证实其所具有的实践经验；通过对工作经历与实践经验的了解，考核应聘者的责任感、主动性、口头表达能力等。

4）口头表达能力

口头表达能力主要是考核面试中应聘者是否能够将自己的思想、观点、意见或建议顺畅地用语言表达出来。考核的具体内容包括表达的逻辑性、准确性、感染力、音质、音色、音量、音调等。

5）综合分析能力

在面试中，应聘者是否能对主考官所提出的问题通过分析抓住本质，并且说理透彻、分析全面、条理清晰。

6）反应能力与应变能力

在面试中，应聘者对主考官所提出的问题理解是否准确，回答是否迅速、准确；对于突发问题的反应是否机智敏捷、回答是否恰当；对于意外状况的处理是否妥当等。

7）人际交往能力

在面试中，通过询问应聘者经常参与哪些社团活动、喜欢与哪种类型的人打交道、在各种社交场合所扮演的角色，可以了解应聘者的人际交往倾向和与人相处的能力。

8）自我控制能力与情绪稳定性

自我控制能力对于与人交往频繁、经常处理突发事件的岗位，如企业管理人员、客户服务人员、人力资源管理人员等来说尤为重要。一方面，在遇到上级批评指责、工作压力或是个人利益受到冲击时，能够克制、容忍、理智地对待，不致因情绪波动而影响工作；另一方面，对待工作要有耐心和韧劲。

9）工作态度

既要了解应聘者在过去学习、工作中的态度，又要了解其对应聘岗位的态度。在过去学习或工作中态度不认真的人，在新的工作岗位上是很难做到勤勤恳恳、认真负责的。

10）上进心

上进心强的人，一般都会在事业上确立奋斗目标，并为之而积极努力。其表现是：努力把现有工作做好，且不安于现状，工作中常有创新。上进心不强的人，一般都安于现状，无所事事，不求有功，但求无过，对什么事都不热心。

11）求职动机

动机不同，在工作中的表现和业绩也会不同，所以面试中一定要了解应聘者为何希望来本企业工作、对哪类工作最感兴趣、在工作中追求什么，进而判断本企业所能提供的职位或工作条件等能否满足其工作要求和期望，并由此判断应聘者是否适合本企业。

12）应聘者的劳动精神与工匠精神

员工的理念、态度比知识、技能、经验重要。我们招聘员工，是希望其将知识、技能和经验热情地投入到具体的工作中去。因此，我们招聘时一定要认真考虑应聘者的劳动精神和工匠精神。劳动精神可从"勤俭节约、艰苦奋斗、勇于创新、甘于奉献"等方面的过往经历和典型事例中去考察，工匠精神可从是否"干一行、爱一行、钻一行、专一行"的精益求精的品质和经历中去考察。

13）业余兴趣与爱好

了解应聘者休闲时喜欢从事哪些运动、喜欢阅读哪些书籍、喜欢什么样的电视节目、有什么样的嗜好等，这样既有利于对应聘者的个性作进一步的判断，又有利于对录用的员工进行合理的岗位配置。

6.1.4 面试的种类

面试的分类方法很多，可以根据不同标准或从不同角度进行分类，现将常见的一些面试类型陈述如下：

1）单独面试与集体面试

根据面试对象的多少，可将面试分为单独面试和集体面试。

（1）单独面试是指考官与应聘者单独面谈。这是最普遍、最基本的一种面试方式。单独面试的优点是能提供一个面对面的机会，让面试双方较深入地交流。单独面试又有两种类型：一种是由一个主考官负责整个面试过程，这种面试大多在规模较小的单位录用较低职位人员时采用；另一种是由多位考官分工负责面试的整个过程，但是，每次只有一位考官与应聘者交谈。第二种类型又包含两种情形：一是由多位考官在同一场地、同一段时间内依次向应聘者提问；二是将面试考官按照由低到高的层次排列，依次对同一位应聘者进行面试。

（2）集体面试又称小组面试，是指多位应聘者同时面对多位面试考官的情况。各位面试考官同时围绕面试的重点内容，依据拟定的基本面试问题及应聘者的回答情况，对应聘者进行提问或续问。在面试中，并非每一位考官都要提问，但是每一位考官都要依据面试情况进行打分。这种面试一般会对每一位应聘者提出相同或类似的问题，也可以提一些不相关的问题。这种方法主要用于考核应聘者的人际沟通能力、思考与创新能力、适度与他人竞争的能力、口头表达能力等。

2）结构化面试、非结构化面试、半结构化面试

根据面试的结构化（标准化）程度，可将面试分为结构化面试、非结构化面试和半结构化面试三种。

（1）结构化面试是指面试的题目、评分方法、评分标准、实施程序和考官构成等方面都有统一、明确规定的面试。结构化面试对所有应聘者提出的问题大致相当，所以能够对不同应聘者的回答进行比较，因而这种面试具有一定的客观性、公正性。

结构化面试具有三个方面的含义：一是面试程序的结构化。在面试的起始阶段、核心阶段、结束阶段，考官需要做些什么、注意些什么、要达到什么目的，这些都会在面试前进行策划。二是面试试题的结构化。在面试过程中，考官要考核应聘者哪些方面的素质，围绕这些考核角度提哪些问题、在什么时候提出、以什么方式提出，这些都会在面试前进行准备。三是面试结果评判的结构化。从哪些角度评判应聘者的面试表现、等级如何区分，甚至如何打分等，这些也都会在面试前作出相应规定，并会在多位考官间统一标准。

（2）非结构化面试是对与面试有关的因素不作任何限定的面试。在面试时，由考官根据具体情况随时提问，鼓励应聘者多谈多说，再根据应聘者对问题的反应进一步提问，以观察应聘者是否具备某一职务的任职条件。考官在这种面试中提出的问题不会显得前后没有关系或唐突，考官和应聘者在面试中都会比较自然。但是，由于对每一位应聘者提出的问题不同，评价的标准也会不同，因而面谈的效度与信度都会受到影响。非结构化面试一般耗时较长，有时还会把最关键的问题遗漏掉。

非结构化面试类似于人们日常的非正式交谈。除非面试考官的个人素质极高，否则很难保证非结构化面试的效果。目前，非结构化的面试越来越少。

（3）半结构化面试是将结构化面试与非结构化面试结合起来运用的面试，它往往只对面试的部分因素有统一要求，如规定统一的程序和评价标准，但面试题目可以根据面试对象不同而随意变化。半结构化面试对全面了解应聘者的情况有一定的实际意义。

3）压力性面试与非压力性面试

根据面试目的的不同，可将面试分为压力性面试和非压力性面试。

（1）压力性面试是指将应聘者置于一种人为的紧张气氛中，让应聘者接受诸如挑衅性的、非议性的、刁难性的刺激，以考核其应变能力、压力承受能力、情绪稳定性等。典型的压力性面试是以考官穷追不舍的方式连续就某事向应聘者发问，且问题刁钻棘手，甚至逼得应聘者穷于应对，考官以此种"压力发问"的方式逼迫应聘者，以反映其对待难题的机智灵活性、应变能力、思考判断能力、气质性格和修养等方面的素质。

（2）非压力性面试是指在没有压力的情境下考核应聘者有关方面的素质，主要是询问应聘者工作经历方面的情况。

4）一次性面试与分阶段面试

根据面试的进程，可将面试分为一次性面试和分阶段面试。

（1）一次性面试，是指用人单位对应聘者的面试集中一次进行。在一次性面试中，面试考官的阵容一般都比较"强大"，通常由用人单位人事部门负责人、业务部门负责人及人事测评专家组成。通常情况下，应聘者是否能面试过关，甚至是否被最终录用取

决于这一次面试的表现。

（2）分阶段面试又可分为依序面试和逐步面试两种类型。

依序面试一般分为初试、复试与综合评定三步。初试的目的在于从众多应聘者中筛选出较适合的人选。初试一般由用人单位的人事部门主持，主要考核应聘者的仪表风度、工作态度、进取精神等，将明显不合格者予以淘汰。初试合格者则进入复试，复试一般由用人部门主管主持，以考核应聘者的专业知识和业务技能为主，衡量应聘者是否适合拟任工作岗位。复试结束后再由人事部门和用人部门综合评定每位应聘者的成绩，确定最终合格人选。

逐步面试一般是由用人岗位的直接主管、间接主管以及一般工作人员组成面试小组，按照小组成员的层次，由低到高，依次对应聘者进行面试。面试的内容依层次各有侧重，低层一般以考核专业及业务知识为主，中层以考核能力为主，高层则实施全面考核及最终把关。逐步面试实行逐层淘汰，越来越严。

5）常规面试、情境面试与综合性面试

根据面试内容设计的重点不同，可将面试分为常规面试、情境面试和综合性面试。

（1）常规面试是指考官与应聘者面对面以问答形式为主的面试。在这种面试条件下，考官处于积极主动的位置，应聘者一般处于被动应答的位置。考官提出问题，应聘者根据考官的提问作出回答，展示自己的知识、能力和经验。考官根据应聘者对问题的回答以及应聘者的仪表仪态、身体语言、在面试过程中的情绪反应等对应聘者的综合素质作出评价。

（2）情境面试突破了常规面试中考官和应聘者一问一答的模式，引入了无领导小组讨论、文件筐测试、角色扮演、演讲、答辩、案例分析、管理游戏等人员甄选中的情境模拟方法。情境面试是面试形式发展的新趋势，在这种面试形式下，面试的具体方法灵活多样，面试的模拟性、逼真性强，应聘者的才华能够得到更充分、更全面的展现，考官对应聘者的素质也能作出更全面、更深入、更准确的评价。

（3）综合性面试是常规面试与情境面试的综合运用，它兼有这两种面试的特点，而且是结构化的，内容主要集中在与工作职位相关的知识、技能和其他素质上。

6）初步面试和诊断面试

从面试所达到的效果来看，可将面试分为初步面试和诊断面试。

（1）初步面试。这种面试用来增进用人单位与应聘者的相互了解，在这个过程中应聘者对其书面材料进行补充（如对技能、经历等进行说明）；用人单位进一步了解其求职动机，并向应聘者介绍单位情况，解释岗位招募的原因及要求。初步面试类似于面谈，比较简单、随意。

（2）诊断面试。这种面试是对初步面试筛选合格的应聘者进行实际能力与潜力的面试，它的目的是招聘单位与应聘者双方补充深层次的信息，如应聘者的表达能力、交际能力、应变能力、思维能力、个人工作兴趣与期望等，以及组织的发展前景、个人的发展机遇和培训机会等。这种面试由用人部门负责，人力资源部门参与，它更像正规的考试。对于高级管理人员的招聘，组织的高层领导也将参与其中。这种面试对组织的录用决策及应聘者是否加入组织的决策至关重要。

6.2 面试的基本过程

从表现形式看，面试好像是一件十分简单的事情：面试考官和应聘者坐在一起，面试考官提问，应聘者回答。在现实中，很多用人单位的面试人员，在面试前没有做什么准备，面试过程中临场发挥、随意提问，面试后又没有留下任何记录和评语，凭着主观感觉和总体印象作出录用与否的决定。而实际上，面试是一种操作难度大、技术要求高的选拔形式。要想让面试成为高效的甄选方法，是一件不容易的事，这需要面试人员掌握面试的程序、熟知面试的操作技巧。

拓展阅读6-1
曾国藩一眼识人的故事

一般情况下，面试由五个阶段组成：准备阶段、开始阶段、实施阶段、结束阶段、评估阶段。

6.2.1 面试前的准备阶段

1）面试前准备的重要性

应聘者到单位接受面试，这既是用人单位综合考核应聘者的时候，也是应聘者考察用人单位的时候。用人单位在面试中的准备工作做得如何，会直接影响到单位的形象，单位一般都希望给应聘者留下良好的第一印象。但是，作为职场人士，大家可能会在面试中碰到以下情形：

（1）当你应约到一家企业去面试时，门卫将你挡在门外，几次打电话到企业人事部门都没有人接电话，也没有人出来接你进去。

（2）你应约进入一家企业面试，负责面试的人让你在前台区域等候了半个多小时，这段时间内没有人给你倒水，也没有人给你送可阅读的资料。

（3）在面试开始时，面试者对你说："对不起，王总现在忙于一些重要的事情，因此，他让我来与你谈谈。"面谈的过程中，你发现这个面试者对你所应聘的职位知之甚少，而且他事先也没有看过你的简历，只是一边与你说话一边看你的简历。

这几种情形，当然是大家所不愿意看到的，但是在现实中这种现象却是存在的。

上述情形，会给大家留下不好的印象，不利于公司树立良好的社会形象。很显然，造成这些情况的原因，都是面试者没有充分地做好面试前的准备工作。

做好面试前的准备工作对于确保面试成功和树立单位良好形象十分重要。

首先，做好面试前的准备，能够帮助面试者更好地对应聘者作出判断。

我们知道，要想对应聘者面试表现作出充分、准确的判断，必须熟悉应聘者简历中的信息，以便切中要害地了解一些关键性的问题；另外，面试者也需要熟知有关的职位要求信息，以便准确判断应聘者与职位要求的匹配性。要了解这些信息，就必须在面试前对简历和工作说明书等资料进行认真阅读和分析，并发现有待在面试过程中进一步了解的问题。

其次，做好面试前的准备，能够使应聘者对公司形成良好的印象。

应聘者心目中的公司形象并不是取决于公司的招聘广告，而是来自其所实际接触的公司形象。面试的经历往往是应聘者与公司的初次接触，如果其看到公司中员工良好的专业素质、高效率的办事风格、同事之间和谐的氛围，那么这将胜过任何代价高昂的广告的说服力与吸引力；反之，如果应聘者在公司受到了冷淡的接待，看到了缺乏专业素质的面试者，从面试安排的混乱与不周中看出了管理上的疏漏，感到自己并没有受到充分重视，那么即便这里有适合应聘者的职位、有丰厚的薪酬，恐怕应聘者想要来这里工作的愿望也会大打折扣。因此在面试之前没有做好准备，可能会失去一些优秀的潜在人才，为了在应聘者的心目中产生对公司的良好印象，必须重视面试前的准备工作。

2）面试前准备的主要内容

面试前准备阶段的主要工作内容包括确定面试的目的、科学地设计面试问题、选择合适的面试类型、确定面试的时间和地点等。面试考官要事先确定面试的事项和范围，写下提纲，并且在面试前要详细了解应聘者的资料，发现应聘者的个性、社会背景及对工作的态度、有无发展潜力等。关于面试前准备工作的主要内容将在"6.3面试的准备与组织工作"中重点阐述。

6.2.2 面试的开始阶段

面试的开始阶段主要是让应聘者放松心情，慢慢进入面试状态。这个阶段要做好两个方面的工作：

1）创造友好氛围，让应聘者放松心情

应聘者带着"求"职的心态进入企业，其心情肯定是比较紧张的，尤其是那些刚走向社会的大学毕业生，所以面试考官要为应聘者创造轻松、友好的氛围。这种轻松、友好的氛围有助于应聘者在较短的时间内放松心情，进入面试状态，有利于后续更加开放地沟通。刚开始面试时，可以聊一些与工作无关的事情，如天气、交通等。例如，你是坐汽车来的还是坐火车来的？这个地方比较容易找吗？这里的天气很热，受得了吧？你是从公司直接过来的吧？

2）问基本问题，导入面试

面试考官在与应聘者简单寒暄之后，应从应聘者可以预料到的、比较熟悉的问题开始发问，以缓解应聘者依然有点紧张的情绪。例如，让应聘者介绍自己过去的学习经历和工作经历，这些问题一般都比较宽泛，应聘者有较大的回答自由度。另外，这也为后面的提问进行铺垫。在这一阶段，最适用的提问方式是开放式的，能够让应聘者展开阐述。只有这样才能创造和谐的面谈气氛，有利于观察应聘者的表现，以求全面客观地了解应聘者。

以下是导入面试时常用的一些提问：

（1）你从事市场营销工作已经有3年了，大家都说市场营销工作是很辛苦的，你的感觉怎样？

（2）你现在正在××公司从事培训经理的工作，请问你主要负责哪些方面的工作？

（3）大家都说行政工作千头万绪，你已经担任了3年的行政部长，从事了6年的行政管理工作，请介绍一下你在行政管理方面的主要工作经验。

通过上述方式的提问，可以带来以下三点好处：

（1）通过让应聘者回答他们比较熟悉的问题消除紧张情绪；

（2）这种开放式的问题可以鼓励应聘者作出较长、较自由的回答，使得考官有机会了解应聘者的表达能力；

（3）这种比较宽泛的问题为面试考官提供了构建新问题的空间。

6.2.3　面试的实施阶段

面试的实施阶段是正式面试阶段，指通过谈话与观察对应聘者能否胜任拟聘岗位的综合素质进行探询与判断，是整个面试中最为重要的阶段。

在这个阶段，面试考官要着重收集关于应聘者是否能胜任应聘岗位的信息，主要是关于应聘者过去的工作能力、工作业绩和工作经验。因为通过有效地了解应聘者的过去，可以较好地预测其未来的表现。

为了了解应聘者过去的真实信息，考官需要采用灵活的、多样化的提问形式，一般可以就应聘者回答中的某个细节进一步发问，不断"追问"下去，这样可以判断应聘者所描述的经历、事实是否是真实的。当然，在这个沟通的过程中，考官一定要认真地观察应聘者的非语言行为，尤其是应聘者回答问题时的眼神。通过察言观色，密切注意应聘者的行为与反应，可以判断应聘者是否在说谎。比如，应聘者对细节的"追问"思考时间过长，或身体处于一种紧张的状态，或眼睛眨得过快，或眼神飘忽不定等，说明其在紧张思考、编撰故事，这时更需要加紧追问。

面试的实施阶段，对所问的问题、问题间的变换、问话时机以及对方的答复都要多加注意。所提问题可根据简历或应聘申请表中发现的疑点，先易后难逐一提出，尽量创造和谐自然的环境，不要搞成"审判"的气氛。

面试的实施阶段，是考官最紧张、最需要面试艺术的阶段。考官既要按照预先设计的问题提问，又要根据应聘者的回答不断地构建新的提问，还要认真观察应聘者的语气语调、面部表情和身体动作，同时还要在面试评价表上作出相应的记录。"好记忆抵不上烂笔头"，面试的实施阶段问的问题较多，观察点也较多，因而是很难将面试要点全部记忆下来的，所以考官要适当地做些笔记。做笔记前（在开始阶段）或做笔记时，最好能向应聘者解释原因：我们在面试中要做记录，为的是不遗忘你告诉我们的任何信息。所以，当我们低下头写些东西时，不要以为这是不感兴趣，我们只想确保记住你的谈话内容，以利于作出客观公正的评价。

◆◆◆◆➡ 案例分析6-1

这样的面试好吗

北京S公司招聘部门通知A于第二天9：30—10：30到公司参加应聘部门经理岗位的面试，并要求A携带身份证、学历证明原件和个人简历。

面试当天，A于9：25赶到公司，在前台处被要求在"S公司面试人员登记表"（含当天所有面试人员姓名）上签上姓名和到达时间，A粗略一看，估计面试人数约20人。工作人员引导A到公司会议室等待，会议室另有6人在等待，桌子上放着企业内刊，电视里播放着关于企业的相关新闻录像。A等待的时间约35分钟，其间不时有工作人员叫应聘者面试。

A在进入面试考官的办公室前，工作人员告诉A此次面试考官是公司副总。在公司副总接完电话后，A进入副总办公室，向桌子后边的副总问好后，就在她对面的椅子上坐下，面试开始了。副总认真打量了 A 一番之后，提出了以下问题：A 之前所在公司有多少人？有没有薪资体系？是北京人吗？为什么要来本公司应聘？家住在哪里？爱人在哪里工作？工资要求多少？然后，副总说：今天是初试，合适再通知。时间不到 5 分钟，面试结束。

A 所带的身份证、学历证明原件自始至终没人查看。在等待期间，一位男士忘带简历，工作人员拿来白纸和笔要求现场写简历，男士转身离去。

问题：请分析北京 S 公司在面试安排、面试程序上存在什么问题？应该怎么改正？

分析提示：（1）面试资料要求盲目。公司要求求职者提供的身份证、学历证明原件无人查看，就没必要提供。公司已经收到求职者个人简历，可以不再要求求职者提供个人简历。

（2）面试场所选择错误。面试场所选择在狭小的个人办公室是个错误，除了不时受到电话干扰外，面试考官居高临下，求职者如同下属，会给求职者以强烈的不平等感。正确的做法是选择在不受干扰的、封闭安静的会议室或会客室进行面试，如果能够考虑到座位摆放的不同对沟通效果的影响，那就更加专业了。

（3）面试考官很不专业。部门经理是单位的中层，对其的选拔一定要十分重视。北京 S 公司副总面试 A 的时间不到 5 分钟，时间太短，只是认真打量了其一番，这有相面的嫌疑。另外，面试考官没有提出任何实质性的问题。

6.2.4　面试的结束阶段

在对应聘者岗位胜任能力、动机等因素进行探询之后，面试工作就已经进入尾声，即面试结束阶段。在这个阶段，考官还需要做好以下两个方面的工作：

1）检查确认

对应聘者提问完预先设计的一些关于岗位胜任能力的问题之后，考官要进一步检查自己是否遗漏了某些有关应聘者必须具备的素质与能力方面的问题。同时，也要检查自己是否已经明确了应聘者所表述的内容，是否需要再一次进行确认式的提问。

2）给予应聘者机会

在面试结束阶段，在面试考官确定问完了所有预先准备的问题之后，应该给应聘者一个机会，询问应聘者是否有问题要问，是否有要加以补充或修正之处。这个阶段，回答应聘者对企业提出的问题，如人事晋升政策、薪资福利政策、企业发展战略等，一方面可让应聘者了解企业，让双向选择落到实处，让能岗匹配建立在"你情我愿"的基础上，进而降低入职 3 个月或半年内的离职率，提高工作满意度；另一方面，可以通过应聘者的提问，进一步了解其求职的动机和关注点。

在面试结束阶段，不管录用还是不录用，均应在友好的气氛中结束面试。在这个阶段，不要当场向应聘者表态、下结论，以免带来麻烦。主考官可以告诉应聘者，企业将在 2～3 个工作日内把测评的情况进行综合，然后告知每位应聘者录用情况，并感谢大家的参与。

在面试结束后，有的单位还安排了"欢送宴"，一是感谢各位应聘者的意向性加盟，并提升单位形象；二是进一步观察了解各位应聘者的礼仪、人际交往能力和其他非智力因素。这项工作是否需要，取决于单位的价值观和面试目标，也取决于应聘岗位的层次。

6.2.5　面试的评估阶段

面试结束后，应根据面试记录表对应聘人员进行评估。评估可采用评语式评估，也可采用评分式评估。评语式评估的特点是可对应聘者的不同侧面进行深入的评价，以反映每个应聘者的特征，但其缺点是不能在应聘者之间进行横向比较；评分式评估则是对每个应聘者相同的方面进行比较，其特点正好与评语式评估相反。一般情况下，应将评分式评估与评语式评估结合起来，这样能够对应聘者进行综合比较，利于作出正确的录用决策。

关于面试评估阶段的具体内容，将在本章第五节具体阐述。

6.3　面试的准备与组织工作

6.3.1　面试的人员准备

面试工作过程中的相关人员包括面试考官、应聘者、面试组织者及其他工作人员。

1）面试考官的构成

企业的招聘一般是针对某个部门某个岗位，因而，面试需要根据岗位的实际需求对应聘者的知识、能力、经验、气质以及体质精力等各方面情况进行全面考核。招聘的对象范围比较广泛，应聘者来自四面八方，情况比较复杂，因而对面试考官的要求各不相同。例如，大学毕业生可能更容易与比较年轻的面试考官接近，而有工作经验的人员和专业技术人员则可能愿意与富有经验的业务经理交谈。所以，企业应根据应聘者的特点来确定面试考官。一般来说，面试考官可以由下列人员组成：

（1）企业相关的高层管理人员。企业的高层管理人员全面掌握本企业的情况，包括企业现状、发展规划、企业内部机构组成、人员基本状况、企业业务情况等，他们能从宏观上把握，从企业全局综合考虑如何做到"人适其岗，才尽其用"，尤其是在招聘高层次岗位和关键岗位的应聘者时，企业高层管理人员更应当亲自出马。根据分片管理和专业管理原则，企业各领域（采购、生产、营销、财务、人事、行政后勤等）的高层管理者负责本领域的人员面试，某些高层次管理岗位或关键岗位，需要多领域高层管理者参与面试。

（2）人力资源管理人员。人力资源管理部门掌握着企业内全部人员状况，包括人员总数、人员年龄结构、学历结构、专业结构以及企业的组织状况、机构分工、各岗位的基本职责和任职资格等，肩负着为企业选拔人才、合理使用人才的重任。同时，人力资源管理部门应全面了解国家和地方的用工政策。

（3）用人部门的主管。用人部门的主管对本部门的业务比较精通，具有较高的业务水平，同时又具有丰富的业务经验，对有关岗位的职责及任职资格了如指掌。与人力资源部门的面试相比，业务部门的面试更多地着重于专业方面的考核。企业招聘是由各业务部门根据本部门的现状及未来发展需要提出人才需求，由这些部门的主管直接参与面试，有利于他们按需取才，也为今后更好地使用人才做好准备。

（4）富有面试工作经验的专家。这些专家既有丰富的理论知识，又积累了多年从事面试工作的经验，具有良好的面试技巧，能较好地控制面试气氛，引导应聘者发挥应有水平，能从应聘者的回答中捕捉到较多的信息，有利于全面地考核应聘者的知识面、专业能力及发展潜力，提高面试质量，为企业招募到合适的人员。

（5）拟聘岗位的资深任职者。一方面，资深任职者对所聘工作岗位的职责、业务流程和任职资格十分熟悉；另一方面，资深任职者将与引进的人员合作共事，所以他（们）对未来同事的评价十分重要。

面试的时间通常比较短，要想由一个考官在较短的时间内对应聘者作出比较客观的判断，那是很困难的，所以一般需要由多个考官同时评价应聘者。多个考官同时参与面试可以多角度地了解应聘者，可以互相讨论印证，互为补充，从而避免由于个人的主观评价导致的不公正。

2）面试考官的资格要求

面试是一项复杂、艰巨、重要的任务，其能否成功及质量高低，关键的一个因素在于面试考官的素质如何，这最终关系到能否为企业选拔到高质量的人员。因此，所挑选的面试考官应该具备以下七项资格条件：

（1）具备良好的个人品格和修养，为人正直，处事客观公正。因为在面试过程中，面试考官代表着企业，是企业文化的象征，应使每位应聘者在与他们的接触中感受到彼此的价值。面试考官必须遵守客观公正的评分原则，严格依据应聘者的知识、能力、表现进行评分和评价，不偏袒或歧视任何应聘者，不因本人的好恶或本人情绪的变化而影响对应聘者的客观评价。

（2）精通某一方面的专业知识或技能。面试考官或者是进行面试的专家，熟练掌握面试技巧，或者擅长本部门的业务，或者精通人力资源管理工作，或者对本企业的整体运作情况了解透彻。一个面试小组中人员的知识经验组合不应该存在缺口。

（3）思维灵活敏捷、知识面广。在面试时，面试考官并不是简单地按照事先拟定的面试内容与应聘者一问一答，而是要积极思考，注意观察，抓住信息，要善于从应聘者的回答中引申开来，不断发现问题、提出问题。面试考官只有知识面广、视野开阔，才能掌握主动权，从而判断应聘者适应岗位工作的程度。

（4）能够熟练运用各种面试技巧，应对各类应聘者。面试的技巧包括面试环境设计的技巧、面试提问的技巧、控制面试气氛的技巧等，有效运用这些面试技巧，有利于应聘者水平的正常发挥，使面试考官全面、综合、深入地了解应聘者，从而提高面试的质量。

（5）性格开朗，谈吐幽默。性格开朗、谈话具有幽默感的人，有工作热情，能创造一种轻松、愉快、幽默的面试气氛，能使应聘者放松紧张情绪，减轻心理负担，拉近面试考官与应聘者之间的距离，使应聘者愿意说出心里话。

（6）熟悉拟聘岗位的工作性质、职责及任职资格。面试考官必须了解提出招聘需求的业务部门的业务与人员结构现状，以及需要招聘什么岗位，对人员的专业、年龄、学历、能力、身体素质、精力、工作经验等方面有何要求。只有这样，才能根据岗位需要，有针对性地提出问题，决定招聘目标岗位的合适人选。

（7）工作有责任心。面试考官必须有敬业精神，兢兢业业，认真负责，为企业负责。如果面试考官工作散漫、漫不经心，就可能导致面试的失败，最终对企业发展不利。

3）面试考官的培训

面试考官的素质和能力水平高低直接决定着面试的成败，在选拔好面试考官之后，还有必要对其进行相关的培训。对面试考官的培训，主要是关于面试纪律要求和面试知识等方面的培训。

（1）面试纪律要求培训：主要是要求面试考官端正态度、认真负责、为人公正，严格遵守面试流程，服从面试组织者和主考官的安排，一切以企业利益为重。

（2）面试知识类培训：主要包括面试的类型、面试的基本过程、面试问题的类型与设计、面试提问的方法、面试的评分与评语等方面的培训。

（3）面试技巧与方法培训：主要包括面试中提问的技巧、听与观察的技巧、把握现场的技巧、心理分析的技巧、针对不同类型应聘者的面试技巧与注意事项、面试考官之间不同意见的处理技巧等方面的培训。

（4）岗位情况培训：主要包括拟聘岗位的工作职责、工作环境、工作关系、工作权利和任职资格要求等方面的培训。

4）应聘者的通知

通知应聘者一般应做好以下三项工作：

（1）企业应该提前一段时间通知应聘者，以确保应聘者能够抽出时间、做些准备参加面试。具体提前多长时间通知应聘者取决于企业事务、拟聘岗位特性、应聘者层次和空间距离等因素。

（2）企业一般至少按1：3的比例通知应聘者参加面试，以增加选择余地，确保录用质量。一般越是高层次和重要的岗位，越需要多通知些应聘者参与面试。

（3）企业应该详细告知应聘者参与面试的相关事项，如哪一天面试、面试时间多长、面试地点在哪儿、行走路线建议、要带哪些相关资料等。

5）面试组织者及其他工作人员的安排

（1）面试组织者。面试组织者一般是企业人力资源部的招聘专员，他们熟悉面试工作的全部流程和其他相关工作。面试组织者也可以是用人部门委派的本部门成员，他们主要负责应聘者的联系与接待、面试时间和地点的具体安排、面试相关材料的准备、面试中的记录和登记分数、后勤及其他工作安排等。

（2）接待人员。接待人员主要有门卫、前台工作人员、面试室管理人员。这些人员按照面试组织者的要求，及时做好相关工作。比如，门卫根据面试组织者的提前通知进行验证放人；前台工作人员引导应聘者到某个地方休息、等候，提供其阅览的材料和饮用水等；面试管理人员提前将面试地点的桌椅、茶水等准备好，将温度、光线调试好。

（3）其他人员。如应聘者需要住宿、吃饭或报销交通费等，还要提前与后勤、财务人员打好招呼。

6.3.2 面试的物质准备

1）应聘者材料的准备

正式面试之前，面试考官应阅览全部应聘者的相关资料，这样面试考官才能在了解拟聘岗位要求和应聘者基本情况的基础上，设计好面试的过程和面试的问题。所以，在面试之前，面试组织者应该准备好以下材料：

（1）应聘者登记表或简历。面试考官在拿到这些材料后，要重点分析应聘者所提供的客观内容，如个人的基本信息、受教育水平、工作经历和个人业绩；要关注简历的逻辑结构、外观、行文和登记表的填写态度；要注意应聘材料中的空白内容或省略内容；要设法寻找出应聘者过去最突出的成就和最突出的问题；要认真考虑应聘者过去的教育背景和工作经历与拟聘工作岗位的相关性；要注意应聘者工作经历中时间上的间断或重叠；要考虑应聘者对薪酬福利和个人发展方面的要求。

（2）应聘者前几轮测试的成绩。一般情况下，企业在对应聘者进行综合面试前会对其实施其他测试。在这种情况下，还需要准备相关资料，如笔试成绩、心理测试结果、竞聘演说的演讲稿、群众评议材料等。

（3）应聘者的其他证明材料。例如，毕业证、资格证复印件，获奖证书或作品复印件，专利证书复印件，个人陈述材料或他人推荐信等。

2）面试材料的准备

（1）面试指南的准备。面试考官在面试中容易目标不明、偏离主题、效率不高，他们往往会随意提问，问题之间没有逻辑性；他们也容易评分不规范、标准不统一。所以，为了促使面试顺利进行，需要拟定一份面试指南——确保面试顺利进行的指导方针。面试指南一般包括以下内容：

一是面试应该遵循的指导方针。这主要是对面试考官原则性的要求。例如，公平、公正地对待每一位应聘者，不能有任何歧视或带有私人感情；友善、热情地对待每一位应聘者，对每一位应聘者提出的问题给予详尽的回答。

二是面试提问的方式及面试需要涵盖的内容。面试考官可以采用两种提问方式：第一种提问方式是针对应聘者的回答随机提问，不事先准备；第二种提问方式是由熟悉业务的考官出题，讨论后列入"面试问题提纲"。对于第二种提问方式，需要规定面试包括哪些内容，一般情况下应该重点对应聘者的教育背景、工作经历与经验、技能水平、求职动机、个性特征和价值取向等方面进行提问。

三是面试提问分工和顺序。这是指要规定面试人员的提问内容和顺序。例如，面试开始后，主考官负责对面试进行组织，并针对综合能力的考核进行提问，专业知识和技能方面的问题由熟悉业务的面试考官发问，其他考官听和观察。

四是面试评分办法。给所有考官提供有关问题的参考答案和评分标准，以保证面试评分的公正性。在面试过程中，面试小组成员分别打分，评价结束后进行汇总，求出加权平均分，以加权平均分作为面试成绩，并对应聘者面试成绩进行名次排列。

（2）面试问话提纲的准备。准备面试问话提纲，可以帮助考官获得应聘者是否具备合格的岗位才能方面的信息。①确定岗位才能的构成和比重。首先，分析该空缺岗位所需要的才能有哪些；其次，分析专业技能与综合能力各占多少比重；再次，分析综合能力包括哪些内容，各自占多少比重等；最后，用图表的方式将面试才能项目及相应的权重列出。以中层管理人员为例，其面试评价项目与指标权重系数见表6-1。②提出面试问题。根据才能分析和评价指标权重，准备问题形式和数量，可以将所提问题列表，见表6-2。

表6-1   中层管理人员面试评价项目与指标权重系数

评价项目及权重		评价指标及权重			
评价项目	权重系数	评价指标	重要性	权数	权重系数（%）
专业知识 与技能	0.4	—	—	—	—
		—	—	—	—
		合计	—	—	—
综合能力	0.6	分析能力	△	1	1/8×60%
		人际协调能力	△△△	3	3/8×60%
		计划能力	△△	2	1/4×60%
		组织能力	△△	2	1/4×60%
		合计		8	60%

表6-2   面试问题提纲

评价指标	准备的问题	备注
专业知识 与技能	略	根据应聘者的应聘 材料设计问题
分析能力	1.当前各大城市的物价都在上涨，请分析原因 2.请分析人才高消费的弊端	针对每个应聘者只 提一个问题
人际协调 能力	1.你正在为晚上出差做准备，不受打扰的话下班之前勉强可以完成。这时一位同事过来请求你给予帮助，你会怎么做 2.如果你发现你的一位同事总背着你在上司面前说你的坏话，你会怎么办 3.（略）	略
计划能力	1.请举一个计划不周导致工作不顺利的事例，并进行经验总结 2.（略）	略
组织能力	1.请介绍一个通过你的出色组织使工作或活动顺利完成的事例 2.（略）	略

（3）面试评价量表的准备。对于已经设计好的问题，考官要根据应聘者所作的回答进行客观公正的评价，还需要有一份指导考官进行评价的量表。

首先，确定面试问题的评估标准。在准备面试问题的基础上，还必须确定相应的评价标准，尽可能给出统一的答案或者参考答案，以客观评价应聘者。例如，在表6-2中，人际协调能力中第2个问题的评价标准如下：

参考答案：不与这个同事计较，利用各种机会多与上级沟通，使上级对自己有一个正确的认识和评价。

回答与参考答案相同或相似，评定为优秀；听之任之或与同事发生冲突，评定为差；其他回答，视情况评定为良或一般。

其次，确定面试评价表。面试评价表是考官对应聘者表现的评价记录，见表6-3。需要强调的是，最好给出评价的标准，以免不同考官对同一应聘者的评分出现较大的差异。

表6-3   面试评价表

编号		姓名		性别		年龄			应聘岗位	
要素		评价标准				优秀	良好	一般	差	得分
专业知识与技能		专业知识的深度和系统性 能否运用知识解决实际问题 基本实务与技能的掌握				40	30	20	10	
分析能力		分析问题是否周密、具有逻辑性 能否把握复杂事物的本质和内在联系				7	5	3	1	
人际协调能力		略								
计划能力		略								
组织能力		略								
综合评价										
								考官签字：		

3）面试场地的准备

面试的环境应舒适、适宜，有利于营造轻松的气氛。握手、微笑、简单的寒暄、幽默的开场白、舒适的座位、适宜的光线和温度，以及没有令人心烦意乱的噪声，这些都有利于营造舒适、宽松的环境。

面试的环境必须是安静的。许多面试者喜欢选择自己的办公室作为面试的场所，但难免会有电话、工作方面的干扰等。因此，一些小型的会议室也是不错的面试场所。

在面试的环境方面，尤其值得注意的是，面试考官与应聘者的相对位置应如何安排。一般情况下，有以下四种常见的位置排列（如图6-1所示）。

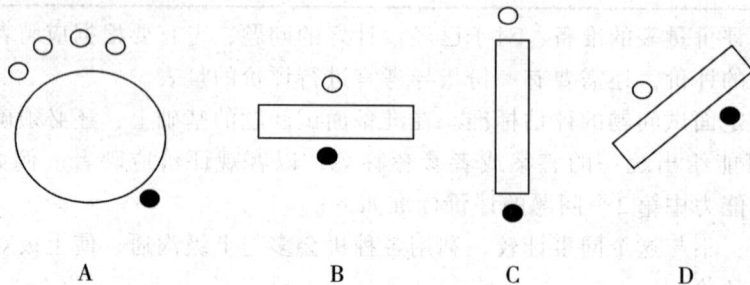

图6-1　面试座位图

　　A为一种圆桌会议的形式，多位面试考官面对一位应聘者。

　　B为一对一的形式，面试考官与应聘者相对而坐，距离较近。

　　C为一对一的形式，面试考官与应聘者相对而坐，距离较远。

　　D为一对一的形式，桌子按一定斜度摆放，面试考官与应聘者相对而坐，距离较近。

　　在面试中，如果采用B的排列形式，面试考官与应聘者面对面地相视而坐，眼睛直视对方，会给对方造成一种心理压力，使应聘者有一种被质问的感觉，更加紧张而不能自如地发挥应有的水平。一般在主考官想特意考核应聘者的压力承受能力时可采用此种方法。

　　采用C的排列形式时，面谈双方相距太远，不利于面试考官从应聘者的表情、言语中获得信息，而且由于空间的距离会造成心理上的疏远，从而不利于双方更好地沟通。

　　采用D的排列形式时，面试考官与应聘者的视线形成一定角度，这样可以缓和紧张的气氛，在心理上避免冲突，因而面试中宜采用这种形式。采用A的排列方式，同样能达到这种效果。

　　因而应采用A、D这两种位置排列，这样有利于更好地进行面试。

　　颜色也会影响人的情绪、意识及行为。某些颜色使人有舒适的感觉，有些颜色却有相反的效果；有些颜色使人心情放松，有些颜色则令人感觉烦闷；有些颜色会扰乱心智，使人思维缓慢。

　　目前，招聘环境中的颜色布置还没有引起招聘者的注意，桌椅、地板、四壁等都趋向单色化，有的甚至就是一张桌子旁边散落几把椅子，让人有一种随意感及不适感。因此，在面试过程中，一定要注意桌子、椅子、墙壁、天花板甚至地毯的颜色都应当相互协调。

　　温度同样也会影响应聘者水平的发挥，尤其是对于那些跨地区前来应聘的人员来说，过冷、过热都不好。在酷暑难耐的夏天，建议将室温控制在22℃～26℃之间；在寒冷的冬天，将室温控制在15℃～20℃之间。

6.3.3　面试的其他准备

1）面试时间的准备

　　大多数情况下，面试时间是由企业单方决定的，因为"求"职不易；但是对于一些重要岗位和重要的应聘者，企业可能会与应聘者协商确定面试时间。

　　为了增强面试的效果，最好能选择一个双方都可以全身心投入的时间，因此在选择时间时要遵循合理、有礼的原则。合理就是既要考虑双方工作的便利，又要考虑双方休息的需要。有礼，即有礼貌，面试时间的选择应符合人的一般生理、心理规律。比如，尽量不选择在中午或晚饭的时段进行。

2）面试接待的准备

　　应聘者从进入企业大门到被送出企业大门，在这个过程中，企业应该做好相关的接待工作。一般情况下，企业需要考虑将以下工作做好：

　　（1）面试组织者事先将面试名单送到门卫处，到时无须再打电话"请示"，由门卫核实、放行即可。对于重要的应聘者，人力资源部或用人部门应派职务层次、素质水平合适的人迎接，以显示企业对人才的重视。

（2）应聘者到达前台后，一般由前台工作人员根据面试组织者的事先安排进行接待，若有多位应聘者，可以先安排他们到一个地方休息，提供阅读资料和茶水；若只有一位应聘者，可以直接带到面试地点。

（3）企业可以考虑在面试后或面试前安排应聘者参观企业的生产线、车间或产品陈列室、文化宣传室，以增强应聘者对企业的感性认识，同时也是对企业进行宣传。

（4）企业还可以在面试后安排应聘者在企业吃饭，一般以吃工作餐为主，借此让应聘者了解企业伙食情况。若是重要的应聘者，企业可以安排正规的围餐，这样既可以显示企业对应聘者的重视，又可以进一步观察了解应聘者。

（5）若有远道而来的应聘者（往往是重要岗位的应聘者，因为一般人才都会在本地招聘），面试后当天不能返回，应聘者在企业所在地又不易找到地方住宿，企业应该尽可能给予住宿安排。

（6）对于重要岗位的跨地区应聘者，企业应尽可能地为其报销单程或往返交通费用。

6.4 面试的方法与技巧

6.4.1 面试问题设计的技巧

1）面试问题设计的原则

面试问题设计的合理与否直接关系到面试的成败，不同的单位在设计面试问题时会遵循不同的原则或要求。但是，通常情况下，以下几条原则是值得各个企业共同遵守的：

（1）体现面试目的的原则。笔试的目的在于考查应聘者的知识，而面试的目的是要进一步了解应聘者的工作经验、专业能力、人际技能、个性品质及其他方面的情况，以弥补笔试考查的不足，为选择合适的人才提供充分依据。所以，在设计面试问题时一定要充分体现面试所要达到的目的。遵循面试的目的，面试问题才会设计得明确、具体，不偏离甄选的方向。

（2）突出面试重点的原则。设计面试问题是为了完成对重点内容的考核，并不是对应聘者每一个方面都进行考核，进而实现面试的目的。不同的应聘者，其应聘的岗位不同，其自身的经历、知识、个性等方面也不同，面试需要测试的是应聘者是否具备与拟聘岗位相匹配的能力和综合素质。所以，设计面试问题时，应该针对拟聘岗位的关键胜任特征和应聘者的突出特征展开。

（3）注重共性与个性的原则。对于来企业接受面试的应聘者，企业往往会对他们提一些具有共性的问题，也会提一些具有个性的问题。

共性问题，包括两种情况：对于应聘企业不同岗位的应聘者，共性问题是指求职动机、对企业的了解情况和对企业的发展期望等；对于应聘相同岗位的应聘者，共性问题还包括围绕岗位所需专业知识提出的问题。向各个应聘者提问的共性问题的范围、类型、性质、难度应基本相同。

个性问题是针对拟聘岗位要求和应聘者个人情况而提出的，问题必须非常明确具体，能紧紧抓住岗位要求和个人情况中有代表性的内容，提问不在多而在精。个性问题事先要经过周密考虑，基本上是定型的，但并不排除根据临场情况作出变通的情形。

（4）遵循科学合理性的原则。面试问题的设计一定要在语法、语意、可接受性上做到科学，在目的性上做到合理。具体来说，要做到语言精练、明确，不模棱两可、不含糊其词；问题不可过长，过长的问题会造成应聘者理解障碍，一般问题的时间不可超过40秒；问题设计要注意政策、习俗，凡涉及个人隐私的问题应尽可能回避；提问的宗旨不是"刁难、问倒"应聘者，而是给应聘者一个充分展示自己的机会，因而要以"问好、问巧"为设计问题的宗旨。

2）面试问题设计的基本程序

（1）明确面试目的。目的是设计面试问题的导向，为了明确面试目的，命题人员至少应该做好三个方面的工作：一是了解企业文化、价值观，以及企业领导对本次招聘的核心要求；二是熟悉拟聘岗位的职责和任职资格，好好阅读工作说明书并向有关人员咨询；三是仔细研读应聘者材料，从中找出疑点和值得提问的地方。

（2）确定面试的重点。面试的时间有限，不可能在简短的面试中将所有有关岗位要求和求职材料中的问题问到，所以，设计面试问题时必须根据岗位关键胜任能力和求职材料中的关键点进行提问。比如，一般情况下个人基本信息、教育经历，不应作为面试问题设计的重点内容，而求职动机、与岗位相关的工作经历和经验、个性品德、团队合作性、个人价值观等方面可以作为面试问题设计的重点。当然，在具体设计时，需要在做好上述明确面试目的的"三个方面"工作的基础上展开。

（3）细化面试测试的内容。针对上述选定的测试重点内容，选定需要测试的能力素质，确定每一项能力的表现前提、表现形式、表现内容及表现结果。以"计划组织能力"为例，首先，要搞清楚计划意味着什么，一个计划能力强的人会做什么，而计划能力差的人又会做什么；其次，要了解计划都有哪些活动，要了解它们的灵活性、时间压力感以及在计划过程中通常遇到的障碍和挑战，如时间紧、任务重、缺乏指导、缺少支持等；最后，还要了解不同的计划或行为产生的结果或影响。

（4）设计面试的具体问题。应将能够反映上述信息的内容融合到某些问题之中。

（5）修正完善面试问题。应将设计好的问题向在岗人员进行测试，或向专家请求指导意见，然后根据反馈信息完善面试问题。

3）面试问题的类型及举例

（1）背景性问题。背景性问题用于初步了解应聘者的基本情况，如学习、工作等基本背景，并为以后提问收集素材。问题应该能够让每位应聘者都有话可讲，且能自由发挥，使应聘者轻松、自然地进入面试情境；同时也可以考核应聘者能否在短时间内既尽可能多地展现自己的优势，又做到简明扼要、重点突出，即考核应试者的言语表达能力和思维的逻辑性。

示例1：请你用3分钟左右的时间介绍一下你的情况。

示例2：请用2~3分钟的时间谈谈你现在所在单位的整体情况和你自己近几年的工作情况（如应聘者没有工作过，则谈谈近几年的学习情况）。

（2）知识性问题。它是通过应聘者对某方面知识的回答，了解其对这方面知识掌握的程度、知识面的广度、个性倾向和思维方式等情况。这类问题涉及的知识可以是岗位所要求的技术性或专业性知识，也可以是更广泛的基础性知识或常识性知识，如文学知识。

示例1：你读过《未来简史》这本书吗？其核心内容与观点是什么？

示例2：唐诗宋词是我国宝贵的文学遗产，你能背一首你最喜欢的诗词吗？

追问：请你谈谈为什么最欣赏这首诗词？

（3）意愿性问题。意愿性问题是考核应聘者的求职动机与拟任职位的匹配性、应聘者的价值取向和生活态度。

示例1：根据专业和能力情况，你可选择的职业范围很广，为什么选择国家机关，尤其选择了××部门呢？

示例2：你为何想离开原工作单位，来我们企业工作？

追问：如果我们没有录用你，你将有何打算？

（4）智能性问题。智能性问题是通过对比较复杂的社会热点问题的讨论，考核应聘者的思维能力、综合分析能力和判断能力，也在一定程度上考核应聘者对社会的关心程度和价值取向。这类问题一般不是要求应聘者发表专业性的观点，也不是对观点本身正确与否作出评价，而主要是看应试者是否能言之有理。

示例1：中国各大城市近两年的住房价格不涨反降，你认为主要原因是什么？采取哪些措施会比较有效？

示例2：中国大学毕业生人数逐年增多，从2010年的630万人增长到了2023年的1 158万人，13年间增长了528万人。近年来，出现了大学毕业生就业难的现象，请你分析就业难的原因，并谈谈你的解决办法。

（5）情境性问题。它是通过情境性问题考核应聘者的应变能力、情绪稳定性、计划能力、组织能力、协调能力等的试题形式。它首先描述一个假定情境，其情境与岗位职责、任职资格要求的能力素质有关，要求应聘者回答在这个给定的情境中通常会怎样做。编写情境性问题时要注意以下两点：一是所编写的问题不能太明显，让人一下子就看透了，否则这个问题就没有价值了；二是编好问题后，保证细节无遗漏，应聘者能清楚地理解并给予某种预期的答案。

示例1：假设这样一种情况，本来你的工作负担已经很重了，可上级却给你安排了另一项任务。你觉得已没有精力再承担更多的工作，但又不想与领导发生冲突，你会怎样处理这个问题？

示例2：在单位，你按主管的要求处理了一项业务，却给单位造成了较大的损失，可主管把责任全推在你身上，大家也都纷纷指责你，此时你怎么办？

（6）行为性问题。它是通过让应聘者确认在过去某种情境中他们实际做了什么，从而获取应聘者过去行为中与一种或数种能力相关的信息。行为性问题是基于这样的观察结论：过去表现是对未来表现的最好预测。行为性问题是由一个描述情节的问题和一系列追踪性问题组成的，在编制行为性问题时，要考虑：一是关于情境的具体信息；二是应聘者担当的任务、角色的具体信息；三是应聘者采取或没采取的行动；四是行动所造成的结果和影响。

示例1：在你的工作经历中可能出现过这样的情况，你所在的组织（如单位、科室、班级、工作组等）与另一兄弟组织之间产生了矛盾或冲突，如果由你参与解决，请你举例谈谈整个情况。

追问1：请谈谈当时遇到什么问题？

追问2：你的任务是什么？

追问3：你采取了哪些措施？

追问4：最终的效果如何？

示例2：在最近1年中，由你负责或参与的最令自己满意的事情是什么？请你具体谈一谈。

追问1：当时具体情况是怎样的？

追问2：你的具体角色和任务是什么？

追问3：你是怎么完成的？采取了哪些措施？

追问4：别人对这件事情怎么评价？

6.4.2　面试提问的技巧

面试技巧是面试实践中解决某些主要问题与难点问题的一些技术，是面试操作经验的积累。在面试中，"问""听""观""评"是几项重要而关键的基本功，其中，"问"是最基础、最核心的部分，直接关系到应聘者回答的内容、回答的方式和回答的形态，因而也影响到后续的"听""观""评"，所以，"问"得好很关键。

面试考官的提问技巧会因面试目的和要求、面试对象、拟聘岗位、面试考官的经验、价值取向和个性偏好等不同而不同。从所提的问题本身的属性来看，"问"的技巧可以概括为以下几种：

1）开放式提问

开放式提问让应聘者自由地发表意见或看法，以获取信息，避免被动。一般在面试开始时运用，用以缓解面试的紧张气氛，消除应聘者的心理压力，使应聘者充分发挥自己的水平和潜力。开放式提问又分为无限开放式提问和有限开放式提问。无限开放式提问没有特定的答复范围，目的是让应聘者说话，有利于应聘者与面试考官的沟通，同时也能测试应聘者表达的条理性、逻辑性。例如，请谈谈你的工作经验。有限开放式提问要求应聘者的回答在一定范围内进行，或者对回答问题的方向有所限制。例如，请谈谈你最近3个月的工作情况与体验。

2）封闭式提问

封闭式提问即让应聘者对某一问题作出明确的答复。例如，你曾做过秘书工作吗？一般用"是"或"否"回答。它比开放式的提问更加深入、直接。封闭式提问可以表示两种不同的意思：一是表示面试考官对应聘者答复的关注，一般在应聘者答复后立即提出一些与答复有关的封闭式问话；二是表示面试考官不想让应聘者就某一问题继续谈论下去，不想让对方多发表意见。

3）清单式提问

清单式提问即鼓励应聘者从多个选项中优先选择，以检验应聘者的判断、分析与决策能力及决策风格。在这类提问中，主考官除了提出问题外，还给出几种不同的可供选择的答案。例如，你所在的企业中最主要的问题是什么？营业额低、缺勤率高、产品质量差还是其他？这样就为应聘者提供了回答问题的参考，使问题易于回答，不致让应聘者错误理解主考官的意图，同时，也有利于测试应聘者的决策能力。

4）假设式提问

假设式提问即鼓励应聘者从不同角度思考问题，发挥应聘者的想象能力，以探求应聘者的态度或观点。在这种提问中，主考官为应聘者假设一种情况，让应聘者在这种情况下作出反应，回答提出的问题，进而考核应聘者的工作经验、应变能力、解决问题能力、思维能力。例如，如果你是办公室主任，办公室的某位秘书模仿你的字迹签字，派单位车将其家属送到机场，你将如何处理这件事情？

5）连串式提问

连串式提问即考官向应聘者提出一连串相关的问题，要求应聘者逐个回答。这种提问方式主要是考核应聘者的紧张程度、记忆能力、归纳能力、反应能力、思维的逻辑性和条理性。例如，在过去的工作中，你出现过比较大的失误吗？如果有，是什么？通过这件事你吸取的教训是什么？如果今后再遇到此类情况，你会如何处理？

6）重复式提问

重复式提问即让应聘者知道面试考官接收到了应聘者的信息，检验获得信息的准确性。例如，你是说……如果我理解正确的话，你说的意思是……

7）确认式提问

拓展阅读6-2

压迫式问题

确认式提问是鼓励应聘者继续与面试考官交流，表达出对信息的关心和理解。例如，我明白你的意思！这种想法很好！这种提问，并不需要应聘者回答。

8）压力式提问

一般来说，考官要尽力为应聘者创造一个亲切、轻松、自然的环境，以使应聘者能够消除紧张，充分发挥能力。但是，有些情况下，考官会故意制造一种紧张的气氛给应聘者一定的压力，通过观察应聘者在压力情况下的反应测定其反应能力、自制力、情绪稳定性等。比如，从你的专业角度来看，你似乎不适合这项工作，你认为呢；这个问题你没有给出我们满意的答复，你被录用的可能性很小。

9）举例式提问

举例式提问是面试的一项核心技巧，又称为行为描述提问。传统的面试通常注意求职申请表中所填的内容，并加以推测分析，同时询问应聘者过去做过的工作，据此判断应聘者将来能否担任相关的工作任务，这是完全必要的。但是，有时应聘者也会编造一些假象。为了克服这一点，我们在考核应聘者的工作能力、工作经验时，可以针对应聘者过去工作行为中特定的例子加以询问。基于行为连贯性原理，面试考官所提出的问题并不集中于某一点上，而是一个连贯的工作行为，从而能较全面地考核一个人。例如，在过去半年，你所建立的最困难的客户关系是什么？当时你面临的主要问题是什么？你是怎样分析的，并采取了什么措施？效果怎样？当应聘者回答这些问题时，面试考官可以通过应聘者解决某个问题或完成某项任务所采取的方法和措施鉴别应聘者所谈问题的真假，了解应聘者实际解决问题的能力。在面试中，一般可让应聘者列举应聘职务要求的、与其过去从事的工作相关的事例，从中总结和评价应聘者的相应能力。

6.4.3　关于AI面试

AI面试是利用人工智能技术进行的在线面试，通过预设的算法和模型对面试者的表现进行分析和评估。这种面试方式可以模拟真实面试场景，利用计算机化的题目和自然语言处理技术来评估候选人的多项素质，如沟通技巧、问题解决能力、团队合作和领导力等。

AI面试采用多维度综合评价候选人的表现。一是视觉维度，系统通过实时分析视频画面，捕捉应聘者的仪表仪态，监测其是否持续注视摄像头、是否存在东张西望等行为。二是听觉维度，系统根据声音特征识别语言表达是否连贯、清晰等。三是内容维度，系统可以准确地将音频转化为文本，并在此基础上深入分析文本内容，如英语语法准确性、口头习惯表达以及回答内容的丰富度和与问题的相关性，甚至能检测到反复使用的口头禅。

与传统的面试方式相比，AI面试具有更高的客观性和公正性，能够自动分析面试者的语音、语调、语义、表情、姿态等，从而进行更准确的评估。

6.5　面试记录与评估

6.5.1　面试表格的设计

为了便于面试考官在面试中记录应聘者的相关情况，应该设计一份适宜的面试评价表格。面试表格可繁可简，取决于企业慎重程度和面试评价的需要。一般情况下，一份完整的面试表格至少应包括以下几个部分：

1）表头

表头一般由标题、编号、日期等构成。标题表明是某单位某方面人员或某方面素质的面试表。例如，"××公司营销人员面试评价表""××公司竞聘演说评价表""××公司大学生面试评价表"等。编号是这类应聘者的序列号或档案管理号。有了表头，便于归类整理与查找。

2）基本信息

这是反映应聘者基本信息的部分，一般情况下，包括应聘者的姓名、性别、年龄、所学专业、应聘岗位等。

3）评价指标体系

评价指标体系是一组既相互独立又相关的指标，是能较完整地反映应聘者岗位胜任特征的评价因素的集合。从定义中可以看出，评价指标体系的三个重要含义：

（1）各个指标是独立的，即每个指标都有独立的内涵，与其他指标相互独立，不相互包含。例如，"战略管理能力"、"团队管理能力"和"自我意识"三个指标是各自独立、互不包容的。

（2）各个指标是相关的，即所有指标对于评价对象来说都是为了达到总体评价目的而必不可少的。例如，"战略管理能力"、"团队管理能力"和"自我意识"对于评价营销经理而言都是必不可少的。又如，评价机械研发工程师的"绘图能力"和"识图能力"的指标不可用于评价营销经理。

（3）评价指标的集合是完整的，即所有评价指标集合在一起要能够全面地评价拟聘岗位的需求。例如，评价营销经理，只评价"战略管理能力"、"团队管理能力"和"自我意识"三个指标，而不评价"市场意识"和"领导技能"这样的指标，则评价指标体系是不完整的。指标体系的完整性是一个相对的概念，同样的一个拟聘岗位，不同的企业、不同的领导、不同的考官对其评价所需采用的指标体系会有不同的看法。

4）评价标准

评价标准是对各个评价指标进行程度、性质等划分的尺度，是为了在某个指标上将不同的应聘者的能力、素质水平区别开来的一种参照物。标准一般可以用定义、量词、等级、数量的方式表示，也可以是上述某两种或两种以上方式的综合。下面以"战略管理能力"为例说明。

（1）定义式标准。用定义式标准将"战略管理能力"由强到弱定义为："具有很强的风险意识和洞察力，善于对全局性和前瞻性问题深入分析，作出决策，并提出可行性方案"；"能够洞察公司内外部条件的变化，进行理性思考，采取有针对性的措施"；"能够对全局性问题进行深入分析，作出决策"；"风险意识较差，不具备敏感的洞察力，目光较短浅"。

（2）量词式标准。用量词式标准可将"战略管理能力"由强到弱表述为："很强"、"较强"、"较差"和"差"。

（3）等级式标准。用等级式标准可将"战略管理能力"由强到弱表述为："优"、"良"、"中"和"差"；或"甲"、"乙"、"丙"和"丁"；或"A"、"B"、"C"和"D"。

（4）数量式标准。用数量式标准可将"战略管理能力"由强到弱表述为："4"、"3"、"2"和"1"；或"10~8"、"7~6"、"5~4"和"3~1"。

5）指标权重

指标权重是指该指标在所有指标中的相对重要程度。采用指标权重是为了将所有评价指标的重要程度区别开来，也是为了将所有指标综合起来进行整体性的比较。例如，对于营销经理而言，"市场意识"指标比"战略管理能力"指标重要；对于一般主管而言，"领导技能"指标比"专业技能"指标次要些。

总之，权重是要将若干个评价指标分出轻重，一组评价指标相对应的权重组成了权重体系。任何一组权重体系都必须满足两个条件：一是每个指标的权重应该大于0小于1；二是所有指标的权重之和为1。

6）面试评语

面试评价表中除了有评分项目以外，还必须设置考官评语项。因为，一个简单的分数不能详细说明应聘者的优点与缺点，而评语不仅能够将面试考官对应聘者的某些特点描述出来，也能反映考官的价值判断信息，对于能够录用的候选人，评语还能提供针对性较强的管理参考。

面试评价表格形式见表6-4和表6-5。

表6-4 ××公司面试评价表

编号： 面试日期：

考号			姓名		性别		年龄		应聘岗位	
评价指标	工作动机	责任心	语言表达	应变能力（变通）	情绪稳定性	社交能力	知识面（外语）	精力	发现问题能力	洞察力
权重（%）	5	5	15	10	5	15	10	10	15	10
优（5）										
良（4）										
中（3）										
差（2）										
很差（1）										
得分										
综合评分	优：4.2~5.0		良：3.5~4.1		中：2.6~3.4		差：1.9~2.5		很差：1.0~1.8	
考官评语	考官签字：									

表6-5 ××公司普通行政管理人员面试评价表

编号		姓名		年龄		性别			
应聘岗位				面试时间					
面试项目	权重（%）	具体指标及权重（%）	评分标准						
			优秀 91~100	良好 81~90	一般 71~80	较差 61~70	很差 60以下		
身体仪态	20	健康程度10							
		气质10							
知识经验	20	知识水平5							
		实际经验5							
		职业道德5							
		专业知识5							
能力方面	40	社交能力8							
		口头表达能力8							
		应变能力8							
		创新能力8							
		处理问题能力8							
性格方面	20	工作热情6							
		自信心4							
		开放性4							
		态度6							
总分		小计							
考官评语		签字：
日期：							

6.5.2 面试信息的记录与收集

在面试过程中，面试考官不仅要仔细倾听、认真观察，还要适当地进行记录。因为人的记忆能力是有限的，尤其是当一天中要面试很多人，或者一次面试几个人时。在这种情况下，如果面试时没有记录下一些观察到的重要信息，待事后再填写面试评价表，就很难准确地把握面试对象提供的信息，也就很难作出客观准确的判断，所以一定要进行记录。

为了便于记录和做好记录，需要注意以下几点：

（1）应聘者与考官的空间距离不能太近，在这种情况下记录会使双方感到紧张。

（2）做记录时为了不让应聘者看到或影响应聘者的注意力，最好准备一个夹子，将其稍微立起，与桌面成一定的角度。

（3）做记录时，考官不必将应聘者的每句话、每个表情或动作都记录下来，只记录一些关键性回答中的要点和关键性非语言行为中的要点。

（4）若是集体面试，则面试评价表的打分可以在一位应聘者面试快结束时用画勾的方式或填写分数的方式完成，对应聘者的评语则在面试进行中通过简单符号、标记的方式在面试评价表或其他专用纸上完成，并在一组面试后逐个填写好；若是单独面试，则面试考官可以在面试进行中用简单符号、标记记录对应聘者的评价，在面试结束时完成面试评价表的打分和详细评语。

（5）做记录时，尤其是在给应聘者打分时，各位考官之间不要相互影响。

面试组织者（一般是人力资源部）应该及时将各位面试考官填写好的面试评价表收集起来，这一般都是在一个（单独面试）或一组（集体面试）应聘者面试完成后进行。

6.5.3 面试的综合评估

对于有多个面试考官评价的情形，必须将这些信息汇总，进行综合评估。它的具体操作程序与方法如下：

（1）制定面试综合评估表。表中常见的栏目包括编号、应聘者姓名、性别、年龄、应聘岗位、面试考官姓名、评价指标、指标平均分、面试总得分、主考官评语、主考官签字等（见表6-6）。

表6-6　　　　　　　　××公司普通行政管理人员面试综合评估表

编号		姓名		年龄			性别		
应聘岗位				面试时间					
评价指标	面试考官姓名						扣最高分	扣最低分	指标平均分
健康程度									
气质									
知识水平									
实际经验									
职业道德									
专业知识									
社交能力									

续表

编号		姓名		年龄		性别	
口头表达能力							
应变能力							
创新能力							
处理问题能力							
工作热情							
自信心							
开放性							
态度							
				面试总得分：			
主考官 评语							
				主考官签字：			

书记员签字：　　　　　　　　　　　　　　　　　　　　　　　　　　　年　　月　　日

　　（2）根据收集的面试评价表，当场核算各位考官的评分，将各位面试考官评出的每一个指标得分，扣除一个最高分和一个最低分，其余的分数相加并除以有效面试考官人数（即减去2的人数），得到指标平均得分，最后将所有指标的平均分相加，即为面试总得分。在核算分数时，要有1~2人在场监督。

　　（3）主考官根据各位面试考官在面试评价表中的评语集体讨论，得出总评语，填入到面试综合评估表中的"主考官评语"栏中。

　　（4）在每份面试综合评估表后，附上各位面试考官的面试评价表，以备查阅。

6.6　面试工作中常见的问题及对策

　　面试是各类单位最常用的，也是必不可少的测试手段，但是，有时花费了大量时间和精力的面试过程，其效果可能不尽如人意。很多时候，适合的应聘者被刷掉了，而那些还需要进一步观察的应聘者却很快就来上班了。很显然，无效的面试不仅浪费有限的人力、物力和财力，而且会因选择不当而带来诸多不良影响，如低绩效、高离职率等。因此，一定要尽可能提高面试的有效性和可靠性。

　　发现问题比解决问题更难、更重要，所以我们一定要尽量发现面试中可能存在的问题，然后采取必要的对策。在面试中常见的问题主要有：

　　1）面试目的不明确

　　在进行面试前，面试考官应考虑：在面试的过程中，我要达到什么目的？我要向应聘者介绍我们单位吗？面试的重点是否放在考核技能水平上？要不要先向应聘者介绍一下工作岗位的真实情况？允许应聘者在这段时间里提问吗？其他面试考官会问些什么问题呢？这些都是很重要的问题，不要面试开始时才考虑它们。

2）不清楚合格者应具备的条件

许多主持面试的人把重点放在问一些能使他们洞悉应聘者是否能够成功的问题上。可是在很多情况下，对于究竟是什么原因能使他们获得成功并不明确。对于任何一个岗位来说，应聘者应具备的才能指的是胜任工作的才能，即工作成功所必需的相关知识、技能、能力和动力等。

3）面试缺乏系统性

面试的系统性要求设计出结构完整的面试流程，各个流程之间联系密切。为了保证面试的系统性，面试考官应事先根据拟招聘岗位的要求制定出完善的面试提纲。面试的流程应该有怎样的顺序，每一个步骤要完成什么工作，获取什么信息，在制定面试提纲时都应该考虑到。这样就能避免一系列不应该发生而现实中又经常发生的现象，如面试试题的保密措施不严、应聘者的面试顺序任意指定、应聘者的面试题目难度不同、应聘者的面试时间长短不一等。

4）面试问题设计不合理

在面试中，面试考官直接让应聘者描述自己的能力、特点、个性的问题较多，这种类型问题的答案难以为面试考官提供有价值的信息，因为面试考官无从判断应聘者的回答是否是真实的。如果问了这种类型的问题，应该继续问一些行为性问题，让应聘者举出一些具体的实例证明自己的答案。如果应聘者讲不出来，或含糊其词、前后矛盾，那么他所讲述的自己的优点就要大打折扣。

5）面试评价主观随意

面试评价是由考官根据应聘者在面试中的表现给出的，所以从客观上讲面试评价一定会受考官主观因素的影响，在实践中我们总是力求控制这种主观影响，使面试评价比较客观公正。但是，在现实招聘和选拔中，有的考官在面试评价时主观随意，看谁顺眼就给谁打高分，或者谁的观点合乎自己的想法就给谁打高分，这都是不可取的。这样做的结果，不论是对于考官所在的单位，还是对于应聘者来说都是不利的。作为一名面试考官，首先在思想意识上要有为组织负责、为全体应聘者负责的观念，其次在面试中要认真进行记录，这样才可能认真地对每一位应聘者进行评价，这也是组织和应聘者对面试考官的期望和要求。

6）忽略应聘者的求职动机

有的面试考官将大量的精力放在测试应聘者的专业知识和专业技能上，而忽视了应聘者的求职动机。如果应聘者对所应聘的工作持消极的态度，或者他对工作本身没有任何的兴趣（仅仅是为了获得临时性的保障而工作），这种求职动机必然会影响到工作，甚至会带来严重的负面影响。因此，在面试中考官一定要注意了解应聘者的求职动机。

7）面试考官的偏见

每一位面试考官，个人的偏爱和过去的经历常常对面试有很大的影响。例如，个人喜好、信仰、好恶等与工作无关的因素都会在一定程度上影响其正确挑选应聘者。

（1）第一印象，又称首因效应，即面试考官根据开始几分钟甚至是面试前从资料（如笔试成绩、个人简历等）中得到的印象对应聘者作出评价。

（2）对比效应，是指面试考官相对于前一个接受面试的应聘者评价目前正在接受面试的应聘者的倾向。例如，第一个应聘者的表现一般，而第二个应聘者的表现出色，则第二个应聘者得到的评价可能会比其本应得到的评价更高。

（3）晕轮效应，是指"以点带面"，从某一优点或缺陷出发评价应聘者其他方面。例如，过分强调应聘者的缺点，以致不能全面了解这个人。

（4）录用压力，是指当上级对招聘结果有定额要求时，面试考官对应聘者的评价就会偏高，或由于招聘时间紧迫，为完成招聘任务，不得不加快速度，急于求成。

消除上述面试中常见的问题，提高面试效果的方法是对面试考官进行培训，并尽可能在面试前做好准备，采用结构完整的面试。

情境模拟 6-1

情境：

某食品集团是宁波一家知名的食品加工制造企业，公司在对应聘者经过应聘材料筛选、笔试之后，准备用面试法从剩下的3位候选人中选择一位作为公司的储备营销主管。这3位候选人都是男生：张宇来自某工商大学，市场营销专业，有较多的社会实践经验；赵谦来自某工商大学，经济法专业，协助老师帮别人打过官司，语言表达能力极强；陈诚来自某农业大学，食品加工专业，有过近8个月的企业实践工作经验，是学校市场营销协会的副会长。某食品集团准备组织3位面试考官对这3位候选人进行面试。

操作：

（1）角色分配：将班级同学分为若干组，每组由3位同学扮演面试考官，3位同学扮演候选人，2~3位同学作评价者。

（2）面试目的：这次模拟面试主要是考核3位候选人的综合素质，以市场营销岗位的胜任能力为核心，兼顾考核候选人的求职动机和工作态度。

（3）对考官的要求：首先确定考核候选人哪些指标，然后针对考核指标设计面试问题，在后续的面试过程中，要尽可能地注重面试技巧。

（4）对候选人的要求：分析市场营销岗位的胜任能力要求，在面试中尽可能表现出相应的素质。

（5）对评价者的要求：认真观察和记录面试过程中的相关信息，对面试考官的问题设计、提问技巧、场面控制技巧等进行批判性分析。

◆◆◆◆➡ 学思践悟

思政教育主题：文化自信、创新意识

如何聚天下英才而用之，让更多千里马竞相奔腾于伟大时代？

"既可以在国外调动人才离岸搞创新，也可以吸引'候鸟型人才'兼职搞创新。"习近平总书记提出柔性引才理念，拓宽了人们的视野。

今天，中国发展需要世界人才的参与，中国发展也为世界人才提供机遇。

伯纳德·费林加，合成世界首个人工分子马达，为我国在分子机器及智能材料领域产生世界影响作出了重要贡献。中国有平台、有事业……2018年，费林加等如愿获得外国人永久居留身份证，成为首批入沪工作并拥有"五星卡"的诺奖得主。不仅如此。费林加诺贝尔奖科学家联合研究中心得到了"张江专项发展资金"重点项目资助，以推动智能材料基础研究及其成果转化。

资料来源　任平.强化中国式现代化人才支撑[N].人民日报，2024-04-22.

广开进贤之路、广纳天下英才，实现中华民族伟大复兴，势所必然，势不可挡。请结合本章知识，谈一谈面试工作中如何能更好地运用识人技巧。

基础训练

一、选择题

随堂测6-1

1.在面试过程中，考官可能会"以点带面"，从某一优点或缺陷出发评价应聘者其他方面的偏见，这是指（　　）。

A.首因效应　　　　　　　　　　　B.鲶鱼效应

C.晕轮效应　　　　　　　　　　　D.罗森塔尔效应

2.对初步面试筛选合格的应聘者进行实际能力与潜力的面试，目的在于让招聘单位与应聘者双方补充深层次的信息，这种面试方式称为（　　）。

A.分阶段面试　　　　B.综合性面试　　　　C.结构化面试　　　　D.诊断面试

3.在面试问题的设计中，应该遵循的原则包括（　　）。

A.突出面试重点的原则

B.体现面试目的的原则

C.评分式评估和评语式评估相结合

D.遵循科学合理性的原则

E.注重共性与个性的原则

4.面试的基本过程由五个阶段组成，包括①开始阶段、②评估阶段、③准备阶段、④实施阶段、⑤结束阶段，正确的排序是（　　）。

A.①③②④⑤　　　　　　　　　　B.③①②④⑤

C.②③①④⑤　　　　　　　　　　D.②①③④⑤

E.③①④⑤②

5.鼓励应聘者继续与面试考官交流，表达出对信息的关心和理解，这是（　　）。

A.重复式提问　　　　　　　　　　B.确认式提问

C.关怀式提问　　　　　　　　　　D.开放式提问

二、简答题

1.面试的基本过程包括哪几个阶段？你认为哪个阶段最重要？

2.面试的准备工作很重要，企业需要从哪些方面做好面试的准备工作？

3．面试问题设计有哪些技巧？

4．面试提问有哪些技巧？

5．面试中常见的问题有哪些？

▶ 综合应用

□ 案例分析

这样的面试环境行吗

张婧是青岛××大学的学生，即将应届毕业。2024年3月14日，她收到来自广州某日化企业的面试通知。面试通知上写着：

面试时间：2024年3月15日，15：30

面试地点：青岛市××宾馆306房

广州××有限公司

2024年3月14日

收到这份通知后，张婧欣喜不已，因为该公司是国内比较知名的公司之一，平时生活中使用的许多物品就是该公司生产的。

第二天，经过一番精心准备后，张婧准时出现在××宾馆306房的门口。按过门铃之后，里边传来很有礼貌的男性声音："请进！"

想到即将接受该公司的面试，张婧心里有点激动，但更多的是紧张。她深吸了口气，推开虚掩的房门走了进去。房间空调开得很足，一股热浪扑面而来。可能是该主考官有点怕冷吧，加上青岛3月份的气温还是很低的，张婧不以为意。走过短短的房廊后，张婧看到：正对门的窗户上拉着厚厚的窗帘；窗户下面放了张桌子，桌子上摆着一台处于开机状态的笔记本电脑，桌子旁边的椅子上放着一个打开的旅行包；椅子旁边的落地灯是开着的，发出黄色的灯光。房间里摆放着两张床，主考官坐在靠窗的那张床上。看见张婧进来，他起身微笑着和张婧打了个招呼，并示意张婧坐在房间内唯一的一张椅子上。

此时，张婧心里刚才的紧张不仅没有消退，反而微微增加了些不自在。

面试考官很亲切地问张婧："需不需要来杯水？"张婧很有礼貌地婉言谢绝了。

"那我们就开始吧。"面试考官给自己的水杯里加了些水后，坐在张婧对面的那张床上说。

可能由于房间里空气不畅，暖风又开得太大的缘故，张婧明显感觉到床褥散发出一股难闻的气味。房间内昏黄的光线，远处笔记本电脑的闪屏，以及与面试考官过近距离的对视，都让张婧感到更加紧张和不自在，甚至开始感到一种不安。

后来，这次面试不到15分钟就草草结束了。

这次面试经历给张婧留下了深刻的印象，回来之后，张婧把面试的过程告诉了自己的同学，同时在学校论坛上把这一面试经过公布在找工作板块上……

问题：这样的面试环境为什么会使张婧感到紧张和不自在？

分析提示：从面试环境准备的角度来看，案例中企业的面试环境存在很大的问题。首先，面试的场所选在面试考官的起居客房，作为应聘者尤其是异性的应聘者，在这样的私人空间会感到局促不安；其次，面试考官没有考虑到应聘者的感受，未对面试考场加以任何的布置，这种随意性不仅让应聘者感觉自己没有得到应有的尊重，而且加剧了应聘者的情绪波动；最后，面试考官忽略了面试环境中外界干扰源的存在，过高的温度、不畅的空气、不适的气味、昏暗的光线、闪动的电脑屏幕都加重了应聘者的焦虑感，使应聘者无法集中精力投入到面试中。由于这一面试环境给应聘者心理上带来不适感，因此应聘者无法正常地将其能力和素质表现出来；更严重的是，给这位应聘者留下的不适的印象甚至还可能影响到企业未来的招聘活动。

□ **实践训练**

假如你是上述企业的面试考官，为了在开展招聘工作的城市做好面试工作，不选择宾馆客房作为面试场所，请问你将选择哪些场所作为面试场所？

要求：（1）让应聘者感到受尊敬、舒适、轻松、放心，且能避免给公司带来不良社会影响；

（2）尽量降低面试场所使用的成本。

第7章 录用工作

▶ 学习目标

◆ 知识目标：了解录用的原则和流程；明确劳动合同签订的原则和程序；熟知入职培训各个环节的安排；掌握作出正确录用决策的方法。

◆ 能力目标：能够完成劳动合同的签订以及入职培训工作。

◆ 素养目标：遵纪守法，按《中华人民共和国劳动合同法》相关规定办理新员工入职手续，做好入职服务。

▶ 引例

大象聘猫的启示

大象新办了一家农场。为了防止老鼠骚扰，大象贴出广告要聘请一只能干的猫捉老鼠。应聘的猫很多，选哪一只呢？每只猫都很能干，它们期待的目光把大象的眼睛都刺疼了。正在大象犹豫不决时，一只气宇轩昂的花猫自信地挤到了大象面前，只见它从皮包里掏出很多获奖证书，这些证书都是它在钓鱼、游泳、捉蝴蝶、歌咏、滚绣球等比赛中获得的。大象一见花猫形象气质俱佳，且有这么多获奖证书，不禁喜出望外。它想：这真是一只难得的、多才多艺的好猫啊！大象十分高兴地拍了拍花猫的肩膀说："好吧，录取你了，明天就来上班吧。"

第二天花猫就来上班了。开始一段时间，花猫非常勤奋，一天到晚忙个不停，到处寻找老鼠的踪迹。但是，由于大象的农场是新开办的，没有多少老鼠，一个月以后，花猫变得懒洋洋的，每天除了在农场转悠几圈之外，就是唱歌、钓鱼、滚绣球，大象因忙于开拓农场业务也没有对花猫的日常行为过多关注。慢慢地，农场业务多了起来，老鼠也多了起来。这时，花猫的捉鼠技能已变得生疏了，捉住的老鼠数量十分有限，其主要作用就是吓吓小老鼠。大象看到农场到处都是老鼠，就责备花猫说："怎么搞的？农场的老鼠这么多！"花猫还有些不服气："我一天到晚可没闲着呀！"大象更生气了："你说你没闲着，那你捉了多少只老鼠？为什么大一点的老鼠你一只都捉不到呢？""捉老鼠？"花猫高昂着头说："你这个农场老鼠太多了，我一只猫怎么忙得过来。捉老鼠不过是普通的猫就会玩的把戏，你让我这只才华出众的猫去干，这不是大材小用吗？你应该再招聘一两只猫给我当助手，让我带领它们一起捉老鼠。"大象回答说："如果你不能捉老鼠，即使才华再超群，对我又有何用呢？我真后悔被你的证书弄花了眼，没有想到你不能胜任捉鼠这项工作。"

大象毅然辞退了花猫。而花猫却趾高气扬地走出了农场，它还认为自己不是一只普通的猫。从这以后，没有一家农场愿意聘请它这只"不平凡"的花猫了。

资料来源　根据相关网络资料整理。

这一案例表明：大象因为没有根据拟聘岗位的关键职责及任职者的核心胜任能力录用员工，而过于关注求职者的形象气质、获奖证书等非主要胜任特征，甚至是不相关的胜任特征，也没有对花猫过去的工作与生活情况进行调查了解。大象应该重点关注求职者的捉老鼠本领、敬业精神、责任心等方面。花猫上岗前，大象没有明确其岗位职责，没有与其就劳动任务与要求、劳动环境与条件等方面签订劳动合同，也没有安排入职培训，这导致了花猫后来游手好闲、不好好工作、心高气傲。由此可见，人员录用工作对招聘及后续的其他工作有着极其重要的影响，应对其十分重视。

7.1　录用概述

7.1.1　录用工作的重要性

拓展阅读7-1

公司录用标准之一——文化契合度

在对求职者进行公平、有效的各种测试后，接下来的问题是如何根据测试结果作出录用决策，如何通知被录用者和如何让被录用者尽快就位，这些工作就是录用工作。

录用工作直接影响企业生存与发展，因为人员录用工作直接影响组织的人员素质，关系到组织目标的实现；员工招聘录用的成本很高，周期较长，一旦录用决策失误，需要重新招聘选拔新员工，又需耗费大量时间；由于受到有关劳动法律、法规的约束，一旦录用到不合格人员，解聘将非常困难，所以人员选拔也显得特别重要。

7.1.2　录用的原则

1）因事择人，人事相宜

因事择人是指以事业的需要、岗位的空缺为出发点，根据岗位对任职者的要求选择人员，应该按照组织的人力资源招聘计划招收员工，切莫出于主管人员的主观需要，或为达到个人目的而随意录用人员。只有这样，才能实现事得其人、人事相宜。

◆◆◆◆➡ 小思考7-1

问题：招聘条件就是录用条件吗？

答：招聘条件与录用条件是有明确区别的，招聘条件是进行第一次简历筛选的基本门槛，而最终的录用条件是决定是否录用该员工的依据，二者有重合的部分，但并不完全一致。在设定录用条件时，岗位要求应有的放矢，确实能够从对员工进行考量的角度描述录用条件，如技能要求、绩效条件等，这些都是硬指标，有比较明确的标准。

录用条件设定的主动权在企业，有效的录用条件才能够合法合理地保障企业的权益，而且企业只有将自己的行为规范了，才能避免在发生争议时，既缺乏理由，又缺乏证据，变得被动。

2）唯才是举，任人唯贤

任人唯贤是指用人只以德才为标准，而不管他跟自己关系如何。只有这样，才能做到大贤大用、小贤小用、不贤不用。三星集团创始人李秉喆一直坚持"人才第一"的经营理念，为选优淘劣，他公开采用社员制度，从而排除了学缘、血缘、地缘关系，摆脱了论资排辈的弊端。实行能力主义的原则，是三星集团人事管理的突出特点之一。能否做到任人唯贤、唯才是举，是衡量管理人员是否称职的标准之一。

3）用人之长，用人不疑

用人之长是指在员工选拔的过程中，根据职位的要求，知人善任，扬长避短，为组织招聘到最合适的人才。用人不疑要求管理者对员工给予充分信任和尊重，如果有怀疑则干脆不用。既然要用，就一定要明确授权，放手大胆使用。只有这样才能充分发挥员工的才能。事实上，试用员工和正式员工在使用上并无本质的差异，关键是管理者能不能给他们充分的信任与权力。

7.2　体检

7.2.1　体检的重要性

为了确定应聘者的身体状况是否适应工作的要求，特别是能否满足工作对应聘者身体素质的特殊要求，在甄选之后、录用之前还要开展体检工作。这里所说的体检不同于一般的身体检查，它包括健康检查、体检、运动能力测试等。

通过对应聘者的健康检查可以确保入职员工身体健康，减少缺勤率和事故的发生，保证企业工作任务的完成，同时间接节省用人成本。

通过体检可以发现员工可能不知道的传染病，由于特定行业的从业人员与人群密切接触，或者从事食品、药品、化妆品等的加工生产，有可能传播传染病，因此对这些职业或工种需要进行强制性体检。

对组织内的员工进行运动能力的测试可以了解其是否满足特殊工作要求。例如，对建筑人员来说，需要测定其气力、握力、耐力、控制力、调整力、坚持力、手指灵巧度、手眼协调度、视觉听觉灵敏度、颜色辨别力等。

7.2.2　体检的内容

不同的企业对求职者的身体素质要求有所不同，因此不同企业进行员工体检的具体内容也会不一样。关于体检内容的选择，除了要考虑所应聘的工作对身体素质的要求外，还要考虑是否符合国家的一些强制性法律法规的规定，如《中华人民共和国传染病防治法》《中华人民共和国食品安全法》《公共场所卫生管理条例》等，强制性要求某些行业的从业人员每年接受身体检查，筛查是否有妨碍公众健康的疾病。《中华人民共和国食品安全法》规定了食品生产经营人员必须进行健康体检；《公共场所卫生管理条例》和《化妆品卫生监督条例》都规定了为顾客服务和直接从事化妆品生产的人员为体检对象。

7.2.3　体检的实施与注意事项

1）体检的实施

体检这一环节的实施相对比较简单，一般单位会指定一个有资质、信誉良好的医疗机构，要求应聘者在一定时间内进行体检。在大单位中，体检通常在招聘单位的医疗部门中进行。体检费用一般由招聘单位支付，体检的结果也交给招聘单位。

2）体检的注意事项

（1）要注意辨别虚假的体检结果，尽可能防范出现"代理体检"。

（2）其结果不是看"健康"或"不健康"，而是看能否满足具体工作对身体素质的要求。

（3）这一过程既要紧跟岗位需求，确保单位利益，又要遵规守纪，避免出现歧视。

◆◆◆◆➡ **案例分析7-1**

不做入职体检的后果

案例1：张三运应聘进入福林公司工作，入职前，张三运按要求进行了入职体检，体检结果除医院建议接种乙肝疫苗外，其余被检项目均无异常。2023年12月29日，张三运在试用期满后自行离职。此后，张三运于2024年3月9日再次进入福林公司工作，而此次入职，公司没有要求张三运进行入职体检。2024年4月10日，张三运在公司统一组织的年度员工体检中检查出患有乙肝。福林公司以张三运欺诈（故意隐瞒患有严重疾病的事实）为由提起诉讼，要求法院确认劳动合同无效。最终，法院驳回了福林公司提出的确认劳动合同无效的请求。因而，福林公司将面临短期内无法解除张三运劳动合同可能带来的相关风险。

案例2：周某从事煤矿掘进工作20多年，先后在多个个体小煤矿作业。上岗、下岗均没进行过体检。他在最后的这个单位工作已达5年，最近有关部门强制要求煤矿组织在岗人员进行体检，周某被检查出患有尘肺病二期。因为没缴纳工伤保险，周某向单位提出了巨额工伤待遇索赔。该单位认为周某以前在多个煤矿从事煤矿掘进工作，可能早在其他单位就患病了，虽然单位提供不出相关证据，却仍然坚决拒绝承担相应费用。最终，该案经法院审理，判决该单位承担相应责任。

资料来源　根据网络资料整理。

问题：请问用人单位应该如何做好新入职员工的体检工作？

分析提示：用人单位组织入职员工开展体检工作是十分必要的，否则就会像上述两个案例一样，单位会因员工未做体检而承担可能不应该承担的责任。做好员工入职体检工作，用人单位一定要做到"逢进必检"，一定要选择有资质、信誉良好的医疗机构，一定要选择与岗位工作任务和工作环境紧密相关的、符合法律法规要求的体检项目，一定要安排专职人员陪同入职人员参加体检，以防范"代理体检"或其他造假行为。

7.3 背景调查

7.3.1 背景调查的重要性

背景调查通常是用人单位通过第三方对拟聘者的情况进行了解和验证，这里的"第三方"主要是指应聘者原来的雇主、同事以及其他了解应聘者的人员，或是能够提供资料验证应聘者的机构和个人。背景调查的内容通常是对拟聘者的受教育状况、工作经历、工作成绩、个人品质、工作能力、个人兴趣等情况进行调查。假学历、假成绩单、虚假的工作经历与经验、言过其实的工作能力、精心伪装的个人品质与兴趣等会严重妨碍人员选拔的公正性、准确性，挫伤组织内员工的积极性，从而给组织带来不必要的损失。

防"假"于未然，对录用人员，特别是关键职位、重要人员进行背景调查是十分必要的。

1）检测拟聘者的诚信度

求职者在应聘时，往往对自己刻意进行包装，求职书越做越精美，工作经历越来越丰富。一些学历较低、经验不足的求职者为迎合用人单位的需要，可能会弄虚作假。因此，使用背景调查可以验证申请者所提供的信息是否真实，检测拟聘者的诚信度。

2）侧面了解拟聘者的能力和素质

有些求职者会在工作经验方面一味夸大其词，甚至杜撰简历以满足应聘职位的要求。通过对前雇主或教育单位的背景调查，可以了解有关求职者的技能、个性、工作习惯和品格。但是，需要说明的是，在调查中不能只相信推荐者的说辞，必须仔细审核支持推荐者态度的具体行为事例，如有可能最好进行多方互核。

3）较好地预测拟聘者将来的绩效

由于个人行为具有一致性和相关性，因此个体过去的绩效能够较好地预测将来的绩效。对于企业而言，这就意味着如果企业要找合适的员工，那么最好的申请者就是那些以前有过类似岗位经验并取得过卓越绩效的人员。

总之，对于企业来说，申请者的背景调查是很重要的，它可以帮助企业雇用到合适的人，并淘汰那些不合适者。

7.3.2 员工背景调查的适用范围

对于企业来说，如果对拟聘用的所有人员均进行背景调查，需要花费大量的时间、人力、资金，而且也不太现实。因此，在进行员工背景调查时，企业需要根据情况进行区别处理，不会对所有聘用岗位人员都进行背景调查。一般来说，企业对拟录用人员进行背景调查的岗位主要有以下几种：

1）涉及资金管理的岗位

如会计、出纳、投资等岗位，出于对资金安全的考虑，企业会对拟录用人员进行背景调查，主要是期望了解这些拟录用人员的工作能力、有无犯罪记录和诚信状况。

2）涉及核心技术秘密的岗位

企业的核心技术秘密关涉企业的生存问题，因此企业在招聘核心技术岗位的人才（如研发部的工程师、技术人员等）时，都会非常慎重，花费一定的资金对拟录用者进行犯罪记录、诚信状况等背景调查。

　　3）部分中高层管理岗位

　　企业的运营战略、运营方向、核心客户资源等，都掌握在这些岗位的中高层管理人员（如运营总监、销售总监、战略管理副总经理等）手上。如果这部分人员产生动荡会对整个企业的资金链，或者运营层面带来极大的负面效应，大多数企业都会对中高层岗位拟聘者进行背景调查，甚至不惜花费重金聘请外部调查机构。

7.3.3　背景调查的内容

　　背景调查内容应以简明、实用为原则。内容简明是为了控制背景调查的工作量，降低调查成本，缩短调查时间，以免延误上岗时间。另外，优秀人才往往被几家公司争夺，长时间的调查会给竞争对手制造机会。内容实用是指调查的项目必须与工作岗位需求高度相关，避免查非所用、用者未查。调查内容分为两类：一是通用项目，如毕业学位的真实性、任职资格证书的有效性；二是与工作说明书要求相关的工作经验、技能和业绩。调查的内容具体包括下列几个方面：

　　1）证件类信息

　　证件类信息主要包括拟聘者的身份证、学历学位证书、资格证书、职称证书、技术技能等级证书等。

　　2）工作履历

　　工作履历是指拟聘者过去在什么时段、在什么单位从事过何种岗位的工作，在各岗位承担的主要工作职责，离开原单位的原因。

　　3）工作业绩、能力与素养

　　工作业绩、能力与素养是指拟聘者在过去工作的单位所取得的业绩、作出的贡献，拟聘者在工作、生活、社会交往、家庭生活等方面表现出来的业务能力、个人修养、个性品质等。

　　4）个人信用

　　个人信用是指调查拟聘者有无金融违规记录，是否与他人（或单位）存在商业利益冲突，是否有违反公司合同或损害公司利益的行为等。

◆◆◆◆➡ 案例分析7-2

失败的背景调查

　　李金刚前一段时间比较忐忑，他正在接受一家世界500强企业委托第三方开展的背景调查。他在背景调查表上填写了自己的上司、同事和下属的姓名和座机电话，不知道能否顺利过关。

　　背景调查机构的背景调查员孔芳芳通过李金刚提供的座机电话，联系上了他的前同事和下属，但始终打不通他上司张兰的座机电话。孔芳芳通过委托方，找到李金刚问明了原因。李金刚随后告知，张兰最近生病在医院住院，并把张兰的手机号码提供给了孔芳芳。张兰也确实因病住院，她在病床上认真回答了孔芳芳提出的有关李金刚专业能力、工作业绩、个人品德等方面的各类问题，这让孔芳芳觉得很感动，在电话里不停地道谢。张兰在病床上接受的电话调查，让孔芳芳感觉到更加可信。

　　这几天，背景调查结果出来了，李金刚总算松了一口气。他宴请了接受调查的三人，因为其中两个作为同事和下属说了一些好话，为其增色不少。他尤其感激张兰客串他的上司，否则他肯定要被原来那位上司抹黑了。张兰觉得朋友有求于己，又不是什么原则问题，也不用承担法律责任，犯不着毁了朋友前程。

　　资料来源　根据网络资料整理。

　　问题：作为委托方（聘用单位）的HR如何才能杜绝类似事件发生？

　　分析提示：（1）尽量选择比较有实力的背景调查公司和能力水平高的调查员；（2）候选人在填写简历或者接受背景调查时，主动提供的证明人姓名及联系方式，在多数情况下是不可信的，委托方和调查人员要尽可能多地找到与调查对象相关的人员，如其上司、下属、同事、HR、客户等；（3）不要选择过于久远的有可能离职或者联系方式改变的证明人；（4）调查员要用合适的理由和一定的技巧与方法，请调查对象原工作单位的前台帮着转其上司、下属、同事，以开展调查工作；（5）拓展人际关系选择证明人，如行业协会、媒体记者、社区居民等。

7.3.4　背景调查的实施与注意事项

1）背景调查的实施

（1）调查时机选择。企业员工的背景调查最好安排在面试结束后、上岗前的间隙，因为此时进行调查，在调查项目设计时可以更有针对性。另外，在企业决策前还可根据调查结果，决定是否安排上岗，或者根据调查结果对人员的前期情况有个初步了解，安排工作时也可以根据调查出的情况给予适当调整，避免盲目安排人员，从而避免在上岗后再调查出问题而令公司和人力资源部进退两难。

（2）背景调查的方法。人力资源管理人员进行背景调查时，可通过档案调查、电话调查、当面访问、发函调查、委托调查公司调查或从资信评估公司购买应聘者的相关信息等方式进行。

（3）调查主体选择。背景调查可以由本企业自主进行，还可以委托调查公司进行，选择一家具有良好声誉的调查咨询公司，提出需要调查的项目和时限要求即可。

（4）调查客体选择。根据调查内容可以把调查目标部门进行分类。一是学校学籍管理部门和中国高等教育学生信息网（学信网），从该处能查阅应聘者的受教育情况，持假文凭者此时就现出了原形；二是原雇用公司，从原雇主那里原则上可以了解到应聘者的工作业绩、表现和能力，但原雇主的评价是否客观需要加以识别；三是档案管理部门，一般而言，从原始档案中可以得到比较系统、原始的资料。

2）背景调查的注意事项

（1）一般情况下，要征得应聘者的同意方可做背景调查，或签订背景调查授权书，因为可能涉及隐私。背景调查授权书格式如下：

背景调查授权书
本人_____已许可并授权_____公司，对本人于____年____月至____年____月在_____公司担任_____职位时的工作经历、取得业绩等情况的真实性予以调查询问，特此证明。希望予以配合，非常感谢！ 　　　　　　　　　　　　　　　　　　　　　　　　　本人签字： 　　　　　　　　　　　　　　　　　　　　　　　　　日　期：

（2）为了防止同事报复，一般需要对应聘者工作过的几家单位同时调查，而不是仅调查一家单位。

拓展阅读7-2

假文凭的
识别

（3）如果应聘者还没有离开原来的工作单位，那么在进行背景调查时应该注意技巧，不要被原单位发现该应聘者将要离开的信息，否则对该应聘者不利。

（4）只调查与应聘者未来工作有关的信息。

（5）必要时可以委托专业的调查机构进行调查，因为这类机构有更广泛的渠道与证明人联系，并且调查更加专业。

（6）在背景调查过程中要保持严谨和客观的态度，妥善处理背景调查的负面结果。对于疑似负面的信息要排除各种特殊情况，并多渠道求证，不能轻易下结论。

7.4 录用决策

7.4.1 录用决策的标准

录用决策是根据岗位需求、人岗匹配的原则，避免主观武断和不正之风的干扰，把甄选阶段多种考核和测验结果组合起来进行综合评价，从中择优确定录用名单，实现人适其岗、岗得其人的合理匹配的过程。企业录用决策受众多因素的影响，决策标准的选择是录用决策的关键，直接决定决策的结果。录用决策标准是企业录用工作小组作出员工录用决策的准则，一般有以下三类录用决策标准：

1）录用决策以人为标准

这种决策是指将人员安置到最合适的岗位上，实现人尽其才、才尽其用，即从人的角度出发，按每人得分最高的一项给其安排职位。这样做可能出现同时多人在该职位上得分都是最高，结果只能选择一个人，而使其他优秀人才被拒之门外的情况。

2）录用决策以职位为标准

这种决策是指按照岗位要求选择最合适人选，即从职位的角度出发，每个职位都录用得分最高的人员，但这样做可能会导致一个人同时被好几个职位选中。

3）录用决策以双向选择为标准

由于单纯以人为标准和单纯以职位为标准的录用决策都有缺点，因此可以结合使用这两种方法，即从职位和人双向选择的角度出发，合理配置人员。这样做的结果有可能并不是每一个职位都能录用到得分最高的人，也不是每个人都能被安排到其得分最高的职位上。但是，因其平衡了两方面的因素，从总体的效果上来看是好的。

下面以佳佳乐公司为例，对上述三种录用决策标准予以说明。

佳佳乐公司根据生产经营需要，决定招聘A、B、C、D4个岗位的工作人员，经过多轮甄选，从应聘者中选出了6位候选人，各位候选人在4个岗位上的综合得分情况见表7-1。

表7-1　　　　　　　　　　　　　　6位候选人各岗位综合得分情况

岗位 候选人	张三	李四	王五	赵六	孙七	周八
A	9.5	7.5	8	7.5	7	8
B	8.5	8.5	8	7.5	8	7.5
C	8	7	8.5	8	7.5	7.5
D	8.5	7.5	7	7.5	7	7
备注						

当录用决策以人为标准时，张三在 A 岗位的分数最高，应将其安排在 A 岗位上；李四在 B 岗位上的分数最高，应将其安排在 B 岗位上；王五在 C 岗位上的分数最高，应将其安排在 C 岗位上；赵六在 C 岗位上的分数最高，应将其安排在 C 岗位上；孙七在 B 岗位上的分数最高，应将其安排在 B 岗位上；周八在 A 岗位上的分数最高，应将其安排在 A 岗位上。因为 A、B 岗位上只能选择一个人，所以像孙七和周八这样的优秀人才可能就流失掉，而 D 岗位却招不到人。

当录用决策以岗位为标准时，A 岗位由张三担任，B 岗位由张三 、李四担任，C 岗位由王五担任，D 岗位由张三担任。这时可以发现，张三同时被 A 、B 、D 三个岗位选中。

当录用决策以双向选择为标准时，它综合了以上两种标准，A 岗位可由张三担任，B 岗位中因张三、李四分数最高，但张三已担任 A 岗位，所以 B 岗位由李四担任，C 岗位由王五担任，D 岗位由赵六担任。

7.4.2　录用决策的主体

录用决策的主体是指最后决定录用的人或机构。录用的原则是谁用人，谁拥有决定权，谁就有责任选准人，即"谁用人谁决策"。一般而言，参与决策的人应该包括那些直接负责考核应聘者工作表现的人，以及那些会与应聘者共事的人，如部门的主管或同事。

由于企业的需要不同和应聘的职位不同，录用决策主体也会不同，对于一般办事人员或一线工人来说，一般由其主管或人力资源主管单独决定；对于管理人员来说，除了该职位的主管以外，人力资源部或相关共事人员有时也参与决策；而对于高层管理人员来说，最终的录用提议应由用人部门主管提出，报总经理或董事会核准后才能决定是否录用。

在确定决策主体时要注意以下两点：一是如果人力资源部门与用人部门在人选问题上有意见冲突，应尊重用人部门的意见；二是限制参加决策的人数。

7.4.3　录用决策的方法

1）诊断法

诊断法是指决策者根据对某项工作和应聘者资格的理解，在分析应聘者所有资料的基础上，凭主观印象作出决策。

◆◆◆◆➡ 小思考7-2

请你来判断应该录用谁

在人事决策中，常常会遇到这样的矛盾：张三的知识和经验都达到甚至超出了要求，但其个性和意愿与市场主管这一职位的要求不太匹配；李四的知识经验略有欠缺，但其个性很适合做市场主管，又有获得这个职位的愿望。

资料来源　根据相关资料整理。

问题：到底应该用张三，还是用李四？

答：经验能力有点欠缺反而会更加激励员工积极地开展工作，会更加珍惜这个岗位。只要个性和意愿适合，经验、能力可以通过学习提高；而如果个性不太适合，或与其意愿不匹配，则很难改变。因此，李四可能是最好的人选。

2）多重淘汰法

多重淘汰法是指对招聘人选的相关测试都是淘汰性的，应聘者必须在每种测试中都达到一定水平，只有通过了上一关才能进入下一关，关关都通过了，才算合格。该方法是将多种考核与测验项目依次实施，每次淘汰若干低分者。考核项目全部通过者，再按最后面试或测验的实得分数，排出名次，择优确定录用名单。

3）赋予权重法

赋予权重法是指对应聘人选的各种测试结果根据不同需要赋以不同的权重，综合所有测试结果决定录用人选，即不同测试的成绩可以互为补充，最后根据应聘者在所有测试中的总成绩作出录用决策，见表7-2。

表7-2　　　　　　　　　　　　各种项目的权重情况

考核项目		技术能力	学历	政治思想水平	组织领导能力	事业心	解决问题能力	适应能力
甲		0.9	0.5	1	1	0.8	0.8	1
乙		0.7	0.9	0.8	0.8	1	1	0.7
权重	W_1	1	1	1	1	1	1	1
	W_2	0.5	1	0.8	1	0.8	0.7	0.6

第一种情况，各考核项目的权重都是1。甲乙的得分就是各项分数直接相加，即甲为6分，乙为5.9分，则决策的结果是录用甲。

第二种情况，对各考核项目分别赋予了权重。甲乙的得分就是各项分数乘以相关权重后分值的总和，即甲为4.55分，乙为4.61分，则决策的结果是录用乙。

4）综合法

在这种情况下，有些测试是淘汰性的，有些是赋予不同的权重可以互为补充，应聘者通过淘汰性的测试后，才能参加其他测试。

如果招聘的岗位只有2~3个，合适的人选有着极强的对应性，人员录用决策就比较简单，很可能一目了然。但是，当招聘岗位较多，岗位与招聘人选的对应性较差时，也就是说，每个招聘岗位都有多个合适人选，招聘人选又能够适应多个岗位，并且招聘人选相互之间差异不明显，此时人员录用决策就比较复杂，需要通过一系列的计算步骤和权衡比较才能完成，有时还要借助数学方法和计算机手段。

7.4.4　录用决策的注意事项

1）尽量使用全面衡量的方法

企业要录用的人员必然是能够满足企业需要、符合应聘岗位素质要求的人才，因此必须根据企业和岗位的实际需要，针对不同的能力素质要求赋予不同的权重，然后录用那些得分最高的应聘者。

2）减少参与录用决策的人员

在选用录用决策的人员时，必须坚持少而精的原则，选择那些直接负责考核应聘者工作表现的人，以及那些会与应聘者共事的人。如果参与录用决策的人员太多，则会增加录用决策的困难，造成争论不休或浪费时间和精力。

3）不能求全责备

人没有十全十美的，在进行录用决策时不要吹毛求疵，决策人员必须分辨主要问题以及主要方面，分辨哪些能力对于完成这项工作是不可缺少的，这样才能录用到合适的人选。

7.5　录用手续的办理

7.5.1　录用通知

1）录用通知的主要内容

在通知被录用者方面，最重要的是及时性。如果企业不能及时发出录用通知就有可能使企业损失重要的人力资源，因此录用决策一旦作出，就应该马上通知被录用者。录用通知的主要内容包括：

（1）对被录用者的加入表示欢迎，让被录用者知道他们的到来对于组织的重要意义。

（2）明确报到时需要带的材料、生活用品等相关内容。

（3）明确报到的时间、地点和方式。

（4）其他应该说明的信息。

2）录用通知范例

企业应聘人员录用通知单

尊敬的＿＿＿＿＿＿＿先生/女士：您好！

感谢您对本公司的信任和大力支持，很高兴通知您：您应聘本公司＿＿＿＿＿＿岗位，经过考核审查，本公司决定正式录用您，请按以下要求到本公司人力资源部报到。

报到时间	年　月　日（星期　）　点
报到地点	
行车路线	
报到内容说明	
个人携带资料	报到时，请携带下列资料： □居民身份证 □学位与学历证书 □体检表 □　寸免冠彩照　　张
备注	

注：1.按本公司规定，新进员工试用期为　　个月，试用期暂付月薪　　元。
2.接到通知后如有疑虑或困难，请直接与人力资源部联系。
联系人：　　　　　　　　联系电话：

单位名称：（盖章）
年　月　日

7.5.2　拒绝通知

1）拒绝方式

应聘被拒，虽然是很正常的事情，但是对于应聘者来说，总归是一件令其不快的事情。如果应聘者对该次应聘期望很高且自信满满，或应聘者对甄选过程还存在异议，这会让其对未被录用产生更加复杂的心理情绪。因此，如何科学有效地通知未被录用的应聘者，不仅是必要的，而且是重要的——既能告知充满期待的应聘者录用与否的消息，又有助于企业树立良好的社会形象，还能抚平部分应聘者产生的复杂心理情绪，减少企业的麻烦。

向应聘者发拒绝通知，不仅通知内容的设计是重要的，而且通知方式的选择也是重要的。员工录用的最终决策一般不是在甄选现场作出的，因此，拒绝通知一般都是通过电话或信函的方式送达。电话通知，一般会让应聘者感觉到更受尊重，互动性强、沟通效果较好，但有时也会带来不必要的被纠缠的麻烦。信函方式又分为纸质信函和电子信函两种，移动互联网时代，短信、邮件等都是快捷有效的通知方式，但若能选择纸质信函并加署签名的方式会让应聘者感觉到很正式、很受重视，不过纸质信函会比较耗时费力。具体选择什么样的方式发出拒绝录用通知，要视应聘者应聘的岗位的重要程度、应聘者的个人情况、企业工作人员与技术资源条件等因素而定。

2）拒绝通知书

拒绝通知书要感谢求职者到公司来应聘，言辞要诚恳，下文的范例可供参考，企业可根据自身需要进行修改。

辞谢通知书

尊敬的＿＿＿＿＿＿先生/女士：

十分感谢您对我们公司＿＿＿＿＿＿岗位的兴趣。您在应聘时的良好表现，给我们留下了很好的印象，但是由于岗位名额有限（或"考虑到您的工作经历及各方面情况与公司要求存在差异"），这次公司无法录用您。我们已经将您的有关资料备案，并会保留半年，如果有新的岗位空缺，我们会优先通知您（这句话要视具体情况确定是否需要）。感谢您能够理解我们的决定。祝您早日找到理想的工作。对您热诚应聘我们公司，再次表示感谢！

此致

人力资源部经理
年　　月　　日

7.5.3　录用报到的一般流程

不同企业的新入职员工的录用报到流程是不一样的，一般都有各自的特色。图7-1和图7-2是两个不同企业的新员工录用报到流程图，可供学习和参考使用。

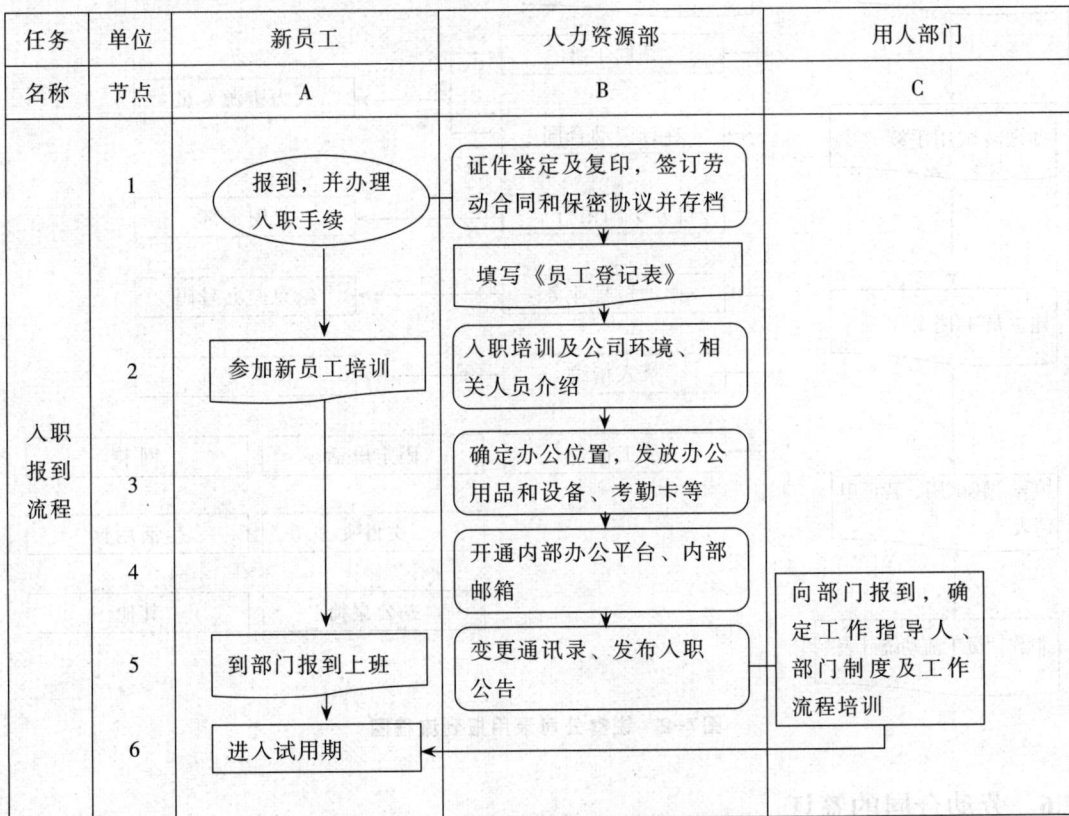

图7-1　福来食品公司录用报到流程图

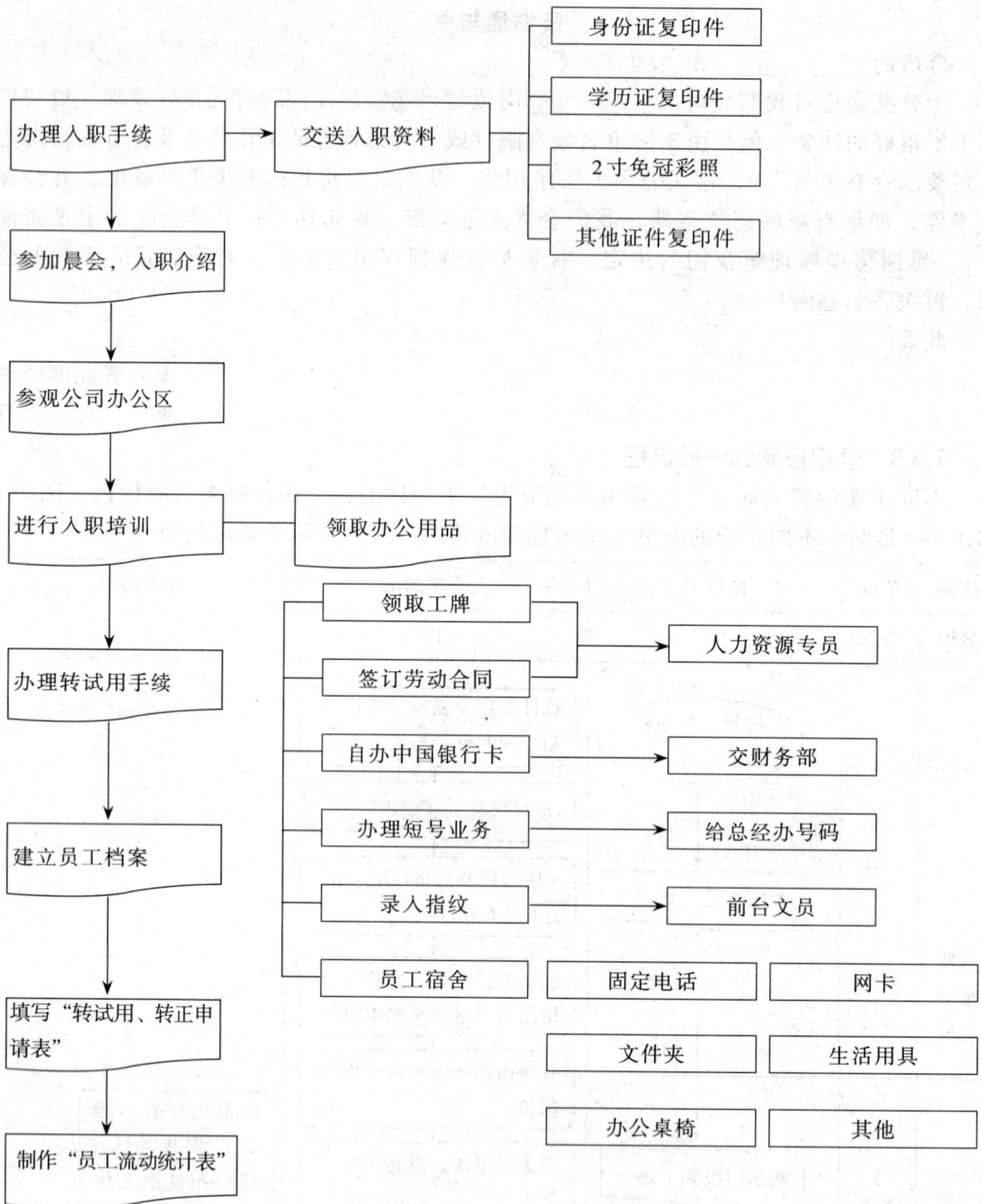

图7-2　锐鑫公司录用报到流程图

7.6　劳动合同的签订

7.6.1　劳动合同的内容

1）劳动合同的含义

劳动合同，也称劳动契约、劳动协议，是指劳动者同用人单位为确立劳动关系，明确双方责任、权利和义务的协议。订立劳动合同的目的是在劳动者和用人单位之间建立劳动法律关系，规定劳动双方当事人的权利和义务。

2）劳动合同的内容

按照2012年12月28日第十一届全国人民代表大会常务委员会第三十次会议修订的《中华人民共和国劳动合同法》（以下简称《劳动合同法》），订立劳动合同应当采取书面形式。劳动合同的条款分为必备条款和约定条款。

（1）必备条款的内容。劳动合同的必备条款是指劳动合同应当载明或者作出规定的事项。作为劳动合同的必备条款，一般是劳动合同的基本内容，是对用人单位，特别是劳动者有重要或根本影响的事项，是法律对劳动合同的强制性要求。必备条款有九项：一是用人单位的名称、住所和法定代表人或者主要负责人；二是劳动者的姓名、住址和居民身份证号码或者其他有效身份证件号码；三是劳动合同期限（固定期限或无固定期限的劳动合同、以完成一定工作任务为期限的劳动合同）；四是工作内容和工作地点；五是工作时间和休息休假（劳动者每日工作不超过8小时，每周工作不超过40小时，劳动者超过法定工作时间加班的，用人单位必须依法支付劳动者加班工资）；六是劳动报酬；七是社会保险（社会保险一般包括医疗、养老、失业、工伤和生育保险）；八是劳动保护、劳动条件和职业危害防护；九是法律法规规定应当纳入劳动合同的其他事项。

（2）约定条款的内容。按照法律规定，用人单位与劳动者订立的劳动合同除上述九项必须具备的条款内容外，还可以协商约定其他内容，一般简称为协商条款或约定条款。这类约定条款的内容是在国家法律规定不明确或者国家尚无法律规定的情况下，用人单位与劳动者根据双方的实际情况协商约定的一些随机性的条款。劳动行政部门印制的劳动合同样本，一般都将必备条款写得很具体，同时留出一定的空白由双方随机约定一些内容。例如，可以约定试用期、培训、保守用人单位商业秘密的事项、补充保险和福利待遇等内容。

7.6.2　劳动合同签订的原则

根据《劳动合同法》的规定，订立劳动合同时应遵循以下原则：

1）合法原则

合法就是订立合同的形式和内容都要符合法律的规定，这是劳动合同有效并受法律保护的前提条件。否则，劳动合同当事人的权利不仅得不到保护，还要承担相应的法律责任。

2）公平原则

订立合同的内容要公平合理，双方的权利和义务大体是平衡的，不得乘人之危，或者利用强势地位订立不合理的合同内容。

3）平等自愿原则

平等是指用人单位和劳动者在缔结合同时法律地位上的平等。在订立劳动合同过程中，当事人双方都是以劳动关系主体资格出现的，是平等主体之间的关系。自愿是指订立劳动合同完全是出自双方当事人自己的真实意志，是双方在意思表示一致的情况下，充分地体现了自己订立劳动合同的意图，经过平等协商而达成协议。

4）协商一致原则

协商一致是指劳动合同的内容、条款，在法律法规允许的范围内，由双方当事人共同讨论、协商，在取得完全一致的意思表示后确定。如果双方对具体条款意见不一致，则劳动合同不能成立。

拓展阅读7-3

5）诚实信用原则

诚实信用原则要求合同双方当事人在合同订立、履行、变更、解除和终止的每个阶段都要诚实、讲信用，不能采取欺诈等手段，要履行及时通知或者告知义务、保密义务等。

劳动合同无效或部分无效的情形有哪些

7.6.3 试用期与合同期限

试用期是用人单位与劳动者在劳动合同中协商约定的对对方的考察期。《劳动合同法》延续了《中华人民共和国劳动法》有关试用期的一些规定，如试用期属于劳动合同的约定条款，双方可以约定试用期，也可以不约定试用期；试用期包含在劳动合同期限之内；试用期最长不得超过六个月。《劳动合同法》作出了一些新规定：

1）试用期的期限

《劳动合同法》规定劳动合同期限三个月以上不满一年的，试用期不得超过一个月；劳动合同期限一年以上不满三年的，试用期不得超过二个月；三年以上固定期限和无固定期限的劳动合同，试用期不得超过六个月。以完成一定工作任务为期限的劳动合同或者劳动合同期限不满三个月的，不得约定试用期。同一用人单位与同一劳动者只能约定一次试用期。

2）试用期待遇

劳动者在试用期的工资不得低于本单位同岗位最低档工资或者劳动合同约定工资的80%，并重申试用期工资不得低于用人单位所在地的最低工资标准。

3）试用期法律责任

在试用期间，除劳动者有《劳动合同法》第三十九条和第四十条第一项、第二项规定的情形外，用人单位不得解除劳动合同。用人单位在试用期解除劳动合同的，应当向劳动者说明理由。

由于试用期的设定受到严格限制，试用期在人力资源管理中的优越功能就无从发挥。因此，企业在招聘员工时，需要花更多的精力和成本在招聘面试和应聘人员的背景调查上，以代替以前通过设定较长试用期来了解、考核应聘者。

7.7 入职培训

7.7.1 入职培训的内容

1）入职培训的重要性

入职培训也称岗前培训，它实际上是招聘过程的延续，其主要目的是让员工尽快熟悉企业、减少焦虑、适应环境。

新员工进入企业会面临"文化冲击",有效的入职培训可以减少这种冲击的负面影响。员工刚刚进入一个企业时,其最关心的是如何形成与自己的角色相符的行为方式。入职培训意味着员工必须放弃某些理念、价值观念和行为方式,学习新的工作准则和有效的工作行为,从而适应新企业的要求。企业在这一阶段的工作是要帮助新员工建立与同事和工作团队的关系,形成符合实际的期望和积极的态度。具体而言,入职培训的作用有以下几个方面:一是促进新员工尽快适应环境;二是打消新员工对新的工作环境不切实际的期望;三是满足新员工工作和生活需要的专门信息;四是降低文化冲击的影响;五是提升安全意识和技能。

2)入职培训的内容

(1)入职培训内容的影响因素。

不同的企业,入职培训的内容存在差异,这主要由以下因素决定:

① 企业的生产经营特点和要求。对生产中存在危险的企业,如采矿企业、供变电企业,安全教育是其入职培训中必不可少的内容。

② 企业文化。入职培训往往有企业文化色彩,如日本丰田公司注重团队精神,沟通技巧是其入职培训的重要内容。

③ 新员工的素质。新员工素质的高低也会影响岗前培训的内容。

(2)入职培训的常规内容。

入职培训的常规内容有规章制度、企业概况、产品知识、行为规范和共同价值观等,其中行为规范和共同价值观同属于企业文化。许多国内外著名企业将共同价值观、行为规范的培训作为入职培训的重要内容。

(3)入职培训的专业内容。

① 业务知识。业务知识是指除专业知识外,从事某项业务所需要的知识,如医疗仪器销售公司的销售人员需要了解医疗仪器的结构和原理。

② 专业技能。技能是指从事某项工作应具有的特殊技能,如产品检验员应学会检验仪器的日常保养。

③ 管理实务。管理实务是指某项管理工作的程序、方法、标准等,如人力资源部的招聘专员应熟悉参加人才交流会的具体程序。

④ 软技能与情绪管理。软技能是指沟通、协作、领导力、时间管理等方面的技能,情绪管理是指阳光心态、压力管理、情绪调整、人际交往等。企业越来越重视这些方面的培训,可帮助新员工更好地适应职场环境。

其中,常规内容相对标准化,部门或岗位的差异不大,一般由人力资源部承担和组织,所需时间也通常比较短暂且固定,新招员工数量较多的公司还可使用集中的团体性课程,成本低且效率高。

7.7.2 入职培训的实施

1)入职培训的流程(如图7-3所示)

(1)资料准备。入职培训需要准备的资料包括与培训相关的各项通知、说明、统计表格、教学计划和培训提纲等,具体资料有:①员工入职培训计划;②员工入职培训通知;③受训员工基本情况表;④受训员工入职培训安排表;⑤受训员工入职培训提纲;

```
┌──────────┐      ┌──────────┐      ┌──────────┐
│ 资料准备 │ ==> │ 会务准备 │ ==> │ 实施培训 │
└──────────┘      └──────────┘      └──────────┘
                                           ‖
                                           ⇓
┌────────────────────────────┐      ┌──────────┐
│ 颁发上岗证或上岗通知书     │ <== │ 考核考试 │
└────────────────────────────┘      └──────────┘
```

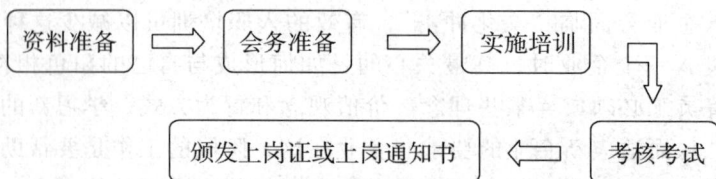

图7-3   入职培训流程图

⑥培训内容资料；⑦员工手册。

（2）会务准备。入职培训的会务准备具体包括：①会议时间；②会议场地；③会议内容；④参加人员；⑤会议资料；⑥会议设备；⑦后勤保障。

（3）实施培训，即根据培训内容选择相应的培训方法和方式进行培训。

（4）考核考试。考试适用于对知识、技能的考查。如果想知道新员工对管理实务是否掌握以及学习是否有收获，应进行考核。考核分考核表和报告两种形式。

（5）颁发上岗证或上岗通知书。上岗证或上岗通知书是员工取得上岗资格的证明。

2）入职培训的方式

入职培训的方式灵活多样，可以采用授课、研讨会的方式，也可以采用岗位实地培训方式，甚至是户外训练等方式。

以美国惠而浦公司为例，其对新加入的销售人员采用实地培训方式。以7个人为一组，安排在公司密歇根总部附近的房子里进行为期2个月的实地培训，这期间只允许受训人员有2个周末回家度假。除了普通的讲授方式，还让新销售员工每天用公司的产品洗衣、做饭、洗碗；还会在当地的商店购买家用电器，把公司的产品和竞争者的产品做比较等。这个培训使新加入的销售人员快速熟悉产品和业务，参加了该培训项目的员工通过试用期留在公司的比率也比较高，这种方式还吸引了不少人前来应聘销售职位。

还有些公司采用"伙伴制"培训，就是给每个新员工安排一名工作职责相近、热诚负责的老员工作为"结对子"的"伙伴"，事无巨细，随时可给予新员工必要的协助和指点；而被选上做"伙伴"也是企业对优秀员工的一种认可和荣誉，对其额外的付出，企业也给予一定的奖励。这种一对一的"贴身全程服务"很能显示企业的亲和力和凝聚力，也是将企业文化加以传播和强化的可靠途径。

也有的企业会请第三方的培训公司，采用更新颖的户外拓展训练作为入职培训的一部分。这种拓展训练沿用了体验式培训的基础理论，结合新人融入方面的心理学和组织行为学研究成果，通过科学的情境设计，让课程兼顾新人的个体行为感受、团队角色观念的树立和企业价值认同的推动，从而促进新员工融入企业，加强新员工对企业的认同感和归属感，同时，也使新员工在体验中理解和认同企业文化。

3）入职培训的新趋势

（1）线上虚拟培训。线上虚拟培训已成为新员工培训的重要趋势。通过线上平台，新员工可以随时随地进行学习，不受时间和地点的限制。同时，线上培训还能够提供丰富的多媒体资源和交互功能，增强学习体验和效果。

（2）协作与社交学习。协作与社交学习强调学员之间的互动与合作，通过小组讨论、项目合作等方式，促进知识的共享和经验的交流。这种培训方式不仅有助于新员工更快地融入团队，还能够提升团队协作能力和沟通能力。如上文举例的"伙伴制"培训就是其中一种形式。

（3）定制化个性培训。每个员工都有自己的学习风格和成长需求，定制化个性培训正是针对这一特点而兴起的趋势。企业可以根据员工的岗位特点、能力水平和发展目标，量身定制培训计划，确保培训内容与员工实际需求紧密结合，增强培训效果。

（4）实战模拟演练。实战模拟演练通过模拟实际工作场景，让新员工在实践中学习和掌握知识和技能。这种培训方式不仅能够加深员工对理论知识的理解，还能够提升员工的实际操作能力和解决问题的能力。

随着技术的不断进步和理念的不断更新，新员工培训方式将继续朝着更加高效化、个性化和全球化的方向发展。

7.8 录用工作中常见的问题与对策

7.8.1 录用工作中常见的问题

1）录用前工作不规范

录用前的工作包括面试、背景调查等，此环节的质量直接影响到录用决策质量。录用前工作不规范的情形包括：在面试中面试问题不规范，缺乏统一评价格式；主持面试者本身未受过专业培训，缺乏招聘技巧，不懂如何甄选人才；应聘者过于紧张，无法显露其真正价值。

2）评价标准不清晰

录用决策标准的确定是录用决策实施的前提。决策当事人如果都是根据自己的用人风格进行衡量，带有很强的主观性，那么招到的人员难免良莠不齐。另外，用人部门和人力资源部门因为各自关注的角度不同，对录用标准的理解也会产生分歧。这种分歧使得录用过程中两个部门的配合程度不足，从而使录用质量受到影响。录用决策的关键点在于录用决策小组成员之间有一致的判定标准，评价的结果尽量客观、真实。

3）录用决策不科学

为了保证人才录用的科学性，必须利用科学的人才测评技术，按照科学、完整的流程收集决策信息。如果把人员录用的决定权交给某一个或几个人，必然会降低决策的科学性。国外人才测评技术在企业人才选拔上已经运用得相当普遍，但是对于国内的许多企业来讲，这种选人和用人的方式仍然很少运用。

4）录用程序不合理

人员录用程序的有效执行除了能为企业不断补充新生力量、实现人力资源的合理配置外，还要能较好地激发人员的潜能、实现优胜劣汰、减少培训开支、提高工作效率等。录用程序中的不合理主要表现在程序中某个环节的缺失或不到位，违反政府的就业政策和有关劳动法律法规，录用程序不公平，缺乏经济性目标等。

7.8.2　录用工作中常见问题的对策

1）事先形成统一的评价标准

录用决策的最重要依据是人与岗位的匹配，进行录用决策的人，应该能很清楚地解释自己所作出的录用决策的依据。为了防止决策时依据的标准不统一，造成用人失误，在人力资源管理部门和用人部门之间应该建立相同的评价指标。组织应该尽可能地选择那些个性特点与企业文化相吻合的应聘者。在候选人素质差不多的情况下，要作出录用决策时，应重点考核候选人的核心技能和潜在工作能力；在候选人工作能力基本相同时，要优先考虑其工作动机。

2）明确招聘中人力资源管理部门与用人部门的责任

人力资源管理部门承担决策中的专业性工作，培训和帮助各部门管理者挑选合适的人选；用人部门则对岗位角色更为熟悉，了解岗位对人员的资格要求。双方必须密切配合，共同完成招聘任务。如果人事部门与用人部门在人选问题上意见有冲突，应尊重用人部门的意见。

3）利用现代决策模型

测评数据资料的综合分析是通过专门的人事测评小组或评价员会议进行的。测评小组共同讨论每个评价维度的行为表现，得出对某一求职者有关这方面情况的一致评价意见。在对每一评价维度都进行了类似的综合后，评价员就要考虑勾画出该求职者在所有评价维度上的长处和弱点，然后作出最后的录用决策。作为专业的、科学的人事决策，做到人事决策信息的量化是非常重要的一个方面。利用量化信息的企业可以根据不同的需要建立起相应的录用决策模型。录用决策模型是把许多主观的信息和客观的信息通过量化、系统的方法，转化成固定的统计模型，从而能提高录用决策的科学性。

4）重视录用程序的每一个环节

录用的质量不是取决于企业的花费，而在于明确的录用标准、合适的录用方式和规范的录用程序。为了让录用工作更有效率，企业必须规范背景调查、告知聘用结果、签订合同、岗前培训和新进员工的追踪服务等各个步骤。例如，在通知录用时要及时，还要体现企业的良好形象；录用程序涉及较多的劳动法律法规问题，如对试用期的约定问题、关于试用期的待遇问题等。企业招聘与筛选程序的公平性对求职者有着非常大的影响。总的来说，公平的招聘与筛选程序会导致求职者积极的反应，而不公平的筛选程序则会导致求职者消极的反应。企业应该关注招聘与筛选程序的公平性问题，根据自己的实际需要建立公平的招聘与录用程序。

情境模拟 7-1

情境:

假设你是某公司的人力资源部负责人,公司最近招了一名销售员王小刚,你觉得此人有销售方面的潜力。可是一个月后,他却要求辞职,你找到他,下面是你与他的面谈记录:

你:王小刚,工作辛苦啦!我想和你聊聊。

王小刚:谢谢!不辛苦。

你:请你告诉我,为什么想走,是其他企业给你的薪水更高吗?

王小刚:不是。实际上我还没有找到其他工作。

你:你没有新工作就提出辞职?

王小刚:是的,我不想待在这里了,我觉得这里不适合我。

你:能告诉我为什么吗?

王小刚:在我上班的第一天,别人告诉我,正式的产品培训要一个月后才进行,并给我一本销售手册,让我在这段时间里阅读学习。第二天,有人告诉我在××区有一个展览,需要我去公关部帮忙一周。第三周,又有人让我整理公司的图书。在产品培训课程开课的前一天,有人通知我,由于某些原因课程推迟半个月,并安慰我不要着急,已经安排公司的销售骨干胡斌对我进行相关的在职培训,让我陪胡斌一起访问客户。一个多月里,我的工作都是被随意安排的。因此,我觉得这里不适合我。

操作:

(1)请一名学生扮演人力资源部负责人,另一名学生或教师扮演王小刚。

(2)分析王小刚提出辞职的真正原因,并写成汇报材料。

(3)请思考并阐述:企业在录用新员工后,应该如何让其快速进入工作状态、融入组织?

(4)请详细设计你说服王小刚留下来的措施。

◆◆◆◆➤ 学思践悟

思政教育主题:法治观念

德为法之魂、法为德之器。法治教育背后承载的不仅是对法学知识的传授,更应包含对大学生政治意识与主流价值观的引领。依法治国战略的全面实现,离不开广大大学生这支国家建设的主力军。加强大学生法治教育,是新时代人才培养的重要环节,应积极倡导大学生以习近平法治思想为指导,积极尊法、认真学法、自觉守法、主动用法,谨守法律底线,弘扬社会正气,强化社会责任感,做社会主义法治的忠实崇尚者、自觉遵守者、坚定捍卫者。

资料来源 袁方.以习近平法治思想为指导 加强大学生法治教育[N].中国青年报,2023-06-06(10).

法治素养，不仅是当代大学生思想道德素养的重要内容，也是大学生的学习、生活和社会交往的现实需要，更是其面对新时代走上工作岗位必需的核心素质和基本能力。请结合实际案例，谈一谈如何加强大学生法治教育。

▰▰▰➡ 基础训练 ▰▰▰▰

一、选择题

随堂测 7-1

1. 有效的人力资源管理，要求录用必须遵循的原则中错误的是（　　）。

A. 因事择人，人事相宜　　　　　B. 唯才是举，任人唯贤

C. 用人之长，用人不疑　　　　　D. 经济实惠，越快越好

2. 对于入职体检的说法错误的是（　　）。

A. 入职体检不同于一般的身体检查，它包括健康检查、体检、运动能力测试

B. 其结果是"健康"或"不健康"，说明是不是能满足具体工作对身体的要求

C. 特定行业的从业人员与人群密切接触，有可能传播传染病，因此对此职业或工种需要进行强制性体检

D. 对建筑人员，要测定其力气、手眼协调度、视觉听觉的灵敏度等

3. 背景调查的内容不包括（　　）。

A. 学历水平　　　　B. 个人资质　　　　C. 个人生活　　　　D. 个人资信

4. 对于高层的管理人员来说，最终的录用提议应由用人部门主管提出，报（　　）核准后才能决定是否录用。

A. 总经理或董事会　　　　　　　B. 人力资源管理机构负责人

C. 用人部门主管　　　　　　　　D. 相关单位

5. 在录用过程中属于人力资源管理部门的主要职责有（　　）。

A. 部门招聘计划的制订与审批

B. 招聘岗位的工作说明书及录用标准的提出

C. 招聘信息的发布

D. 应聘者初选，确定参加面试的人员名单

二、简答题

1. 录用决策的类型和方法有哪些？

2. 录用通知的主要内容有哪些？

3. 劳动合同中的必备条款有哪些？

4. 新员工入职培训的主要内容有哪些？

5. 简述录用工作中常见的问题及对策。

▰▰▰➡ 综合应用 ▰▰▰▰

☐ 案例分析

建立规范的录用条件　避免新员工录用风险

20××年4月，李小姐应聘到上海浦东的A公司工作，任A公司行政经理的助理，合同期为3年，试用期为6个月。在试用期，A公司认为李小姐表现时有差错，单位门禁

系统显示李小姐常有迟到早退现象，李小姐的直接上司行政经理也对其表现不满意，A公司遂在试用期即将届满时，认定李小姐"不符合录用条件"而解除劳动合同。李小姐认为其在试用期表现虽不完美，但整体尚属良好，对A公司"不符合录用条件"的说法表示不服，遂申请仲裁，要求恢复履行劳动合同。

资料来源　马军生. 试用期内解除劳动合同引发的内控思考 [J]. 中国会计报，2011（8）.

问题：李小姐的要求会得到法律支持吗？企业要如何应对呢？

案例分析：试用期内员工不符合录用条件，是人力资源管理中常见的解除劳动合同的原因。从举证责任来说，现有司法解释明确规定："因用人单位作出的开除、除名、辞退、解除劳动合同、减少劳动报酬等决定而发生的劳动争议，用人单位负举证责任。"

鉴于A公司证据不足，仲裁阶段A公司败诉。之后，A公司同意支付李小姐一定金额的补偿，双方和解。

在《劳动合同法》框架下，企业在试用期合法解除劳动合同需要同时具备以下四个条件，缺一不可：

（1）企业有录用条件；

（2）有证据证明员工不符合录用条件；

（3）企业应当在试用期内签发解除劳动合同通知书；

（4）解除通知书要说明理由并在试用期内交员工签收。

在以上四个条件中，第一个条件是前提，因为没有录用条件也就根本无法证明员工不符合录用条件。而在实践过程中，第一个条件也往往是最容易被忽视的。

那么，如何建立规范的录用条件呢？

首先，明确界定录用条件。录用条件要明确、细致和具体。录用条件应该是普遍性和特殊性的结合。所谓普遍性，即企业绝大部分岗位员工都应该具备的基本条件，如诚实守信，在应聘时如实告知自己与工作相关的信息，包括教育背景、身体状况、工作经历等。特殊性是指每个职位都有自己的特殊要求，如学历要求、技术要求（能符合企业招聘时对岗位职责的描述）等。对于普遍性的录用条件，可以通过规章制度进行明确规定；而对于特殊性的录用条件，可以通过招聘公告、入职登记表、劳动合同等进行明确界定。

其次，对录用条件进行公示。公示就是要让员工知道企业的录用条件，从法律的角度来说，就是企业有证据证明员工知道了本单位的录用条件。那如何形成有效证据呢？简便易行的方法有：

（1）在招聘员工时向应聘者明示录用条件，在员工入职时对录用条件签字确认，作为入职登记表的附件；

（2）在规章制度中规定录用的普遍条件，在劳动合同中明确约定录用的特殊条件，将规章制度作为劳动合同的附件。

□ 实践训练

项目一：录用决策

1.背景

某企业根据生产经营需要，决定招聘A、B、C、D、E5个岗位所需要的人员，假设岗位A、岗位B、岗位C、岗位D、岗位E所需的最低测试分数分别为3.5、2.5、2.5、3.0、3.5，要从10位应聘者中选出5位担任不同的岗位工作，其综合测试得分见表7-3。

表7-3   10位应聘者在5个岗位上的综合测试得分

岗位＼应聘者	1	2	3	4	5	6	7	8	9	10
A	4.5	3.5	2.0	2.0	1.5	1.5	4.0	2.5	2.0	1.0
B	4.5	3.0	2.5	2.5	2.5	2.0	3.5	2.0	2.5	0.5
C	4.0	2.0	0.5	3.0	0.5	2.5	3.0	3.0	1.0	1.5
D	3.0	2.0	2.0	1.5	2.0	2.0	3.5	3.5	0.5	0.5
E	3.5	4.5	2.0	1.0	2.0	2.0	1.5	1.5	1.0	0.5

2.操作要求

（1）在人员录用中，有哪几种录用决策标准并具体说明其特点。

（2）根据上述资料，采用不同的人员录用决策标准，计算人员录用结果并说明哪一种决策标准更有效。

项目二：新员工首次见面会计划书

1.目的

让与会人员相互认识一下，创造一种轻松友好的气氛，帮助新员工更加快速地融入企业团队。

2.要求

（1）活动计划书，包括目的、参加人员、场地、活动流程、费用预算等；

（2）活动过程中各种工具和资料准备；

（3）设计一个破冰游戏；

（4）破冰游戏的组织和实施。

第8章　招聘与录用评估工作

学习目标

◆ **知识目标**：了解招聘与录用评估的重要性；明确招聘与录用评估的内容；熟知招聘需求评估的几个要求和招聘评估中的常见问题；掌握招募工作评估、甄选工作评估和录用工作评估的方法。

◆ **能力目标**：掌握评估技术和社交技能，能够恰当地运用合适的方法开展招聘与录用评估工作。

◆ **素养目标**：具备良好的心理素质，如敏锐的观察能力和共情能力。

引例

ZJSG 公司的招聘与评估

ZJSG 是广东省电子行业的名牌企业。2023年，公司为了拓展国内外市场，准备招聘一批高素质、有潜力的年轻人才，公司已将目标对象锁定在刚毕业的研究生和有3～5年行业工作经验、本科学历的社会人士。2023年12月，公司参加了在华南理工大学举办的研究生专场招聘会，收集到1 200多份简历。2024年2月，公司对通过简历筛选的候选人电话预约面试，令公司吃惊的是，近80%的候选人在电话中告知其已经找好了工作单位或由于其他原因不能来公司面试。为了让20%左右愿意来公司面试的候选人如期参加面试，人力资源部决定给来面试的人员报销其往返车费。2024年3月，公司计划招入80名研究生的任务没有完成，招聘经费预算却超支95 000多元。针对这种情况，行政副总要求人力资源部对这次招聘工作进行评估，总结经验。人力资源部对这次招聘工作进行了认真回顾、评估，总结了几条经验教训：一是招聘计划准备不足，没有对招聘对象（研究生）进行认真分析。比如，没有预想到参加××大学研究生专场招聘会的外省研究生向公司投了500多份简历；参加招聘会的招募人员不够，只起到了收集简历的作用。二是简历筛选工作没有快速有效地进行，没有在招聘会后的2～5天内对候选人进行面试，尤其是没有考虑到外省来的研究生，这样必然导致优秀研究生的"流失"。三是给来面试的研究生报销往返车费不太合适。因为研究生当时也处于供过于求的状态，且本公司是名牌公司，实际上只要报销来程车费就能保证80%～90%的候选人参加面试。以此为鉴，ZJSG 公司在2024年的招聘工作中避免了类似情况的发生。另外，因为公司已经建立起一套招聘评估制度，所以 ZJSG 公司的招聘工作迈上了保量保质、健康发展的新台阶。

这一案例表明：招聘与录用评估工作能够帮助企业总结招聘工作中存在的问题，引导和督促企业招聘部门计划、组织、控制好招聘过程。

8.1 招聘与录用评估概述

8.1.1 招聘与录用评估的重要性

评估是整个招聘与录用工作中的最后一个重要环节，企业在完成招募、甄选、录用与安置、入职培训等工作之后，就应该对招聘工作中的各项活动、招聘人员的工作情况、被录用人员的素质情况、招聘的成本与效用、招聘的整体效果等进行资料统计、分析和总结，以达到积累经验、减少失误、提高效果的目的。

具体来说，招聘与录用评估的作用主要表现在以下六个方面：

1）有利于检验工作分析的有效性

录用新员工的标准是根据工作分析提出的工作规范（任职资格）来制定的。通过招聘完成比、录用比、新员工流失率、新员工贡献率等指标可以验证任职资格是否符合岗位要求。如果某岗位招聘完成率比较低，并且新员工流失率较高，则说明该岗位的任职资格要求可能过高，难免会因为"大材小用"而导致高离职率。

2）有利于检验招聘计划的有效性

通过将招聘完成比、招聘成本效益评估、录用人员质量评估等指标结合起来进行分析，可以检验招聘计划的有效性。如果某岗位在规定时间内难以招募到合适的人员，或者只有通过提高吸引人才的成本才能够完成招聘任务，则说明招聘计划的周期可能较短，以后再制订招聘计划时应适当延长招聘期。也就是说，将招聘的开始时间提前一些为宜。

3）有利于正确评价招聘人员的工作业绩，调动其积极性

通过对招聘人员的相关评估，有利于了解其工作质量及效率，了解招聘活动的策划、统筹以及各项费用的使用情况，了解所选候选人的录用比例及相关业绩等方面的情况，并可以据此进行有针对性的培训和奖惩。因此，有效的评估可以考评招聘人员的工作业绩，激发其工作热情。

4）有利于提高招聘工作质量

当前，很多企业招聘的经历较多，但是经验较少，而招聘又是企业的一项十分重要的基础工作，所以若要提高招聘效率，就应该对招聘工作及时总结经验和教训，不断改进招聘方法。对招聘工作进行评估有利于评估招聘渠道的吸引力和有效性，有助于改进招聘的筛选方法，有助于评估测评结果的准确度，从而提高招聘整体工作绩效，提高新聘员工的质量，避免招聘工作的短视性，合理配置企业资源。通过对录用员工的工作绩效、实际能力和工作潜力等方面的评估，即通过对录用员工质量的评估，检查招聘工作的成果与各种方法的有效性，有利于完善测评方法的配置组合，有利于招聘战略更好实现。

5）有利于降低招聘费用

通过成本与效益核算能够使招聘人员清楚地知道费用的支出情况，区分哪些是应支

出项目, 哪些是不应支出项目, 这有利于降低今后的招聘费用, 从而为公司节省开支。

6) 有利于发现企业内部的一些管理问题

招聘能否达到预期的目标, 不仅受企业外部环境的影响, 也受到企业内部诸因素的影响。做好招聘工作的评估, 有助于找出企业内部的深层次原因, 如企业提供的薪酬福利、企业的人力资源战略、企业文化与企业形象等。企业应该通过招聘工作的评估, 深入研究其原因并适时地调整企业人力资源战略和其他有关的管理政策。

8.1.2　招聘与录用评估的内容

现实中, 企业可以针对招聘工作的流程、某项具体活动、招聘方法、招聘中相关人员、招聘成本与效用等方面进行评估, 也可以从多个方面对招聘工作进行系统评估。

1) 招聘工作流程的评估

它是按照招聘工作流程中各项活动而展开的评估。这方面的评估内容主要包括招聘需求确定的评估、招募工作的评估、甄选工作的评估、录用工作的评估。

2) 某项具体活动的评估

它是对整个招聘过程中某项具体活动的开展过程和结果进行评估。比如, 对参加某次校园招聘会或人才市场洽谈会的评估, 或对聘请外部专家进行管理人员甄选活动的评估等。

3) 招聘方法的评估

它主要是对招聘工作所采用的某种具体方法的效果进行评估, 主要涉及两个方面的评估: 一是对各招募方法效果的评估; 二是对甄选方法的评估。

4) 招聘中相关人员的评估

它是对企业招聘过程中涉及的人员的评估。这些人员主要包括人力资源部人员、用人部门主管、面试考官、甄选组织人员及辅助人员 (如行政后勤人员)、新录用人员等。

5) 招聘成本与效用的评估

它是对企业用于招聘工作中的费用进行总量和个量的评估, 也是对这些费用所产生的实际效用的评估。这主要包括招募成本与效用评估、甄选成本与效用评估、录用成本与效用评估。

一般来说, 企业大多注重对招聘成本和招聘工作流程进行评估。本书具体阐述的招聘评估是指对招聘工作流程的评估, 主要包括招聘需求确定的评估、招募工作的评估、甄选工作的评估和录用工作的评估。在这些流程中, 耗时最长、成本最高、难度最大的工作是人员招募与甄选。所以, 招聘工作评估的重点也就是对招募工作和甄选工作进行评估。

8.2　招聘需求确定的评估

招聘需求的确定是企业招募、甄选和录用工作得以开展的理由和基础。没有招聘需求, 则后续的各项招聘工作就没有存在的价值; 招聘需求确定得不科学、不合理, 则会给企业招聘的后续工作带来诸多的麻烦。例如, 某部门在一个月内两次提出需求, 这必然会打乱招聘计划、影响后续相关工作。又如, 某部门提出的人员任职资格要求高于拟聘岗位的实际要求，这必然会造成难以招聘到人或带来任职后的高离职率。所以，企业在招聘需求提出时需要对其进行评估，在招聘工作完成后也需要对其进行评估。

8.2.1　评估的对象与内容

参与招聘需求确定的人员都是评估的对象，由于他们在招聘需求确定中所起的作用不同，因而对他们评估的内容也不同。

1）对企业高层管理者的评估

企业高层管理者是企业战略的制定者，也是企业用人理念的倡导者，他们的决策对招聘需求确定的影响主要表现在两个方面：一是企业未来人力资源需求的确定；二是企业总体用人标准的指导意见。比如，高层管理者的决策要涉足新的产业、要扩大业务量、要设置新的部门等，这就意味着企业未来某段时间内需要增加人员；高层管理者要鼓励企业内部兼职兼岗、加班加点，这就会减少企业对人员的需求；高层管理者提出"新招行政管理人员必须有本科及以上文凭，生产线工人必须正规院校毕业且有中专及以上文凭"，这会影响到招聘工作的范围、成本、甄选难度；高层管理者主张"新招人员都采用校园招聘"，这一决策也就决定了招募、甄选和录用工作等的范围。

由此可见，对高层管理者的评估主要是针对他们对未来人力资源需求的确定是否方向明确、政策清晰，提出的要求是否符合企业当前的实际等进行评估。具体地讲，也就是对他们提出的人员需求数量和质量，以及用人观念和人事政策，能否很好地指导实践，能否在后续的招聘工作中得到顺畅的实施（假定后续的招聘工作没有任何失误）进行评估。

2）对人力资源部门的评估

在企业人员需求确定中，人力资源部门起着十分关键的作用。收集需求信息的起止时间由人力资源部门提出；收集各部门或分公司人员需求信息的"招聘需求申请表"由人力资源部下发与催交；企业未来人力资源规划信息由人力资源部门在征询中高层领导意见之后制定；人力资源部门掌握着各部门、各分公司员工的岗位职责信息、绩效考评信息和企业的总体性的定额、定员、定编信息；人力资源部门掌握着全体员工的劳动合同信息、请长假信息、岗位异动信息；人力资源部门负责制定全公司的用工政策（如灵活用工政策、鼓励加班政策、鼓励多用临时工政策等）；人力资源部门负责汇总、初审、送审各部门、各分公司提交的"招聘需求表"信息等：所以，人力资源部门在企业招聘需求的确定中起着十分重要的作用，因而也需要承担重大的责任。

3）对用人部门的评估

用人部门（企业各部门、各分公司）是企业人员需求确定的基本单元，各用人部门的人员需求信息汇总起来就形成了企业总体性招聘需求（战略性人力资源需求除外）。在招聘需求确定中，用人部门承担着以下职责：本部门业务发展与人员分析，本部门的工作分析（重点是工作繁忙和闲散的岗位）与人员分析，本部门的岗位调整和人员调整，本部门需求人员的任职资格要求，本部门用人需求的分析、汇总与提交等。用人部门在企业招聘需求确定中起着基础性的作用，一定要对其引导好、评估好。

8.2.2　评估的指标和方法

企业招聘需求确定的评估，可以从及时性、全面性和科学性三个方面展开。

1）需求确定的及时性

招聘需求确定的时间直接决定着招聘工作开始的时间，进而影响着甄选和录用的时间。如果招聘需求提交过晚，可能会使企业错过人员招聘的高峰期，从而招聘不到企业所需要的人才。另外，也可能会给招聘工作带来压力，从而使招聘期限缩短，降低招聘工作质量。

招聘需求确定的及时性主要体现在以下几个方面：人力资源部及时通知并催交各用人部门汇报的人员需求信息；用人部门及时分析、汇报本部门人员需求信息；相关领导和人力资源部及时批复各部门的用人需求信息。

关于及时性的数量化，各企业可以根据实际情况进行设定。比如，某企业规定每年有两次常规的大型招聘活动，第一次在春节前，主要是招聘优秀的大学毕业生；第二次在春节后，主要是招聘社会人士和往届优秀毕业生。每次招聘前，人力资源部必须在招募工作开始（以招募广告发布为准）的35天以前就统一通知各用人部门提交人员需求信息，各用人部门必须在接到通知后7天之内提交人员需求信息，相关副总和总经理应该在接到送审人员需求信息的2天内审核完毕。

及时性评估，可以从企业规定的时限进行考核，也可以从招聘工作的效果上进行考核。比如，由于招聘需求信息提交不及时，企业错过了春节过后的黄金招聘时期或错过了某次专场招聘会；由于招聘需求信息收集与审核的时间太长，招募广告的有效时间只能缩短等。

2）需求确定的全面性

企业经常会碰到如下情况：

A.某部门10天前提出了招聘20名员工的申请，5天后又向人力资源部提出了招聘9名员工的申请。

B.某车间主任用纸条向人力资源部提交的人员需求信息如下：机械工程师3名、车工15名、秘书1名，上岗时间为9月10日。

C.某企业人力资源部张经理刚参加完一次大型招聘会回来，就接到分公司李总的投诉，责怪人力资源部没有征询他们分公司是否需要招人，就去参加了招聘会。张经理觉得纳闷，找来招聘主管小赵，小赵说他确实没有通知李总的分公司提交招聘需求，理由是他10天前碰到李总公司的人事经理小郭，在聊天中小郭提到公司暂时不需要招人。

情况A和情况B是用人单位提交的人员需求信息不全面，情况C是人力资源部在收集招聘需求信息时，信息采集点不全面。

招聘需求确定的全面性，主要体现在两个方面：一是需求信息采集点是全面的，不应存在没有采集到的需求信息，这可以通过考察人力资源部是否通知到各用人单位，各用人单位是否通知到各科室、班组获取信息；二是各用人单位递交的需求信息是详细、全面的，人力资源部可以通过考察需求信息中是否包含招聘岗位名称、人数、任职资格要求、上岗时间等要素来进行评估。

3）需求确定的科学性

招聘需求的确定应该建立在对组织未来人力资源需求、未来人力资源供给和现实人力资源需求、现实人力资源供给分析的基础上。在这个分析的过程中，一定要运用科学的预测方法和有效的工作分析方法，否则招聘需求的确定就可能不准确、不切合实际。

招聘需求确定的科学性主要体现在三个方面：招聘岗位的设置是必要的；拟聘岗位的人员需求数量是准确的；拟聘岗位的任职资格是适合企业文化、岗位要求和社会实际需求的。

要评估招聘需求确定的科学性，可以从过程考察，也可以从结果考察。从过程考察，主要是看招聘需求是运用什么方法得出来的，是定量方法还是定性方法，是集合了群体的意见还是只由某个领导决定，是运用了主观判断法还是运用了专家意见法等。从结果考察，这有个时间滞后性问题，因为岗位是否设置合理，招聘的人员数量是否必要，拟定的任职资格是要求过高还是要求过低，都需要在招聘工作完成之后，甚至需要新员工上岗一段时间以后才能评价。

8.3 招募工作的评估

招募工作就是吸引或寻找求职者。企业能否在较短的时间内，以较低的费用吸引或寻找到大量的高素质应聘者，这是对招募工作的目标性要求，关系到整个招聘工作最终的效果。对招募工作进行评估，一般可以从以下七个方面展开：一是招募数量评估；二是招募质量评估；三是招募成本评估；四是招募成本效用评估；五是招募时间评估；六是招募渠道的对比分析；七是招募广告的分析。

8.3.1 招募数量评估

一般来说，通过招募工作吸引或寻找到来企业应聘的人员数量越多，企业就越有可能从中挑选出更多的优秀人选，招募工作也就越有成效。相反，如果来企业求职的人数越少，则挑选到合适人员的可能性也就越低。所以，通过招募吸引或寻找到较大数量的应聘者，是对招募工作成效的一个重要检测指标，一般采用应聘比指标进行评估，见公式（8-1）。这个指标说明人员甄选的范围大小和信息发布的效果。该指标的数值越大，说明企业的招募信息发布的效果越好，企业可以在较大的范围内挑选求职者；反之亦然。一般来说，应聘比至少应该在200%以上，越是重要的岗位，该指标的数值就应当越大，这样才能保证被录用人员的质量。应聘比的计算公式为：

应聘比=应聘人数÷计划招聘人数×100%   公式（8-1）

8.3.2 招募质量评估

企业招聘的最终目的是录用到合适的人才，所以招募工作能否提供这些候选人，也就成为检验招募工作质量的一项重要指标。即使企业招募到了大量的应聘者，但是在甄选的过程中发现绝大多数应聘者是不符合企业岗位要求的，那么这次招募工作也是失败的。人员招募工作质量的评估，一般可用在不同甄选阶段被挑选出来的合格者人数和最终被录用的人数表示，可以采用以下三个指标：初审合格率、复审合格率、录用比。在这三个指标中，初审合格率最能体现招募工作的质量，因为初审基本上是按照招聘需求计划的要求而进行的，而复审过程中难免会掺杂测评者的主观意志因素。一般情况下，初审合格率越高，复审合格率越高；录用比越低，招募工作的质量就越高。另外，招聘完成比也能在一定程度上反映招募质量的高低。一般来说，招募效果好，应聘者多且素质高，招聘完成比更有可能接近或超过1。当然，招聘完成比还与甄选标准、甄选人员、甄选时间等因素有关。

上述四个指标的计算公式，见公式（8-2）至公式（8-5）：

初审合格率=通过求职材料筛选的人数÷应聘人数×100%　　　　　　　　　　公式（8-2）

复审合格率=通过复审测评的人数÷应聘人数×100%　　　　　　　　　　　　公式（8-3）

录用比=录用人数÷应聘人数×100%　　　　　　　　　　　　　　　　　　　公式（8-4）

招聘完成比=录用人数÷计划招聘人数×100%　　　　　　　　　　　　　　　公式（8-5）

8.3.3　招募成本评估

1）招募成本的构成

招募成本是企业为了吸引所需要的人才而发生的相关费用，它由三部分构成：一是发生在招募人员方面的费用；二是发生在招募"中介"（"中介"是指中介机构、媒体和相关专家等）方面的费用；三是发生在招募对象方面的费用。

（1）发生在招募人员方面的费用。这方面的费用主要由两个部分组成：一是参与招募工作的职员的劳动报酬，主要有招募期间的工资和福利；二是招募人员外出招募时发生的差旅费，主要有交通费、住宿费、餐饮费、通信费、出差补助费。这方面的费用简称为招募人员费用。

（2）发生在招募"中介"方面的费用。这方面的费用主要由三个部分组成：一是中介机构方面的费用，主要有人力资源库查询费或使用费、代理招聘费（包括猎头费）、招聘洽谈会场地费（主要是摊位费）或长期招募场地的租赁费、宣传设备设施租赁费、宣传材料费等；二是媒体方面的费用，主要是广告费，即发生在网络、电视广播、报纸杂志、户外媒体等方面的招募广告费；三是相关专家方面的费用，主要指为选择招募渠道、设计招募广告、获取中高级人才信息而向有关专家支付的直接或间接的费用，以及支付给员工的中高级人才推荐费。这方面的费用简称为业务费用。

（3）发生在招募对象方面的费用。这方面的费用主要由两个部分组成：一是针对大学生所产生的招募费用；二是针对企业所需的来自社会的专业技术人才和中高级管理人才所产生的招募费用。企业为了吸引优秀的大学生或为了维持稳定的大学毕业生来源（某些紧俏专业或冷门专业），往往在高校设立专业奖学金、助学金、委托培养费，有的还联合学校办学（企业或提供资金，或提供设备设施，或提供师资，或兼而有之）或提供经费协助学校举办相关活动（如企业冠名的大型文体活动、社会公益活动、某些专业的优秀大学生竞赛活动或夏令营活动等）。另外，企业为了吸引社会上的优秀专业技术人才和中高级管理人才，往往会举办技术类或管理类论坛活动、研讨活动，还会针对某些独特的高级人才开展多方面、多角度的寻访活动。这方面的费用简称预付费用。

这样，我们就可以利用公式（8-6）计算招募成本：

招募成本=招募人员费用+业务费用+预付费用　　　　　　　　　　　　　　公式（8-6）

2）招募成本的评估

招募成本评估是指对招募工作中所发生的一切费用进行调查、核实、统计，然后参照一定的标准进行分析评价的活动，它是对招募工作效果进行评估的一项十分重要的活动。

（1）招募成本预算。企业应该采用零基预算法，即对每个项目逐项计算费用支出，计算时可以参照行业和企业标准或历史数据，更应对每项活动具体计算招募成本。招募成本预算的内容主要有招募人员费用、招募"中介"费用和招募对象费用。由于实际招募工作的进展情况是不同的，所以招募成本预算一般应该在"尊重历史、注重现实"的基础上稍微进行宽松调整。

（2）招募成本核算。招募成本核算是对整个招募过程中所发生的费用进行统计、计算和核实。通过核算工作可以了解招募经费的具体使用情况，以及与招募成本预算的差异情况，发现招募费用支付的异常情况，提高招募费用的使用效率。

（3）招募成本评估。企业在核算各项招募成本支出的基础上，可以采用三种成本比较标准对招募成本的使用情况进行评估，这三种成本比较标准是预算标准（或目标标准）、行业标准和企业历史标准。企业将现实中已经发生的招募成本与这三种标准进行比较时，不能只顾数据的高低，还应该考虑外部经济环境和招募工作的质量。企业对招募成本进行评估时，既要评估招募工作的总成本，也要评估单位成本。例如，企业需要评估平均吸引一位求职者的招募费用或广告费用；有时还需分类评估招募对象的成本，如招募高层管理者和招募一般人员的成本是完全不同的，招募名校毕业生与招募一般院校毕业生的成本也是不同的；有时还需要对比分析不同招募渠道的成本。招募成本评估不仅要注重控制招募成本，更要注重提高招募质量，要能够及时发现问题和解决问题。

8.3.4 招募成本效用评估

招募成本效用是指招募期间的费用支出对于吸引求职者的效用，可用公式（8-7）表示。该公式的数值越大，说明招募期间费用开支的效用就越高，用于不同招募渠道的费用组合比较理想，能够为企业吸引大量的应聘者，有利于企业从更大的范围内挑选出高素质的合适人才；反之，则说明无效的花费较多，招募费用支出不理想，效用不佳。招募成本效用的计算公式为：

招募成本效用=应聘人数÷招募期间的费用   公式（8-7）

8.3.5 招募时间评估

企业能否以较短的时间吸引或寻找到一定数量的合格应聘者，这是招募工作的效率问题。本书称之为招募时间，并且定义为：从企业发布招募信息或开始寻找应聘者的当日起到至少收到2倍于计划录用人数的合格应聘者材料数的当日为止的天数。招募时间实质是在招募需求确定之后，从吸引或寻找求职者到获取一定数量的合格应聘者的时间，这是招募工作者能够控制的时间。

由于招募对象的类型和数量不同，因此所采用的招募渠道或其组合、招募时间、岗位职责和招募政策等均不相同。一般来说，高级管理人才和专业技术人才的招募时间就比一般操作人员要长，招募30名人员的时间比招募10名同类人员的时间要长；在招募大规模人员时，门户网站、电视广告和报纸广告的招募时间肯定要比参加招聘洽谈会的招募时间短，但是在招募少量专业人才时，参加专业性招聘洽谈会的招募时间会更短；职责要求稍低而待遇却比较高的招募广告能够极大地缩短招募时间。

例如，11月10日，某企业通过网络广告、报纸广告计划招聘30位营销人员和35位机械操作人员。11月20日，企业收到90位营销人员的应聘材料、100位机械操作人员的应聘材料，经人力资源部初步审核应聘材料，有63位符合营销人员岗位要求的应聘者，但只有60位符合机械操作人员岗位要求的应聘者，还没有达到企业提出的要求——"合格应聘者至少应该是计划录用人员数的2倍"。11月22日，企业人力资源部初步审核，已经有78位符合营销人员岗位要求的应聘者和81位符合机械操作人员岗位要求的应聘者。在这里，招募时间可以这样计算，营销人员的招募时间为10天（20-10），机械操作人员的招募时间为12天（22-10），这次招募活动的整体招募时间为12天（22-10）。

关于招募时间的评估应该与整个招聘工作所用的时间联系起来，也应该与招募成本联系起来。

8.3.6　招募渠道的对比分析

在前面的章节中，我们已经知道了内部招募与外部招募两种招募形式。一般而言，内部招募比外部招募在招募成本、招募时间、甄选的准确度方面更有优势，而在招募数量方面明显存在劣势，在招募质量方面一般也较差。鉴于内部招募主要是针对行政管理岗位，所以企业的大部分招聘对象得依靠外部招募解决，因而对外部招募渠道的招募效果进行比较分析也就更有必要。

外部招募渠道主要有门户网站、专业招聘网站或人才市场（以提供库存信息为主）、招聘洽谈会、代理招募机构、猎头公司、广播电视广告、报纸杂志广告、校园招聘等。对于不同的招募渠道，企业要在招募数量、质量、成本、时间、信度和效度等方面进行比较评估分析，找出那些能够为企业招募工作带来低成本、高效率、高效益、高信度和高效度的招募渠道，并在后继的招募工作中加以改进利用。由于企业的性质、类型、行业、生命周期阶段、地理位置等因素不同，也由于招募对象的类型、层次、素质、喜好等不同，因此不能笼统地说什么招募渠道"好"还是"不好"，只能具体情况具体分析。

8.3.7　招募广告的分析

招募广告是企业快速有效发布招募需求信息的重要载体，招募广告的成效好不好，主要取决于广告媒体的选择和广告内容的设计。

企业若能选择针对性强的广告媒体发布招募信息，就能够以合理的广告费用在较短的时间内吸引到足够数量的合格应聘者。企业在长期的招募工作中，要善于对不同的广告媒体进行对比分析，能够在不同的时期、不同的市场针对不同的招募岗位选择最合适的招募信息发布媒体。这就需要企业在招聘工作中不断地收集招募信息、统计与分析招募信息。

招募广告媒体解决了将招募信息及时有效送达相关潜在应聘者的问题，这些招募信息能否吸引潜在应聘者，以及能够在多大程度上激励他们来求职，取决于招募广告内容。在招募广告中，岗位要求、应聘方式、待遇与发展的信息是三项十分重要的内容。岗位要求信息决定了应聘的"门槛"，应聘方式信息决定了应聘的"便利性"，待遇与发展信息决定了应聘的"动力"。企业可以运用多种方法了解自己的招募广告内容的有效性，如向专家咨询、让企业员工以潜在应聘者身份发表他们的看法、对应聘者或被录用员工进行问卷调查、访谈等。

8.4　甄选工作的评估

人员甄选工作是一个复杂的过程，它由筛选应聘者材料、笔试、心理测试、面试、情境模拟测试等一系列活动构成，这个过程对于招聘工作的作用主要体现在六个方面：一是甄选时间；二是甄选成本；三是甄选成本效用；四是甄选质量；五是甄选信度；六是甄选效度。所以，对于甄选工作成效的评估也从上述六个方面展开。

8.4.1　甄选时间评估

一般情况下，企业对于要招聘的人员都希望其能够尽可能早地上岗，因为企业需要争夺人才，需要让研发、生产和营销保持"领先性"和"连续性"，所以招聘工作人员需要加快人员甄选的速度，提高甄选的效率，尽可能快地挑选出符合岗位要求的人员，让其走上工作岗位发挥作用。由此可见，对甄选时间进行评估是十分必要的。

甄选时间是指从筛选应聘材料到知识、技能、经验、人品等测试完成而确定录用候选人的时间。甄选时间会因招募的岗位、甄选方法、甄选对象、甄选人员等因素的不同而不同。

一般来说，对高级行政岗位和关键技术岗位应聘者的甄选时间会比一般岗位的甄选时间长些，文件筐测试和无领导小组测试的甄选时间会比笔试、心理测试的甄选时间长些，对求职动机复杂、要求较多的应聘者或"职场老将"的甄选时间会比普通大学毕业生的甄选时间长些，非专业甄选人员主持或参与的甄选活动所花费的甄选时间会比专业甄选人员的长些。

对甄选时间进行评估，有利于企业在以后的甄选工作中针对不同岗位的应聘者科学地选用甄选方法，也有利于日后对甄选程序的控制。

8.4.2　甄选成本评估

1）甄选成本的构成

甄选成本是指在运用科学测评方法对应聘者进行鉴别筛选并作出录用决策的过程中所支付的费用。甄选成本的高低取决于甄选对象类型、甄选方法、甄选过程。一般而言，甄选对象应聘的岗位越重要，所采用的甄选方法费用越高；甄选所经历的环节越多，甄选的成本也就越高。另外，招募方式也会影响甄选成本。比如，企业若采用中介机构（包括猎头公司）代理招聘员工，就会降低甄选成本；若采用广播电视、报纸、招聘洽谈会等方式招募员工，则会增加甄选成本。

对于不同的企业而言，所采用的甄选过程会不一样，因而所实施的甄选工作也会不同。但是，企业所经历的甄选过程一般包含在以下工作之中：①汇总应聘者材料（应聘者申请表或个人求职简历），并进行应聘材料的初步筛选；②初步面谈或电话交谈，进一步进行人员初选；③通知并组织初选后的应聘者进行笔试或机试（知识测试和心理测评）；④进行管理能力、人际能力、情商等方面的诊断性测试（主要有集体活动、面试、无领导小组测试、文件筐测试等）；⑤根据应聘者材料，知识测试、心理测试、诊断性测试的成绩和测试人员的评价，组织相关人员开会讨论决定录用人选。

上述各个环节所发生的甄选费用是各不相同的，这些费用的计算，见公式（8-8）

至公式（8-12）：

应聘材料甄选费=应聘材料甄选时间×甄选材料人员的平均小时工资率   公式（8-8）

$$初步谈话甄选费=\frac{谈话甄选}{所花时间}×\frac{谈话甄选人员}{的小时工资率}+\frac{谈话甄选}{所花时间}×\frac{单位时间}{的电话费率}$$ 公式（8-9）

笔试费用=材料费+命题费+监考费+阅卷费+统分费+其他相关费用   公式（8-10）

机试费用=每位测试者的测试费用×参加测试的人数   公式（8-11）

$$\frac{诊断性}{测试费}=\frac{外聘考官的命题费、}{施测费和报告撰写费}+\frac{内部主试人员所花的}{准备与测试时间}×\frac{内部主试人员的}{平均小时工资率}+\frac{辅助设备}{设施及材料费}+\frac{被测人员}{的接待费}$$

公式（8-12）

由于甄选对象类型的不同，所运用的甄选程序和甄选方法会不同，因而所发生的甄选成本也不同。一般而言，企业外部应聘者的甄选成本要比内部应聘者的甄选成本高，技术岗位应聘者的甄选成本要比操作岗位应聘者的甄选成本高，管理岗位应聘者的甄选成本要比一般人员的甄选成本高。从总体来说，甄选成本会随着应聘岗位重要性程度的提高而增加。

2）甄选成本的评估

甄选成本评估是指对甄选工作中所发生的一切费用进行调查、核实、统计，然后参照一定的标准进行分析评价的活动。

企业需要在事先作出初步的甄选费用预算，并保留各种甄选费用实际支出的原始数据和单据，然后在核算各项甄选成本支出的基础上，可以采用三种成本比较标准对甄选成本的使用情况进行评估：预算标准（或目标标准）、行业标准和企业历史标准。企业将现实中已经发生的甄选成本与这三种标准进行比较时，不能只考虑数据的高低，还应该考虑甄选方案的改变和甄选工作的质量。企业对甄选成本进行评估时，既要评估甄选工作的总成本，也要评估单位成本。例如，企业需要评估平均甄选一位求职者的甄选费用；有时还需分类评估甄选对象的成本，如甄选高层管理者和甄选一般人员的成本是完全不同的；有时还需要对比分析不同甄选方法的成本。甄选成本评估不仅要注重控制甄选成本，更要注重提高甄选质量，要能够及时发现问题和解决问题。

8.4.3 甄选成本效用评估

甄选成本效用是指在人员甄选过程中所发生的费用的效用，用公式（8-13）表示。若该公式的数值较低，则说明企业在被选中的应聘者身上投入了较多的甄选费用，即企业运用了较多的测评方法和测评程序筛选应聘者，被选中的应聘者素质较高；反之，则说明企业用于每位被选中的应聘者的甄选费用较低，运用的测评方法和测评程序较简单，被选中的应聘者素质可能不高。甄选成本效用的计算公式为：

甄选成本效用=被选中人数÷甄选期间的费用   公式（8-13）

8.4.4 甄选质量评估

甄选是招聘工作中十分关键的一项工作，因为只有通过甄选才能决定最终是否录用招募的候选人，所以从一定程度上讲，甄选工作的质量也就是招聘工作的质量。

前述初审合格率的公式（8-2）、复审合格率的公式（8-3）、录用比的公式（8-4）、招聘完成比的公式（8-5）都可以从一个侧面反映甄选工作的质量，即上述四个指标的数值越低，说明甄选标准越严，甄选质量越高。当然，这是在假定甄选程序科学、规范、没有掺杂人为因素的前提下得到的结论。

甄选的质量高低体现在人员被录用后，即新员工进入企业的稳定性、成长性及业绩情况。

1）新员工的稳定性

在市场经济和人才市场开放的情况下，员工的稳定性受到企业内外诸多因素的影响。当员工在3个月内或6个月内的离职率（包含辞职与辞退）过高时，一般情况下说明了甄选工作没有做好，或者是录用了"求职动机不端正"的员工，或者是录用了"能力素质不符合组织需要"的员工，或者是甄选中没有向员工介绍清楚企业的实际情况。因此，新员工3个月内或6个月内的离职率能够反映甄选的质量，见公式（8-14）和公式（8-15）。

新员工3个月内的离职率=3个月内离职的新员工人数÷新员工总数×100%   公式（8-14）

新员工6个月内的离职率=6个月内离职的新员工人数÷新员工总数×100%   公式（8-15）

◆◆◆◆➡ 案例分析8-1

为什么半年内这么多人离职

刘凯刚到一家国内知名民营通信企业出任人力资源部总监。为准备新一轮的市场扩张，该企业在前一段时间招聘了多名营销经理，但是大多数营销经理在半年内均因不能胜任本职工作而先后离职。该企业其他中层行政管理人员的离职率也较高。上述大部分职位是由企业的一位副总亲自面试，并最终作出录用决定的。

通常面试前，人力资源部只提供应聘者的个人简历及初次面试的评语。虽然企业对这些岗位有简单的工作说明书，但是缺乏对素质要求的系统描述。前两天，刘凯正好陪同这位副总一道面试了几位应聘营销经理的人员。以下是这位副总对其中一位应聘者的发问：

"从简历中看出，你有比较丰富的销售经验，但你从来没有做过营销经理，你怎么证明自己可以胜任该职位呢？"

"你觉得你的团队协作能力如何？"

"你认为你的领导风格属于哪一类？"

"你认为应该如何激励销售团队？"

刘凯发现，这位副总比较喜欢采用"前向发问"，即向应聘者了解他将来的想法。然而，作为营销经理，实战经验则应成为主要的考察内容。经过更进一步的了解，刘凯发现，该企业多位新招聘的营销经理的离职，与面试时对其能力的判断失误有关。通常从事营销的人员口才非常好，在面试中很容易打动考官，尤其是那些不知如何通过合理发问判断应聘者真才实干的考官。

根据网络资料整理。

问题：在上述案例中，企业对营销经理职位应聘者的甄选科学吗？甄选人员是否应该对那些入职不到半年的营销经理的离职承担责任？企业应该如何采取行动？

分析提示：案例表明，营销经理是因为不能胜任岗位工作而离职的，这种现象发生在入职后不到半年的时间内，主要原因是甄选人员没有做好甄选工作，甄选方法不科学。"前向发问"是一种假设，给口才好、思维敏捷的营销人员提供了成功应聘的机会。另外，面试中对于应聘者的胜任特征没有进行充分分析。为了选拔合格的营销经理，企业应该先行确定好拟聘岗位的胜任能力和素质要求，然后采用"行为描述式"面试方法，充分了解应聘者过去的工作业绩、领导能力与风格、思维模式和行为习惯。

2）新员工的成长性

一定时期内新员工的成长性可以用两个指标衡量：一个是新员工职位晋升率，见公式（8-16）；另一个是新员工技能晋级率，见公式（8-17）。在一定的时期内，无论是职位晋升，还是技能晋级，这两个指标的数值越大，说明新员工的综合素质越高，潜力发挥越充分，对企业的贡献越大，也说明甄选的质量越高。这两个指标的计算公式分别为：

一定时期内新员工职位晋升率＝晋升新员工人数÷新员工总数×100%   公式（8-16）

一定时期内新员工技能晋级率＝晋级新员工人数÷新员工总数×100%   公式（8-17）

3）新员工的业绩

新员工业绩优良率是一个能较好地反映新员工业绩情况的指标，见公式（8-18）。这个指标说明了新招聘员工总体的优秀程度，其数值越大，说明新员工总体素质较高、能力较强；反之，则说明所招聘的新员工总体素质较低、能力较差。新员工业绩优良率的计算公式为：

新员工业绩优良率＝业绩优良新员工人数÷新员工总数×100%   公式（8-18）

8.4.5 甄选信度评估

人员甄选工作是指借助各测试方法选拔应聘者的过程，这些测试方法是否可靠，其对应聘者的测试报告能否正确地反映应聘者的真实情况，对于甄选效果来说十分重要。如果某种测试方法不可靠、不正确，则可能会导致"劣胜优汰"——录用了不适合岗位需要的人员，淘汰了适合岗位需要的人员。因此，企业在选择甄选方法之前要了解其可靠性（信度）和有效性（效度），这样才有利于甄选方法的选用。当然，企业在招聘工作完成之后，还需要对所运用的甄选方法的可靠性和有效性进行验证，这样有利于下次甄选方法的选用和改进。由此可见，对甄选信度和效度进行评估，有利于科学合理地选择、改进甄选方法，提高甄选结果的可靠性和有效性。

1）信度的含义

好的测试方法必须具有很好的信度。所谓信度，就是指测试结果的可靠性或一致性。具体地说，信度是指某位施测人员运用某种测试方法对某位应聘者进行多次测试的结果是相同或相近的，也指不同的施测人员运用同一测试方法在相同的测试环境中对同一位应聘者的测试结果是相同或相近的。

作为一个成熟的人，其智力、个性、爱好、知识、能力和经验等因素具有相对稳定性，而在一段较短的测试时间内，其稳定性也相对较高，一般是不会发生较大变化的。所以，只要选用的测试方法科学，就能够保证运用同一测试方法对同一测试者实施多次测评的结果都是相同或相近的，因而也就能保证每次所测试出的结果是可靠的。

信度是效度的基础，如果一种测试方法很难保证其信度，那么也就更难保证其效度（正确性）了。比如，用弹力较好的橡皮尺去测量人的身高，同一施测者对同一施测对象测量多次的结果会不一样，而不同施测者对同一施测对象测量的结果也会不一样。这是因为每次用于拉橡皮尺的力度不同，橡皮尺的长度就不同，所以测量出来的不同身高数据就没有一致性可言，当然也就没有正确性（测试数据不能反映被测者的真实身高）可言。

2）信度的种类

通常用于甄选方法信度评估的指标有重测信度、复本信度、内在一致性信度和评分者信度。

（1）重测信度。重测信度又称为稳定信度或稳定性系数，是指用同一种测试方法对一组应聘者在两个不同时间进行测试的结果的一致性，即两次测试结果没有变动，反映了测试结果的稳定性。这种一致性可用两次测试结果之间的相关系数来确定，其系数高低既与测试方法本身有关，也与测试因素有关。这种方法不适用于受熟练程度影响较大的测试，因为被测试者在第一次测试中可能记住了某些测试题的答案，从而提高了第二次测试的成绩。

（2）复本信度。因为任何测试只是所有可能题目中的一份取样，所以可以编制许多内容、结构和难度等方面都相当的等值测试题，即复本。如果一种测试有两个以上的复本，根据一组被测试者在两个等值测试上的得分计算的相关系数，即复本信度，反映了两个测试之间的等值程度，又称为等值信度或等值系数。例如，如果对同一位应聘者使用两个内容和难度相当的个性测试量表进行测试，则两次测试结果应当大致相同。

（3）内在一致性信度。内在一致性信度是指把同一位（组）应聘者进行的同一测试分为若干部分加以考察，各部分所得结果之间的一致性。内在一致性信度反映的是测试题目之间的一致性。这种一致性可以用各部分结果之间的相关系数判别，又称为内在一致性系数。

（4）评分者信度。评分者信度是指不同评分者对同一测试对象进行评定的一致性。例如，如果许多评分者在面试中使用同一种测试工具给同一位应聘者打分，他们给应聘者打出相同或相近的分数，则这种工具就具有较高的评分者信度。

8.4.6　甄选效度评估

1）效度的含义

甄选的效度，即甄选的有效性或精确性，是指测试得到的应聘者的有关特征与应聘者实际具有的有关特征的符合程度。比如，如果通过霍兰德职业倾向（兴趣）测试得出应聘者张三的职业倾向（兴趣）是社会型，而现实中张三确实具备社会型特征，喜欢从事社会性工作，那么这种测试对张三是具有效度的。甄选测试必须能测出它想要测定的应聘者的实际特征才算有效。

2）效度的种类

效度主要有预测效度、内容效度和同测效度三种类型。

（1）预测效度。预测效度是指测试用来预测将来行为的有效性。具体地说，预测效度是指对所有应聘者都给予某种测试，但并不依其结果决定录用与否，而是用其他选拔方式（如应聘材料、面试等）决定录用的人员，在这些被录用者工作一段时间之后，再对其工作绩效加以考核，然后再将绩效考核的成绩与当初的测试结果进行比较，求出二者的相关系数。相关系数越大，说明此测试效度越高，可以依据它预测应聘者的潜力；如果相关系数很小或者不相关，则说明此测试无法预测人员的工作潜力。如果用这种方法检测出的效度较高，则说明这种方法可用于对应聘者进行甄选，尤其是用于对应聘者能力及潜力的测试。但是，因为要收集实际表现的各方面资料比较费时，检验预测效度要花很长时间。

（2）内容效度。内容效度是指测试方法能真正测出想测的内容的程度。在考虑内容效度时，主要考虑所用的方法是否与想测试的特性有关。比如，用情境模拟法让应聘打字员的人在一定的时间内打一段有代表性的文字，以测试其打字的速度、准确率、手眼协调性和手指灵活性。这些想测试的特性与所用的方法具有很好的相关性，因此这种模拟打字法的内容效度是较高的。与预测效度相比，内容效度是凭借测试人员的经验进行判断，因此内容效度宜用于知识测试和对实际操作的测试，而不宜用于对能力或潜力的预测。

（3）同测效度。同测效度是指对企业现有员工实施某种测试，然后将测试结果与现有员工的实际工作绩效考核得分进行比较，若二者的相关程度高，则说明所用测试方法的效度高。这种测试效度的特点是省时，它不必等到应聘者被录用后再收集其绩效考核资料（不同于预测效度），而是直接利用现有员工的资料，可以尽快检验某测试的效度。但是，在将其应用到甄选测试时，难免会受到其他因素的干扰而无法准确地预测应聘者未来的工作潜力。因为这种效度是根据现有员工的测试得出的，而现有员工所具备的经验、对组织的了解等因素则是应聘者所缺乏的，所以应聘者有可能因缺乏经验而在测试中得不到高分，从而错误地被认为没有工作潜力或能力。其实，这些被误判的应聘者中可能有完全能胜任工作的人员或经过一定培训能胜任工作的人员。

8.5 录用工作的评估

录用工作主要包括拟录用人员的背景调查、体检、录用报到手续办理、劳动合同签订、入职培训等。对录用工作的评估主要从以下三个方面展开：一是录用总成本；二是录用总成本效用；三是录用质量。

8.5.1 录用总成本评估

1）录用总成本的构成

本书中的录用工作涵盖了录用、安置和入职培训，因此录用总成本由三个部分构成：录用成本、安置成本和入职培训成本。

（1）录用成本。录用成本是指企业将甄选的合适人员录用到企业中所发生的费用。录用成本主要有录取手续费、调动补偿费、搬迁费、旅途补助费（包括交通费、餐费和住宿费）、违约补偿金。

调动补偿费是指给予被录用人员（往往是原单位的关键员工）的其离开原单位时未能从原单位得到的某些报酬的补偿费。比如，由于期限未到而不能获得的股票方面的收益、绩效奖金、职务津贴、岗位福利等。

违约补偿金是指企业招聘到了劳动合同未到期或还处于竞业限制期内的人员所发生的费用。当企业录用了在原单位劳动合同未到期的重要员工时，原单位往往会向离职员工和录用企业提出交纳一定数额的补偿金，这时的费用支付情况取决于被录用员工对原企业的损失和对录用企业的价值。如果原企业将这种不合法的录用诉诸法律，录用企业可能还要承担与之相关的其他费用。当企业录用了还处于竞业限制期内的人员时，竞争企业往往会向被录用人员追究竞业限制补偿金，这时若被录用者提出要录用企业承担部分补偿金，则这种费用支出也是录用成本。

一般而言，被录用者的职位越高、岗位越关键、离职的机会成本越高，企业为之付出的录用成本也会越高。从企业内部录用员工只属于工作调动，基本上不会发生录用成本。录用成本可以参照公式（8-19）进行计算：

录用成本=录取手续费+调动补偿费+搬迁费+旅途补助费+违约补偿金   公式（8-19）

（2）安置成本。安置成本是指为了让录用人员到具体的工作岗位上更好地开展工作而支付的费用。安置成本主要有各种行政管理费用、欢迎新员工入职的相关费用、为新员工开展工作而提供的设备设施和其他办公用品的费用、企业因安置新员工而花费在安置人员身上的工资等。对于特别重要的被录用人员，企业可能还需要支付其他安置费用，如住房、配偶安置和小孩入学等方面的费用。一般而言，被录用者的职位越高、岗位越关键、家庭情况越特殊，企业为之付出的安置成本也就越高。可以参照公式（8-20）计算安置成本：

安置成本=各种安置行政管理费+欢迎费+必要的办公用品费+安置人员的工资   公式（8-20）

（3）入职培训成本。入职培训成本是指企业对于即将上岗的新员工进行企业历史和生产经营概况、企业规章制度、企业文化、安全卫生知识与技术、岗位操作技能等方面的培训所发生的费用。入职培训成本主要包括培训者和受训者的工资、培训者离岗的人工损失费用、培训管理费用、培训资料费用、培训住宿及伙食费用、培训设备设施折旧费用、外聘专家培训费用等。

入职培训成本可以参照公式（8-21）进行计算：

$$入职培训成本 = \sum 企业内部培训者的工资率 \times (1 + 培训引起的生产率降低率) \times 受训天数 + \sum 新员工的工资率 \times 受训天数$$
$$+ 培训者离岗的人工损失费用 + 培训管理费用 + 培训资料费用 + 培训住宿及伙食费用 + 培训设备设施折旧费用 + 外聘专家培训费用$$ 公式（8-21）

2）录用总成本的评估

录用总成本评估是指对录用工作中所发生的一切费用进行调查、核实、统计，然后参照一定的标准进行分析评价的活动。

企业需要事先作出初步的录用总费用预算，并保留各种相关费用实际支出的原始数据和单据，然后在核算各种录用费用支出的基础上，可以采用三种成本比较标准对录用总成本的使用情况进行评估：预算标准（或目标标准）、行业标准和企业历史标准。企业将现实中已经发生的录用总成本与这三种标准进行比较时，不能只顾数据的高低，还应该考虑录用工作的调整和录用工作的质量。企业对录用总成本进行评估时，既要评估录用工作的总成本，也要评估录用工作的单位成本。例如，企业需要评估平均录用一位求职者的录用费用；有时还需分类评估录用对象的成本，如录用高级专业技术人员的成本和录用一般专业技术人员的成本，两者之间往往存在较大差别。录用总成本评估不仅要注重控制录用总成本，更要注重提高录用质量，要能够及时发现问题和解决问题。

8.5.2 录用总成本效用评估

录用总成本效用是指在录用工作中所发生的费用的效用，用公式（8-22）表示。若该效用的数值较小，则说明企业用在每位被录用人员身上的平均录用成本是较高的，这可能是因为企业录用了高职位员工或较多的重要岗位员工。若该效用的数值较大，则说明企业用在每位被录用人员身上的平均录用成本是较低的，这可能是因为企业录用了操作型员工或一般行政管理人员。

录用总成本效用=正式录用的人数÷录用期间的总费用 公式（8-22）

8.5.3 录用质量评估

录用质量的高低直接取决于录用工作的执行情况，即录用候选人的背景审查、体检、录用手续的办理、劳动合同签订和入职培训等。如果这些具体的工作执行到位，企业录用了背景真实合格、身体健康的员工，而且新员工受到了热情的接待和安置，并接受了良好的入职培训，那么新员工就会感到满意，会以积极的心态、饱满的热情投入工作，从而减少事故发生次数，提高生产效率，降低半年内的离职率。这些结果就是录用质量高的体现。

1）新员工的满意度

新员工的满意度是指新招聘的员工对企业满意与否的程度，用公式（8-23）表示。作为刚进入企业1~3个月的员工，如果企业给他们办的入职手续顺畅便利，或是对他们的工作、生活安置得科学合理，又或是劳动合同让他们满意、入职培训让他们奋进，那么他们就会有很高的满意度，反之亦然。

新员工满意度=对录用工作满意的新员工人数÷新员工总数×100% 公式（8-23）

2）新员工的离职率

如前文所述，新员工3个月内的离职率（见公式（8-14））和6个月内的离职率（见公式（8-15）），都能够用于评估录用质量的高低。

3）新员工的业绩

如前所述，新员工在一定时期内（不超过1年）的业绩也能够用于评估录用质量的高低，企业可参见一定时期内新员工业绩优良率，见公式（8-18）。

4）新员工人均事故数

新员工人均事故数是指新员工在一定时期内（一般为1~3个月）发生违纪和事故的情况，用公式（8-24）表示。新员工刚进入企业，对企业的规章制度了解、熟悉与否，对安全技术规程掌握得如何，这在较大的程度上取决于企业对新员工所做的入职培训情况。如果企业培训到位，每个新员工考核都过关，那么新员工人均事故数就会较低。

一定时期内新员工人均事故数=新员工违纪和事故发生数÷新员工总数   公式（8-24）

8.6 其他评估

8.6.1 招聘总成本方面的评估

1）招聘总成本的构成及评估

（1）招聘总成本的构成。招聘总成本是发生在招募、甄选、录用、新员工安置和入职培训等招聘环节中的费用之和。

（2）招聘总成本的评估。招聘总成本评估是指对招聘工作中所发生的一切费用进行调查、核实、统计，然后参照一定的标准进行分析评价的活动。在现实中，企业一般参照三种标准进行评估：预算标准（或目标标准）、行业标准和企业历史标准。企业在对招聘总成本进行评估时，既要考虑总成本的绝对值的大小，又要考虑与相关标准进行比较的相对值的大小，还要考虑招聘总成本所产生的实际价值与效用。

2）招聘总成本效用的评估

招聘总成本效用是指全部招聘费用对于实际录用人数的效应，用公式（8-25）表示。该公式的数值越大，说明企业花费的招聘费用所获得的效果越好，即单位招聘成本录用的人数越多；反之，则说明企业花费的招聘费用没有获得较好的效果，录用的员工数量不理想，总成本效用较低。招聘总成本效用的计算公式为：

招聘总成本效用=录用人数÷招聘总成本   公式（8-25）

3）招聘总收益与总成本比的评估

招聘总收益是指所有招聘总成本所能带来的收益，包括招募效益（吸引求职者、树立企业形象）、甄选的有效性、实际录用的人数、录用人员的素质与能力、录用人员的工作绩效和贡献，以及由于新员工的加入所带来的总体性效益增长和文化氛围的改善等。

招聘总收益与总成本比，用公式（8-26）表示，这也是对招聘工作有效性进行考核的一项重要指标，其数值越大，说明招聘工作越有成效。

招聘总收益与总成本比=招聘工作的总收益÷招聘总成本   公式（8-26）

8.6.2 不同类型员工招聘的相关评估

1）不同类型员工招聘周期的评估

企业对于集中统一的招聘工作，往往是由一个招聘计划确定每类招聘对象的甄选和上岗时间。但是，对于企业来说，更多的情况是临时性、无计划的补员招聘。对于这种招聘，如何确定每类招聘对象的招聘周期，即从需求提出到新员工上岗的时间，企业一般是没有什么制度性规定的。这样就会造成用人部门和招聘部门之间的责任不明，用人部门经常责怪招聘部门效率太低或招聘的人员素质太差，招聘部门经常责怪用人部门的招聘任务没有预计性、给予的时间太紧迫。为了解决这个问题，企业可以就这种临时性补员招聘设定招聘周期，并以制度的形式固定下来。

比如，广州某企业规定对于用人部门提出的临时性补员招聘（一般人数不超过3人），人力资源部应该尽快满足需求。从用人部门提出用人需求开始，普通工人最少在

3天内上岗，最多在7天内上岗；普通行政后勤人员最少在7天内上岗，最多在10天内上岗；初级技术人员最少在7天内上岗，最多在15天内上岗；基层主管人员最少在10天内上岗，最多在15天内上岗；经理人员最少在14天内上岗，最多在35天内上岗。

当然，企业对于不同类型员工的招聘周期的确定，需要充分考虑当地的人才市场发达程度、企业对人才的吸引能力等因素。

如果企业有这样的规章制度，那么对于每一次补员招聘的及时性就有一个比较规范的评估标准。

2）不同类型员工招聘成本的评估

企业在考虑总体性的招聘成本时，最好还能考虑不同类型员工的招聘成本，这对于指导企业的招聘工作是比较有价值的。企业在招聘工作完成之后，若能对不同类型员工的招聘成本进行统计、分析，就能够更具体地确定招聘成本的详细支出，并且能够在此基础上分析每类员工的招聘成本及其带来的效益情况，从而对企业后续的招聘工作提供指导。在具体分析时，企业可以从以下角度进行分类考虑：行政类、研发技术类、市场营销类、生产维修类；普通工人、技术工人、工程师、普通行政管理人员、主管、高级工程师、经理；名牌大学的毕业生、普通大学的毕业生；以多种形式赞助的大学毕业生、没有赞助的大学毕业生；委托中介机构招聘的某类岗位员工、广告招聘或招聘洽谈会招聘的某类岗位员工等。

在考虑不同类型员工招聘成本的同时，还需要考虑这种类型员工招聘的收益情况，毕竟为企业创造收益才是企业招聘的最终目的。

◆◆◆◆➡ 小思考8-1

企业对不同类型员工招聘成本进行评估是一项费时费力的工作，如果企业已经开展了总招聘成本评估、单位招聘成本评估的工作，再开展这项工作有必要吗？

答：有必要。这项评估至少可以达到一个目的：检验招聘工作人员是否将有限的招聘资金分清主次、轻重地进行使用，进而引导其后续的正确行动。比如，招聘高级人才、稀缺人才的成本就应该高些。如果只进行总招聘成本和单位招聘成本的评估，那就很难发现这方面的问题。

8.7　招聘总结

在企业招聘工作结束后，招聘工作人员应该以招聘评估为基础对整个招聘工作的过程和结果撰写招聘总结。通过撰写招聘总结，可以了解企业招聘工作的实际执行情况，总结招聘进程中成功的经验和失败的教训，掌握招聘目标的实现情况，为调控企业招聘过程、提高企业的招聘效率提供反馈性指导意见。

8.7.1　招聘总结的内容

企业招聘总结分为阶段性招聘总结、项目性招聘总结（如校园招聘会总结、营销人员招聘总结、招聘渠道对比分析总结等）和年度招聘总结，不管是哪种形式的总结，其内容一般都包括招聘计划概述、招聘进程和人员参与情况、招聘结果、招聘费用和经验总结等部分。

1）招聘计划概述

在企业招聘需求确定之后，人力资源部就会制订招聘计划——用来指导企业后续的招聘工作——这种招聘计划是详细完善的。但是，在招聘总结中，招聘计划只需概述即可，一般只需说明招聘岗位名称、数量、人员到岗时间、招聘工作由哪个部门负责实施即可。当然，也可以在招聘总结后面附上一份原始的招聘计划以供对照查阅。

2）招聘进程和人员参与情况

这部分内容需要概括性说明企业在招聘工作中的人员参与情况、所运用的甄选方法、招聘各环节的进展情况。这部分内容能够让领导与专家了解：招聘工作的人员安排是否到位、科学，招聘流程是否规范、完整、科学，甄选方法是否具有针对性。

3）招聘结果

这部分内容主要是对人员到岗的数量和及时性进行陈述。

4）招聘费用

这部分内容主要是介绍招聘费用的支出情况。

5）经验总结

这部分内容是在招聘评估的基础上，总结招聘工作中做得成功、有借鉴意义的事项，指出招聘工作中做得不到位、需要改正的地方，并提出合理的建议。

8.7.2　招聘总结的注意事项

（1）计划是为了执行，总结是为了提升，凡是有活动过程的事项都需要进行计划和总结。因此，对于企业开展过的招聘活动应尽量进行总结。阶段性总结可以更好地促进后续阶段招聘工作的顺利进行，总体性总结或项目性总结有利于以后同类招聘工作科学进行。

拓展阅读 8-2

某重型机械制造有限公司春季招聘总结

（2）招聘总结要写得简单明了，尤其是注重"经验总结"部分；同时，招聘总结要本着实事求是的态度去写。

（3）在招聘总结完成后，要及时交给有关领导（如人力资源部长、行政副总裁、总经理）和参与招聘活动的有关人员（招聘人员和参与测试的人员），这样做既能及时争取领导的指导和资源支持，又能让参与招聘的人员及时吸取经验和教训。

（4）招聘总结要妥善保存，以便需要时调阅。

8.8　招聘与录用评估中常见的问题与对策

1）重视招聘的具体实施工作，忽视招聘的评估工作

很多企业没有认识到招聘评估工作的重要性和必要性，因而没有对开展过的招聘工作进行评估。有些企业虽然会对招聘工作进行回顾，但是往往也只限于"是否及时补充好人员"、"招聘费用是否高"和"用人部门投诉是否多"等方面的简单评估，而且这种评估大多都是非正式的（主要是工作或非工作场合的非正式交流），并没有形成文字性的资料，也没有对后续招聘工作产生任何影响。

招聘评估是对开展的招聘工作进行全面总结，能够起到"发扬优点、克服缺点、增强效果"的作用，因此企业不但要开展招聘评估工作，而且应该认真、全面地做好这项工作。

2）重视招募工作、甄选工作和录用工作的评估，忽视招募需求确定工作的评估

招募工作、甄选工作和录用工作确实是招聘工作中的最重要的三项工作，企业往往会对这三项工作的开展过程和效果进行评估，而没有对招募需求确定这项工作进行必要的评估。事实上，招募需求的确定是企业招募、甄选和录用工作得以开展的理由和基础。招聘需求确定得不科学、不合理，必然会给企业招聘的后续工作带来诸多麻烦，因此在对招聘工作进行评估时，一定要对招募需求确定进行评估。

3）重视对当前招聘效果的评估，忽视对未来招聘效果的评估

"是否及时招聘到所需要的人员"、"招聘花了多少时间成本、人工成本"和"招募、甄选和录用中是否出现问题"等是很多企业十分关注的当期效果。但是，"新员工的学习和成长情况"、"新员工3～6个月内的离职情况"、"新员工3～6个月内的业绩"和"新员工的满意度"等方面在比较长的时间内才能体现出来的效果，却没有得到评估。这样必然会导致招聘工作人员的短期行为，也不能很好地分析招聘工作给后续人力资源管理工作带来的影响。

4）重视招聘结果的评估，忽视招聘过程的评估

招聘的结果对于企业来说当然是最根本、最重要的，但是好的招聘结果必须来源于科学规范的招聘过程管理。现实中，很多企业只注重对"招到多少人"、"花了多少钱"、"多少人参与招聘工作"和"新员工和用人部门满意度"等结果性指标的评估，而忽视了对招聘过程的评估，如"招聘流程是否科学合理"、"招聘方法是否针对性强且有效"、"招聘人员是否严格按要求选拔招聘人员"和"招聘人员在招聘过程中的工作情况"等。

对于上述问题，企业首先要深刻认识到招聘评估工作的重要性，其次要明确企业需要从哪些方面开展招聘评估工作，然后遵循科学的程序、运用有效的方法开展评估工作。

◆◆◆◆▶ 学思践悟

思政教育主题：艰苦奋斗、无私奉献

顽强奋斗、艰苦奋斗、不懈奋斗，是中华民族生生不息的动力源泉。在庆祝中国共产主义青年团成立100周年大会上，习近平总书记回顾总结百年来广大团员青年为争取民族独立、人民解放和实现国家富强、人民幸福贡献青春、建立功勋的光荣历程，号召新时代的广大共青团员"做艰苦奋斗、无私奉献的模范，带头站稳人民立场，脚踏实地、求真务实，吃苦在前、享受在后，甘于做一颗永不生锈的螺丝钉"。在实现中华民族伟大复兴中国梦的征途上，广大青年要立鸿鹄志、做奋斗者，踊跃到新时代新天地中去施展抱负、建功立业，交出一份无愧于祖国、无愧于人民、无愧于时代的答卷。

胸怀"国之大者"，担当使命任务，新时代广大青年唯有用脚步丈量祖国大地，用眼睛发现中国精神，用耳朵倾听人民呼声，用内心感应时代脉搏，把对祖国血浓于水、与人民同呼吸共命运的情感贯穿学业全过程、融汇在事业追求中，才能当好伟大理想的

追梦人、做好伟大事业的生力军。青年一代有理想、有追求、有担当，实现中华民族伟大复兴就有源源不断的青春力量。

资料来源 人民日报评论部.艰苦奋斗、无私奉献：把青春播撒在民族复兴的征程上④［N］.人民日报，2022-05-19（5）.

奋斗是青春最亮丽的底色，行动是青年最有效的磨砺。结合身边事例，谈一谈大学生如何在新时代的征程上奉献担当、自信自强。

基础训练

一、选择题

随堂测8-1

1.整个招聘与录用工作中的最后一个重要环节是（ ）。

A.甄选 B.评估

C.人力资源规划 D.培训与开发

2.在招募质量的评估中，一般认为，初审合格率越高，复审合格率越高，录用比越低，招募工作的质量（ ）。

A.越高 B.越低 C.不变 D.不确定

3.招聘与录用评估工作主要有（ ）等方面的评估。

A.招聘需求确定的评估 B.招募工作的评估

C.录用工作的评估 D.甄选工作的评估

E.人力资源规划工作的评估

4.甄选工作的评估主要从（ ）等方面展开。

A.甄选时间评估 B.甄选成本评估

C.甄选成本效用评估 D.甄选质量评估

E.甄选信度和效度评估

5.测试得到的应聘者的有关特征与应聘者实际具有的有关特征的符合程度称为甄选的（ ）。

A.信度 B.可靠度 C.效度 D.准确度

二、简答题

1.招聘需求评估的对象有哪些？评估的要求有哪些？

2.招募成本包含哪些内容？如何评估招募工作的质量？

3.甄选工作评估主要从哪几个方面展开？如何评估甄选工作的质量？

4.录用总成本由哪些成本构成？如何评估录用工作的质量？

5.招聘工作中常见的问题有哪些？有什么对策？

综合应用

□ 案例分析

2023年5月，某公司因生产经营的需要向社会公开招聘下列人员：管理人员60名、销售人员200名、生产工人240名，共计500名。有关部门预测，新招员工将为公司创造40 050 000元收入。招聘相关资料见表8-1。

表8-1   **某公司2023年5月人员招聘相关资料统计表**

指标	人员分类（单位：人）		
	管理人员	销售人员	生产工人
应聘人数	245	500	300
录用人数	60	200	240
	招聘费用（单位：元）		
实际招募费用	24 000	24 600	22 500
实际选拔费用	20 400	26 400	22 300
实际录用费用	6 000	6 000	8 000

问题：

（1）计算招聘管理人员、销售人员、生产工人的单位成本，并进行比较分析。

（2）计算招聘管理人员、销售人员、生产工人的录用比，并进行比较分析。

（3）计算招聘总收益与总成本比，并进行招聘收益与成本分析。

分析提示：

（1）招聘的单位成本=实际招聘费用÷录用人数

招聘管理人员的单位成本=（24 000+20 400+6 000）÷60=840（元/人）

招聘销售人员的单位成本=（24 600+26 400+6 000）÷200=285（元/人）

招聘生产工人的单位成本=（22 500+22 300+8 000）÷240=220（元/人）

其中，招聘管理人员的单位成本最高，为840元/人，招聘生产工人的单位成本最低，为220元/人。

（2）招聘的录用比=录用人数÷应聘人数×100%

管理人员的录用比=60÷245×100%=24.5%

销售人员的录用比=200÷500×100%=40%

生产工人的录用比=240÷300×100%=80%

其中，管理人员的录用比最低，生产工人的录用比最高，这体现了重要岗位要增大筛选范围的原则，管理人员和销售人员都超过了二选一的最低要求。但是，生产工人却接近于1∶1入选，这需要根据生产工人的岗位性质确定是否比例过高，若是技术含量很低的生产型岗位则没有多大关系。

（3）招聘总收益与总成本比=所有新员工为公司创造的价值÷招聘总成本

=40 050 000÷［（24 000+20 400+6 000）+（24 600+26 400+6 000）+

（22 500+22 300+8 000）］

=250

从以上计算可以看出，所有新员工为公司创造的价值是招聘总成本的250倍，说明本次招聘工作比较成功。

□ **实践训练**

背景材料：LCY公司是广东东莞的一家手机电路板生产企业，为了不断开发出新的产品，增强企业的市场竞争能力和企业的发展潜力，人力资源部决定于2023年12月下旬到广州某重点高校去招聘电子技术、市场营销方面的优秀大学生——这是公司第一次进行正规的校园招聘活动。人力资源部负责招聘的张经理于12月23日与该校就业指导中心的赵老师取得了联系，张经理向学校咨询了校园招聘的相关要求，并电话告知对方有关公司和招聘职位的情况。12月30日，张经理带了两个招聘专员到该校开展招聘工作。由于12月份来该校开展招聘工作的单位较多，就业指导中心人员工作很忙，12月28日才将LCY公司的招聘信息发布在校园网上。但是，就业指导中心人员没有与电子工程学院、工商管理学院的相关工作人员取得联系，所以参加这次校园招聘会的人数不多。赵老师给张经理安排了一个多媒体教室进行宣讲，张经理既没有准备用于宣传LCY公司的VCR，也没有宣讲用的课件，只是用口述的方式向学生简单介绍了公司的情况。在介绍完公司后，由学生提问，对于学生提及有关产品和公司发展战略的问题，张经理含糊其词。有兴趣加盟LCY公司的学生留下来后，由他们填写公司带来的求职申请表，并进行了简单的初步面试。最后，张经理带着求职申请表回到了公司，将这些申请表分别送交给了公司研发部和营销部。研发部和营销部在收到申请表的第10天才将筛选好的申请表交给张经理。张经理马上安排人员给这些候选人打电话，通知他们具体面试时间和地点。令他没想到的是，只有少数几个人愿意到公司面试，大多数候选人因种种原因不愿去东莞接受面试。所以，张经理决定再到广东省的其他高校开展招聘工作。

如果你是上述案例中的张经理，请你总结这次校园招聘活动中成功与不足的地方，然后就这次校园招聘活动写一份简单的总结，并以此对LCY公司即将到其他高校开展的招聘活动进行指导。

要求：指出这次招聘活动成功的地方，如12月下旬到某校开展招聘活动，从招聘时机上来讲是很好的；用招聘申请表接纳应聘者，并作为初步筛选的依据也是较好的。同时需要重点指出不足的地方，如招聘活动的联络时间应早一点，并要嘱咐对方帮忙做好宣传工作；校园宣讲的材料准备不足；参与校园招聘的人员准备不足；研发部和营销部对申请表的审阅时间和对候选人的抉择时间过长；专业面试不应该放在东莞；在校园招聘中，由于没有用人部门参与，未能在校园与毕业生签订"就业协议"等。应在此基础上提出具体改进措施。

第9章 招聘与录用的新形式

学习目标

◆ 知识目标：了解网络招聘、猎头、劳务派遣、劳务外派与引进、弹性用工方面的基本理论和发展趋势；明确劳务外派与引进的流程、注意事项；熟知弹性用工的类型和注意事项。

◆ 能力目标：掌握网络招聘的操作技巧和劳务派遣的操作技巧。

◆ 素养目标：与时俱进，具有创新精神，具备在新形势下运用新手段、新方式开展招聘活动的能力。

引例

AI+数据驱动招聘录用的分析与决策智能化

2022年网络招聘市场规模同比增长9.2%，达175亿元人民币。PC端用户数量下滑趋势继续，但下半年用户使用时间有较大幅度的同比增加；移动端用户规模与使用时间波峰集中在年中6—8月份；在月有效使用时间指标方面，排名前三的BOSS直聘、前程无忧、智联招聘APP呈现出较明显的分层特征。

（1）AI+数据已经应用于人力资源管理的多个环节

随着人工智能由感知智能向认知智能演进，AI现已应用于人力资源管理从招聘到录用再到员工体验的各个环节中，人工智能在人才招聘上的应用场景主要包括简历解析与筛选、人岗匹配、招聘客服（聊天机器人）等，同时通过采集人力资源管理各流程沉淀的大量数据进行综合分析，比如分析员工流动率、员工绩效、敬业度等数据所获得的实时见解，可以帮助企业更有效地改进招聘和入职流程以吸引和保留目标人才。

（2）从招聘直播间到元宇宙沉浸式求职，招聘形式丰富多元

2020年以来，直播招聘成为网络招聘的重要方式，雇主企业向求职者全方位介绍岗位需求和薪资待遇，求职者可以直接向招聘单位咨询提问，减少信息不对称，提高招聘效率和针对性。前程无忧、智联招聘等网络招聘平台在2020年和2021年先后上线招聘直播功能，2022年快手、赶集直招等推出直播招聘。同时“直播带岗”也深度应用到地方政府就业公共服务中。另外有不少企业尝试元宇宙招聘，借助“游戏化场景生成”、“实时音视频交互”和“虚拟社交身份”等技术创建招聘场景下的多个虚拟空间，如元宇宙空宣、元宇宙open day、元宇宙面试间等，以全新的方式吸引候选人，打造雇

主品牌。

2022年3月，红杉联合校招虚拟双选会将实时音视频技术、游戏化场景融入招聘中，点击企业展位即可了解企业招聘信息，碰面即可开启语音/视频聊天。

2022年6月，清华大学元宇宙招聘双选会求职者可设置喜爱的人物形象，沉浸式地操纵虚拟人物，根据自身求职意向漫游企业展厅、观看宣传视频，了解不同企业的岗位信息。在各企业展位上，同学们可与用人单位招聘人员以视频和语音形式在线互动交流，并可通过共享画面进行实时简历共享与投递。

2022年11月，深圳南山区人力资源局&前程无忧大型元宇宙招聘会超1万名应届毕业生通过手机APP、电脑PC等终端，与南山区60余家企业进行沟通，校企双方化身虚拟数字人，在元宇宙中进行面试。

资料来源   [1] 艾瑞咨询.中国网络招聘市场发展研究报告［C］//2023艾瑞咨询5月研究报告会论文集.北京：艾瑞咨询，2023.[2] 路江涌，张月强.人工智能时代的人力资源精准管理［J］.清华管理评论，2023（11）：74-84.

上述案例表明：在人工智能时代，企业能够实现精准的数据选人和智慧用人。人工智能的快速发展，不仅提速了招聘、培训和员工关系的流程，还提供了精确的决策支持，满足了精准经济的需求。与此同时，人工智能技术正在加速推动人力资源管理从资效和人效向知效和智效的变革与升级。其中，"资效"是将人才视作生产资料，追求资源配置的最高效率，以实现企业的短期目标。"人效"是将员工视为独特的生产资料，重视员工的个体价值和团队合作的群体效应。"知效"主张通过知识的获取、应用和创新，提升人才能力，进而提高组织的绩效和竞争力。"智效"关注如何通过技术增强人的决策和执行能力，从而为企业带来更大的价值。

科学技术的日新月异、人们观念的不断转变和知识的快速增长、政府人事政策的日趋完善、经济全球化及人才的全球流动、资本对利润最大化和生产经营专业化的追求，都使得企业的招聘与录用形式发生了许多重要的变化。在传统的内部推荐、内部调动、广告媒体招聘、人才招聘洽谈会招聘等招聘形式的基础上，许多新的招聘与录用形式涌现出来，包括网络招聘、代理招聘（如猎头招聘）、劳务派遣、劳务外派与引进、弹性用工等。

9.1 网络招聘理论与实务

9.1.1 网络招聘概述

网络招聘也称在线招聘或者电子招聘（e-recruiting），是指利用互联网技术进行的招聘活动，包括招聘信息和求职信息的发布、人才简历的收集整理、电子面试以及在线测评等。

1）网络招聘的兴起和发展

中国的网络招聘兴起于1997年，进入21世纪以后，随着中国互联网技术的不断提升和电脑、手机的迅速普及，网络招聘在中国得到了飞速发展。中国互联网络信息中心（CNNIC）发布的第15次《中国互联网络发展状况统计报告》显示，截至2004年12月

31 日，中国网民规模为 9 400 万人，在网上经常查询求职招聘方面信息的占 24.2%。2024 年 3 月，中国互联网络信息中心（CNNIC）发布第 53 次《中国互联网络发展状况统计报告》，中国网民规模达到 10.92 亿人，手机网民规模达 9.32 亿人，网民使用手机上网的比例达 99.8%，网民人均每周上网时长达 29.5 小时。除了极少的现场招聘会，网民习惯于通过网络去寻找招聘信息、发送应聘简历或填写应聘申请表，企业也习惯通过网络去发布招聘信息、收集应聘材料和进行初步的网络甄选工作。

互联网和移动互联网的普及推动着中国互联网求职招聘用户规模稳定增长，2020 年中国网络招聘网站全年平均月覆盖用户数为 7 456.25 万人，2021 年该项数据达 8 124.4 万人。艾瑞咨询的统计数据显示，2022 年中国网络招聘网站全年平均月覆盖用户数达到 6 683.5 万人。艾瑞咨询分析认为，目前随着智能手机设备和互联网运行速度的高速发展，越来越多的用户将会通过手机等移动设备进行招聘/应聘，PC 端用户数量将呈现明显减少现象。这一方面与近年来求职者使用习惯向移动端转移有关，另一方面应该是受到了近几年经济发展形势的影响。

在当前主要的五种互联网招聘平台模式当中，综合信息招聘平台是众多求职者的首选，占比达 48.5%；其次是分类信息招聘平台，占比为 33.4%；垂直类招聘平台排在第三位；社交招聘平台与新型招聘平台比例相差不大，约为二成。综合来看，综合信息招聘平台成立的时间普遍较长，长时间积累的广泛用户是其排在首位的主要原因，但其他几种模式的平台成长速度也非常快，综合信息招聘平台的先发优势越来越弱。垂直类招聘平台目前更多地集中在零工招聘领域、社交招聘领域，这一层面的平台种类多、数量大，但平台之间差异相对较大。新型招聘渠道则包括了众多依托公众号建立的小规模平台、行业人才直招和大厂直招等。这个层面的平台可能会分散一些专业招聘平台的用户流量，但整体而言，专业招聘平台提供的人才求职与发展的服务会更加专业。

目前，全球网络招聘方兴未艾，市场规模巨大且增长迅速，网络招聘已经成为互联网上最成功的商业应用之一。艾媒咨询发布的《2022 年中国互联网招聘行业研究报告》指出，2021 年中国网络招聘行业市场规模达到 198.6 亿元，在中国求职者的求职和企业招聘的主要方式中，互联网招聘占比高达 85.1%。当前，互联网招聘市场呈现 BOSS 直聘、前程无忧、智联招聘三足鼎立的局面。

2）网络招聘的优点

（1）信息量大。数以千万计的求职人员和招聘职位数量将招聘企业和求职者紧密结合在一起。在人才招聘网站上，可以随时查询大量的供需信息，无论是招聘方，还是求职者都拥有足够的信息可供选择，比人才招聘市场的信息量要大得多。

（2）搜索快捷方便。招聘网络平台功能强大，轻轻点击鼠标瞬间就能发布招聘信息、接收应聘信息、发出招聘意向。求职者也能快速准确地查询到所需要的信息，当查询到合适的招聘职位后还可以直接通过网站把简历提交给招聘单位。这很大程度上节省了招聘单位和求职者的时间，提高了效率。

（3）信息更新快。网络招聘信息更新速度很快，每天更新的职位与应聘者数量都很多，能够在第一时间发布招聘单位的岗位需求信息和求职者的应聘信息。

（4）招聘与求职突破时空限制。无时空限制给招聘单位和应聘者提供了足够的信息空间，给求职者创造了更多的就业机会，给招聘单位提供了更多的人才信息，特别是对于异地招聘而言，如果采取传统的招聘方式，恐怕还得来回奔波于两个城市之间，通过网络则可以不受时间和空间的限制。

（5）招聘成本低。招聘方在人才市场招聘，需要支付一定的摊位费，求职者要花不少钱制作精美的简历，加上门票、交通、通信等费用，频繁进入人才市场，招聘成本会大大高于网络招聘。而网络招聘是一次投入，长期受益，大大降低了招聘成本。

（6）求职信息分类清晰、针对性强。网络招聘不像招聘现场那样混乱，有利于应聘者投递简历。招聘网站给应聘者提供了一个广阔的信息平台，使得求职信息在网上投递后，相当于进入一个人才储备的数据库。这种个人简历的存储方式有利于将个人信息尽量详细地表达出来。而且，应聘者在招聘网站中有了更多选择，在网站上，应聘者可以查询到更多公司、职位的资料。

3）中国网络招聘的主要模式

虽然SNS、微博、微信、垂直搜索、职业社交网站等新兴网络招聘模式在近年取得了快速的发展，出现了多种网络招聘模式共同发展的局面，但是传统网络招聘（专业性网站招聘、企业自有网站招聘等）模式仍处于主流地位。当前，国内最有名气的专业性人才招聘网站有前程无忧（www.51job.com）、智联招聘网（www.zhaopin.com）、58同城·招聘（网址随不同城市而变）、中华英才网（www.chinahr.com）等。

9.1.2 网络招聘的操作技巧

在中国网络招聘业务飞速发展的同时，网络人才服务水平也在不断升级，网络对于社会就业的贡献正日益显著，但是由于这种招聘方式在中国的发展历史较短，因此在许多环节上还存在不完善之处，中国的企业和求职者要选择和驾驭这种招聘方式还必须掌握网络招聘的相关操作技巧。

1）发布网络招聘信息

网络招聘信息的发布直接关系到企业招聘的效果，如何根据企业的实际情况选择适当的信息发布渠道就显得尤为重要。下面我们对较常见的几种网络信息发布渠道进行简要介绍。

（1）专业性人才网站。专业性人才网站上资料库大，日访问量高，加上人才网站收费相对较低，所以很多公司往往会同时在几家网站注册，这样就可以收到众多求职者的资料，可挑选的余地更大。当前，许多招聘网站为了让有意于网络招聘的企业更好地了解其网络招聘平台，往往会安排免费试用期及其他优惠策略。需要试用的单位先上网注册，输入单位信息和招聘信息，试用期内招聘单位可以发布招聘信息，查阅人才库中应聘者的详细资料（涉及求职者的联系方式，各网站规定会有所不同）。招聘单位在试用期可初步判断网上招聘的效果，进而决定是否交纳费用，享受该网站更多的人才服务。

通过专业人才网站招聘可能是用人单位采用得最为广泛的一种招聘方式，所以挑选一家服务好、功能强的网站尤为重要。通常好的人才网站应该具备如下条件：

一是信誉良好。好的人才网站应该具有较高的可信度。某些人才网站为了增加招聘职位信息，不对招聘信息进行审批。随便编造一家公司，随便编造一些职位，这些信息都可以马上发布在网站上。而这些信息对于求职者来说，是不负责任的，这样的网站的信誉必定较差。

二是功能强大。人才网站的功能目前都大同小异，但某些网站一些个性化设置显得很有活力。

三是客户化设计。人才网站在设计上应充分为客户方考虑，更加人性化。

四是服务细致、反应快速。人才网站的后续服务很重要，对于发布的职位长期没有招聘到的招聘单位，人才网站应该定期给予反馈与跟踪服务等。

五是除了招聘之外，人才网站还应提供其他服务，如人才测评、在线电子面试、在线薪酬顾问、在线评估、在线培训等。

（2）网上BBS。它是互联网上热门的服务项目之一，用户只要通过远端登录的方式，就可实现在远端主机上张贴布告、网上交谈、传送信息等功能。这种方式发布信息的成本几乎为零，但影响力有限，也不利于体现公司的形象，一般适用于小型的公司。

（3）本公司主页。如果有自己的网站，公司也可在网站上发布招聘信息，同时将企业文化、人力资源政策以及更多信息发布在公司网站的主页上，以便求职者了解。这样既可达到宣传目的，又能让求职者在了解企业实际状况后，有针对性地选择应聘岗位，所以招募到的人员质量较高。公司还可以将在线简历应用其中，从而更方便建立自己的人才储备库，留待日后需要时查询。

企业不仅可以利用互联网向外发布招聘信息，还可以利用企业内部的局域网对内发布空缺的职位信息，从企业内部提升员工。这不仅最大限度地节约了成本，还有利于提高员工的满意度、工作热情。这种通过局域网的招聘方式对一些跨地区的企业更为有利，有利于管理层在第一时间知道企业的人力资源状况，合理配置人力资源，从而促进组织的发展。

（4）微博招聘。微博日益流行，它打破了移动通信网与互联网的界限，使人们开始习惯使用微博随时获取、分享信息，也让企业争夺人才的阵地发生了改变，微博招聘已经慢慢变成了一种时尚。很多企业已经设立了官方微博并通过企业微博账号发布招聘信息和网友互动。求职者们也纷纷注册了个人微博来实时关注企业招聘动态。相比其他网络工具，微博具有即时、便捷的沟通优势。除了通过企业官方微博解答问题之外，企业直接面向大众的招聘微博有一个最基本的功能，即宣传和及时通知最新消息。

（5）微信招聘。微信招聘即使用微信平台作为招聘的渠道和工具，由于微信的功能属性，以及在招聘信息发布、候选人在线管理等人力资源招聘流程中有很多的供需关系，所以微信可以非常方便地作为一个招聘工具以及雇主品牌宣传用的工具。随着微信用户的迅速增加，以及后续整个移动互联网终端普及和信息获取的流量转移到移动终端，越来越多的企业开始建立起自己的微信招聘平台。随着企业招聘工作更加移动化、社交化，同时越来越多的企业开始开发手机招聘网站、招聘网站的移动APP等以及各类微信等社交工具的普及，将引导更多的求职者通过手机来搜索企业职位和应聘。微信招聘可以随时随地进行，不但不受周围环境的限制，还无形中节省了时间成本、人工成本、管理费用等；微信招聘可以保留相关招聘工作与面试工作的文字与视频资料，以供高层决策者选择与参考；微信招聘也可以实现由招聘方的多个面试官对同一个应聘者进行面试。

（6）社交网络招聘。社交网络招聘即利用社交网络来开展企业的招聘工作。雇主的招聘人员可以通过社交网络发布招聘需求信息，这些信息将被作为 Feed（信息源）通过社交网络"人际关系链"传播，然后被企业招聘人员的"关注者"（followers）或者说"粉丝"进行评论、转发，再被下一批（粉丝的粉丝）进行评论与转发。按照社交网络的基本原理"6度分割理论"，企业招聘人员发出的招聘信息原则上可以被任何一个潜在的求职者收到，只需要通过中间6个特殊节点的人转发，任何一个求职者可以通过6个中间人，链接到任何一个企业的招聘人员或者业务部门负责人（hiring manager）。一旦链接起来，这些人之间可以通过相互评论或者私信等方式进行沟通。社交网络招聘主要可实现三个目标：搜索筛选和邀约候选人进行面试，全方位对候选人进行背景调查；经营雇主品牌，间接提升招聘效率；长期建设人才库，做好候选人关系管理。国外著名的社交网络网站有Facebook、YouTube等，国内知名网站有开心网、人人网等。企业应在国内知名的社交网站注册用户，并形成有一定影响力的"圈子"，打造吸引人才的"基地"。

（7）"云招聘"。作为一种新兴的智能招聘模式，将人员的招募、甄选以及录用等环节都搬上了"云端"，直播招聘、视频面试、直播面试以及 AI 面试等多种创新招聘形态得到了广泛的应用。"云招聘"依托于人岗匹配技术的发展、成熟，这项技术目前已经历三代发展和更迭。第一代是直接将候选人的简历和岗位的职位描述进行匹配。这是在线下和传统网络招聘中使用的筛选技术。第二代是借助大数据，通过专业顾问将候选人的简历和岗位的职位描述进行匹配。第三代是利用专业测评工具，从求职者的简历、专业技能和能力三个维度出发构造候选人模型，而后将之与企业的岗位描述和能力模型相匹配。现在的"云招聘"恰恰就是使用了第三代技术。

2）收集、整理信息与安排面试

（1）收集、整理信息。企业在人才网站注册后可以利用这些招聘网站的人才库自己定制查询条件，找到符合要求的应聘者。招聘者还可以通过招聘软件"守株待兔"，只有那些符合公司要求的求职者的简历才会被保留下来，大量不符合要求的简历将被拒之门外，这样节约了招聘者的大量时间，提高了招聘效率。

除此之外，招聘企业还可以利用搜索引擎搜索相关专业网站及网页，在那里发现人才，自己做猎头。招聘企业还可以查询个人的求职主页，尤其是在招聘一些IT业的热门紧缺人才时，在个人主页中也许会有许多收获。

（2）安排面试。挑选出符合条件的求职者后，接下来就可以安排面试。由于网络招聘无地域限制，在不同地理位置的招聘者、求职者可以利用互联网完成异地面试。面试人员双方即使不在同一地点也可以通过互联网进行面试，利用网络会议软件同时对应聘者进行考察。根据不同的求职者安排好面试人员后就可以通知求职者进行电子面试，互联网的发展使得我们可以有多种选择来进行电子面试。

3）电子面试

招聘信息的发布与收集整理仅仅是网络招聘的开始，电子面试更能体现网络招聘的互动性、无地域限制性，因此是网络招聘中重要的组成部分。

（1）利用聊天室。公司可以利用一些聊天软件或者招聘网站提供的聊天室与求职者交流，每家招聘的单位可以占用一个聊天室，在聊天室里进行面试。就像现实中一样，招聘单位可以借此全面了解求职者，也可以顺便考察求职者的一些技能，比如电脑常识、打字速度、网络知识等。求职者也可以向单位就职业问题提问，实现真正的互动交流。但是这种文字的交流还是有一定的局限性：一方面，它反映不出求职者的反应速度、思维的灵敏程度；另一方面，求职者也可能会请人代替他进行面试，在虚拟的网络世界里，企业无法识别求职者身份的真伪。为了能够在第一时间得到应聘者的回答，用人单位还可以在语音聊天室利用语音聊天与求职者交流，这样既可以见到求职者的文字表述，又可以听到求职者的声音。

（2）视频面试。声音的传送已经无法满足现代人沟通的需求，即时、互动的影像更能真实地传送信息。简单的视频面试可通过QQ或微信进行，正规的视频面试可以采用"视频会议系统"（video conferencing）。视频会议系统，是指两个或两个以上不同地方的个人或群体，通过传输线路及多媒体设备，将声音、影像及文件资料互传，达到即时、互动的沟通。与在聊天室进行面试相比，利用视频面试不仅能够听见声音，还可以看到应聘者的容貌，避免了聊天室面试的缺点，具有直观性强、信息量大等特点。相对于传统的现场招聘，网上视频招聘缩短了供需双方的时空距离，使求职者和用人单位的交流更加便捷，不必进入拥挤的会场就可以实现面对面交流，大大降低了招聘和应试成本；同时其针对性更强，信息量更大，信息反馈更加及时、准确。

拓展阅读9-2

机器人高速筛选简历和准确匹配人才

（3）直播面试。直播面试是近年来随着网络技术的发展和普及而兴起的一种新型面试方式。它利用直播平台，让面试官和求职者通过视频连线的方式进行交流和评估，过程中，面试官会重点关注求职者的直播经验、内容策划能力、互动技巧、仪表形态以及抗压与适应能力等方面。在直播面试前，求职者需要做好充分的准备，包括了解直播平台的使用方法、熟悉面试流程和注意事项、准备好自我介绍的演讲稿等。进入面试直播间后，该专场的主播会介绍招聘职位，求职者可以边听边看，直播间下方的"职位"一栏内写有工作内容、岗位要求等信息，求职者根据上述信息修改简历后便能直接点击"投递"按钮，亦可点击"连麦抢offer"按钮，寻求现场反馈。在直播面试时，求职者要充分展示自己的专业素养和技能水平，同时也要展现出良好的沟通能力和团队协作精神。

9.1.3 网络招聘服务管理规定

为了规范网络招聘服务，2020年12月18日，人力资源和社会保障部出台了《网络招聘服务管理规定》（以下简称《规定》），自2021年3月1日起施行。《规定》是我国网络招聘服务领域第一部部门规章，对网络招聘服务活动准入、服务规范、监督管理、法律责任等作出规定，为人力资源服务机构从事网络招聘服务提供了基本遵循。

《规定》明确了网络招聘求职信息规范、网络招聘信息审查规范、网络安全与信息保护规范、收费管理等服务规范，适用于人力资源服务机构在我国境内从事网络招聘服务的行为，不包括用人单位通过自有网站进行自主招聘的行为，因为用人单位通过自有网站进行自主招聘的行为，不属于中介服务行为，由相关法律规范调整。

9.2 猎头招聘理论与实务

9.2.1 猎头理论概述

1）猎头和猎头服务的含义

"猎头"在英文里叫 headhunting，原意为割取敌人的头作为战利品的人，引申意为物色人才的人。"头"者，智慧、才能集中之所在，"猎头"特指猎夺人才，即发现、追踪、评价、甄选高级人才。在国外，这是一种十分流行的人才招聘方式。高级人才委托招聘业务，被称为猎头服务；专门从事中高级人才中介服务的公司，又往往被称为猎头公司。猎头公司就是为用人单位猎取所需要的各类高级人才并从中获得报酬从而生存、发展的中介组织。猎头服务的出现，促成了社会经济体制中人力资源的流动和合理配置，猎头服务已成为企业获得高级人才和高级人才流动的重要渠道。目前，美国70%的白领曾经或经常通过猎头公司寻找或调换工作。猎头公司在发达国家已经成为不可缺少的服务机构。据英国《经济学家》杂志统计，全球物色高级经理人才的行业收入1年在25亿美元至40亿美元之间，猎头已成为一个蓬勃发展的朝阳产业。

1992年6月18日，中国的第一家猎头公司——沈阳维用猎头中心诞生，据不完全统计，至今全国已有5 000多家猎头公司（包括香港特别行政区），仅广东就有1 000多家。中国目前的猎头市场产值超1 200亿元，几乎各行各业都有对猎头公司的需要。哈佛大学的有关研究成果显示，在比较成熟的市场经济环境中，猎头公司与企业数量的适当比例为5∶1 000。这说明我国猎头行业未来具有巨大的成长空间。

2）猎头公司与一般中介公司的区别

（1）收费对象及收费水平不同。猎头公司不对个人进行收费，中介公司则不然，谁需要"中介"就对谁收费，个人要找工作就对个人收费，企业要招聘就向企业收费。猎头收费很高，一般为被推荐人才年薪的30%左右，而中介服务收费往往比较低。

（2）服务内容不同。猎头公司采取隐蔽猎取、快速出击的主动竞争方式，为客户猎取通常在人才市场上无法得到的高级人才，猎头公司还提供人才评价、调查、协助沟通等顾问咨询服务，中介公司则往往是非常简单的撮合。猎头主要是主动寻找人才，中介更多地是在现有资源中撮合。

（3）服务对象不同。与一般的中介公司不同，猎头公司的猎物对象是高级管理人才和技术人才，一般来说，主要是举荐总裁、副总裁、总经理、副总经理、人事总监、人事经理、财务经理、市场总监、市场经理、营销经理、产品经理、技术总监、技术经理、厂长、生产部经理、高级项目经理。猎头公司主要是为能力强、职业道德好的人才服务。中介公司主要是为普通求职者服务。

　　3）猎头顾问的特点

　　专业的猎头顾问一般都具有丰富的咨询经验，能够为企业提供人力资源开发的指导性建议，他们品行优良，负责任，能够提供候选人才的真实情况并能进行坦诚交流，阅历丰富，至少从事过企业较高职位的工作，这样才能提供有参考价值的意见。专业的猎头顾问还应保守秘密、严守行业规范和职业操守。全面了解客户需要是成功找到合适人才的前提，因此猎头顾问必须具备高超的沟通能力和技巧，这样才能准确地了解客户真正的需要。专业的猎头顾问还要具备较深厚的心理学知识、人际关系学知识等。正由于这种超值和专业的服务，猎头顾问无论是从人员质量还是从招聘成本上均被许多企业所认可。

9.2.2　利用猎头公司的操作技巧

　　人力资源专业人士都知道，要想招聘优秀的中高层管理人才，目前最有效的渠道就是利用猎头公司。通过网络和报纸找工作的中高级管理人才越来越少，他们一般不愿意主动去寻找工作，而是等待工作来"找"他们。但是，现在猎头公司数量众多，良莠不齐，选择一家有诚信、能提供真正专业服务的猎头公司对于人力资源从业人员和企业来讲都不是一件容易的事情。在选择猎头公司时要注意以下几点：

　　1）优先选择队伍稳定、团结协作的公司

　　猎头这个行业是个典型的依靠人才的行业，核心竞争优势就是有经验和专业知识的猎手们。这个行业也是个进入门槛相对较低的行业，人员流失率很高，很容易分家。一个人员流失率高的猎头公司必定是个自身不重视人力资源管理的公司，这样的公司是否能提供优质的专业服务就可想而知了。

　　2）选择顾问而不是公司

　　为什么说是要选择顾问而不是公司呢？这是由猎头的行业特性决定的。猎头行业有点像管理顾问公司，是典型的专业服务行业。其服务的效果最终取决于猎头顾问们的职业操守和专业水平。公司其实是很难控制服务质量的，主要靠猎头顾问个人的努力和水平。如果服务的猎头顾问水平不够高，公司再有名气也不会有好的结果。

　　3）和顾问进行详细谈判，了解其能力和态度

　　在挑选猎头顾问的时候，一定要对其专业能力进行深入了解，就像去招聘一个中高级人才一样，不进行深入、全面的甄选，是不能轻易录用的。即使是世界知名的猎头公司，其猎头顾问的职业化水平也不一定全部达标。因此，有必要与猎头顾问进行详细谈判，了解其知识能力结构及专业水平。

　　4）多询问其他客户的意见

　　要了解猎头顾问的专业水平和服务能力是比较困难的，光听猎头公司自己的介绍肯定不行。一个可行的方法，就是要求每个候选猎头公司提供最近几家客户的名单，然后去拜访这几家客户，问问他们对这个猎头公司的看法，看看他们的业绩，这样，就能比较客观地知道其水平如何。这点也像选择管理咨询公司一样。

　　5）不搞提成，按固定金额付费

　　猎头行业目前通行的收费方式是按所猎人才年薪的20%～35%来收取服务费用。这

种机制最大的弊端是容易导致猎头顾问们和被猎人员"合谋"向公司索要高薪。因为被猎人员年薪越高，猎头公司的收益就越高。如某人目前年薪50万元左右，被某猎头公司介绍到一家外资企业，他不知如何向这家企业报价时，就去征求猎头公司的意见，猎头顾问非常迅速地告诉他，报价80万元一年，其实此人根本不值这个价位。从这个案例可以看出，收费机制不合理，就会导致猎头与应聘人员之间的"合谋"，从而给企业客户带来损失。为了防止这种现象，可以与猎头公司商定：成功推荐某个人，公司付给固定的报酬，比如9万元。

9.3 劳务派遣理论与实务

9.3.1 劳务派遣概述

1）劳务派遣的含义

劳务派遣是指劳务派遣单位与用人单位签订劳务派遣协议，由劳务派遣单位招聘劳动者并根据用人单位的要求派遣合适的劳动者到该用人单位工作，劳动者和派遣机构从中获得相应收入的经济活动。

在劳务派遣关系中，受派遣劳动者由派遣机构雇用，到用人单位工作，接受用人单位的指挥监督，为用人单位提供劳动；用人单位因为使用了派遣劳动者，需按照劳务派遣协议向派遣机构支付费用，派遣劳动者因此获得就业岗位及工资、福利和社会保险待遇；劳务派遣机构因为为用人单位提供劳务服务而从派遣业务中获得收入。

2）劳务派遣中各主体之间的关系

在劳务派遣中，存在着三种主体和三重关系（如图9-1所示）。三种主体是劳务派遣机构、受派遣劳动者和用人单位；三重关系是劳务派遣机构与受派遣劳动者的关系、劳务派遣机构与用人单位的关系、用人单位与受派遣劳动者的关系。

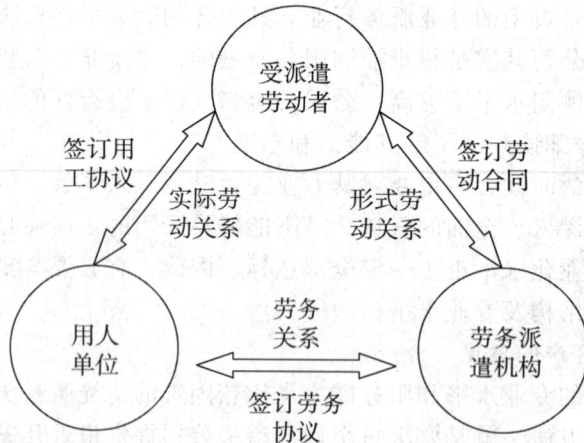

图9-1 劳务派遣中三种主体和三重关系示意图

（1）劳务派遣机构与受派遣劳动者的关系。在劳务派遣中，劳务派遣机构是雇主，受派遣劳动者是雇员，双方依法签订劳动合同，建立劳动关系。在这种劳动关系中，劳务派遣机构不为受派遣劳动者提供真实的工作岗位和劳动条件，也不是劳动者实际劳动给付的对象（实际给付对象是用人单位），所以劳务派遣机构只是形式上的雇主，双方的关系属于有"关系"而没有实际劳动的形式劳动关系。

在这种形式的劳动关系中，劳务派遣机构作为雇主，其一般职责是：受派遣劳动者的招募、甄选、录用，将劳动者派遣到用人单位；支付工资、提供福利、为受派遣劳动者缴纳社会保险、督促受派遣劳动者的用人单位执行国家劳动标准和劳动条件；收取受派遣劳动者的用人单位支付的派遣服务费；行使和履行与劳动者订立的以劳务派遣形式用工的劳动合同；行使和履行与用人单位订立的劳务派遣协议约定的应由本方享有和承担的其他权利和义务。与此相应，受派遣劳动者享有和履行劳动合同约定的权利和义务。

（2）受派遣劳动者与用人单位的关系。劳务派遣机构与受派遣劳动者订立劳动合同以后，雇主（劳务派遣机构）将雇员（受派遣劳动者）派遣到用人单位，并将雇员的使用价值（劳动）让渡给用人单位。受派遣劳动者成为用人单位劳动组织的成员，服从用人单位的指挥命令，遵守用人单位的内部劳动规则，并为用人单位工作。由此可见，用人单位与受派遣劳动者之间的关系属于有劳动没"关系"的实际劳动关系。

在这种实际劳动关系中，用人单位的职责主要有：为受派遣劳动者提供工作岗位和其他劳动安全卫生条件，实施劳动安全卫生管理，制定和实施与受派遣劳动者相关的内部劳动规则，实施其他的劳动管理事务；向劳务派遣机构支付派遣服务费，行使和履行与派遣机构订立的劳务派遣协议约定的应由本方享有和承担的其他权利和义务。有时候，用人单位还需要与受派遣劳动者签订用工协议，就双方在劳动过程中的具体权利和义务进行进一步确认。与此相应，受派遣劳动者行使和履行劳动合同、用工协议及劳务派遣协议约定的应由本人享有和承担的权利和义务。

（3）用人单位与劳务派遣机构的关系。用人单位和劳务派遣机构是两种独立的民事主体，劳务派遣机构根据用人单位的要求为其提供劳务，相应地，用人单位需要向劳务派遣机构支付劳务费。两种主体通过签订劳务派遣协议来明确双方的权利和义务，劳务派遣协议属于民法调整的范畴，这不同于劳动合同，而属于劳动法调整的范畴。劳务派遣协议应当约定派遣岗位和人员数量、派遣期限、劳动报酬和社会保险费的数额与支付方式以及违反协议的责任。劳务派遣机构应当将劳务派遣协议的内容告知被派遣劳动者。

3）劳务派遣对企业的作用

（1）有利于提高企业核心竞争力。日趋激烈的市场竞争，使得任何企业要想在市场上取得全面的竞争优势已经非常困难。企业竞争的焦点已由传统的价格竞争、功能竞争和品质竞争等转向了响应能力竞争、客户价值竞争和技术创新竞争。将员工招聘、档案管理、社保申报缴纳、劳动纠纷处理等事务性工作交由劳务派遣机构负责，企业人力资源部门就可以从日常繁杂的人事管理事务中解脱出来，集中力量参与企业高层的战略规划，提高企业核心竞争力。

（2）有利于提高企业的适应性。使用劳务派遣服务的企业组织，能够及时解决企业因业务量的突然增加所产生的人才需求、弥补暂时人才空缺、替代缺席的员工、满足季节性人才需求、储备未来雇用员工的人选、避免在企业不景气时解雇员工、提高员工满意度。这样的企业具有更好的适应性，能更快、更好地满足顾客需求不断增长的需要。

（3）有利于降低劳动管理成本。员工招聘、培训、考核、档案管理、社保申报缴纳、劳动纠纷处理等事务性工作，需要企业付出直接成本和机会成本，而从劳务派遣机构获得上述人事管理事务的服务，就可以提高经济效益，降低间接成本。同时，企业不必为了满足某些临时性的劳动者需求而经常性地储备人员，从而降低了人工成本。具体来说，一方面，可以通过劳务派遣机构专业化、规模化、程序化的管理，大大降低人事管理事务的直接成本；另一方面，可以通过将企业内部"非生产性"劳动事务管理剥离出去，让人力资源部和部门领导集中精力于其他重要的生产经营活动中。

（4）有利于降低企业用人风险。企业在经营过程中不可避免地承受多种类型经营风险，在人力资源管理上体现为招人或用人失误的风险。使用劳务派遣服务，企业"用人而不管人"，人才包退包换，可以轻松招到最理想的人才。用人单位在使用这些人员时，只是作出相关管理规定，按工作任务进行管理、考核。合同到期时是否续签合同，其决定权主要在用人单位。

（5）有利于减少对人才流失的担心。受派遣劳动者的人事档案由劳务派遣机构集中管理，在合同期内，劳务派遣机构对受派遣劳动者制定了具有法律效力的制约制度，用人单位不用担心劳动者"跳槽"。通过劳务派遣引进的人才，会使企业内部劳动合同制员工形成一定的危机感和紧迫感，从而能促使其更加努力地工作，更加珍惜当前的工作。

（6）有利于降低企业法律风险，减少人事（劳动）纠纷。在我国相关法律、法规和有关政策指导下，用人单位和劳务派遣机构签订劳务协议，劳务派遣机构与受派遣劳动者签订劳动合同，用人单位和受派遣劳动者是一种有偿使用关系，这样，用人单位就可以避免或减少与受派遣人员在人事（劳动）关系上的纠纷。

4）劳务派遣与传统招聘的区别

劳务派遣与传统招聘有诸多不同之处，详见表9-1。

表9-1　　　　　　　　　　　**传统招聘与劳务派遣的区别**

项目	传统招聘	劳务派遣
基本特性	用人单位招聘、雇用和使用	向派遣机构租用
招聘方式	用人单位直接参与招募、甄选、录用等各项工作	用人单位提出招聘条件，由派遣机构负责组织报名、筛选、向用人单位推荐
用工形式	用人单位与录用人员签订劳动合同，办理用工手续	由派遣机构与录用人员签订劳动合同，办理用工手续，再由派遣机构将录用人员派遣到用人单位
工资发放	由用人单位直接发放	由派遣机构发放或由用人单位代发

项目	传统招聘	劳务派遣
档案管理	由用人单位直接管理或委托人才中心托管	由派遣机构管理或由人才中心托管
党团、工会组织关系管理	由用人单位负责	由派遣机构负责
社保申报与缴纳	由用人单位负责	由派遣机构负责
计划生育管理	由用人单位负责	由派遣机构负责

9.3.2 劳务派遣的操作技巧

1）企业可以选用的劳务派遣方式

企业可以根据外部环境和自身情况，从以下几种劳务派遣方式中选择合适的派遣方式：

（1）完全派遣。这种方式是指用人单位向劳务派遣机构租用一些非核心岗位的员工，双方签订劳务派遣协议，由劳务派遣机构承担这部分派遣员工整套人力资源管理服务工作（包括招聘、录用、劳动合同、绩效、安全和健康、工资、保险福利、计划生育等），并承担所有的人事风险责任（包括法律、经济赔偿责任）。

（2）减员派遣。用人单位在经济性裁员或转制裁员时，将被裁减员工人事档案关系转移到派遣机构，由派遣机构与这些被裁减员工签订劳动合同；用人单位需要用工时再从派遣机构返租这些员工作为劳务工使用，用人单位向派遣机构支付派遣员工劳务费用，由派遣机构向劳务人员支付所有可能发生的费用，从而可帮助用人单位大大降低人工成本和管理成本。

（3）转移派遣。面对不断变化的劳动法律法规和税法，以及企业兼并和重组而导致的大量人员岗位变动、调动，用人单位可将原已招聘录用并还需要继续使用的员工，待合同期满终止合同后，将劳动关系转移给派遣机构，由派遣机构与这些员工签订劳动合同，用人单位再返租这些人员作为劳务工使用；用人单位只需向派遣公司支付员工派遣金和服务费，与所租用的员工不发生人事隶属关系，这样可帮助用人单位有效实现员工岗位调整，或跨地区调动，从而有效规避员工劳动合同变更风险。近年来，这种派遣方式的用工已经大大减少，但是依然存在。

（4）试用派遣。当在较短的试用期内难以比较全面地考察应聘者时，用人单位可将新招聘员工劳动关系转移到派遣机构，由派遣机构签订劳动合同；用人单位再以派遣的形式试用，对新员工的忠诚度、敬业精神、责任心和专业技术能力进行全面了解、考察，从而有效降低新员工使用风险。

（5）项目派遣。企业为了完成某一生产或科研项目而在一定时间内需要专门租用相关专业的人才，待所承担任务或项目完成后即终止派遣。

2）劳务派遣的业务流程

劳务派遣的业务流程会因劳务派遣机构和用人（工）单位的不同而不同，但是一般情况下可以参考图9-2所示的流程。

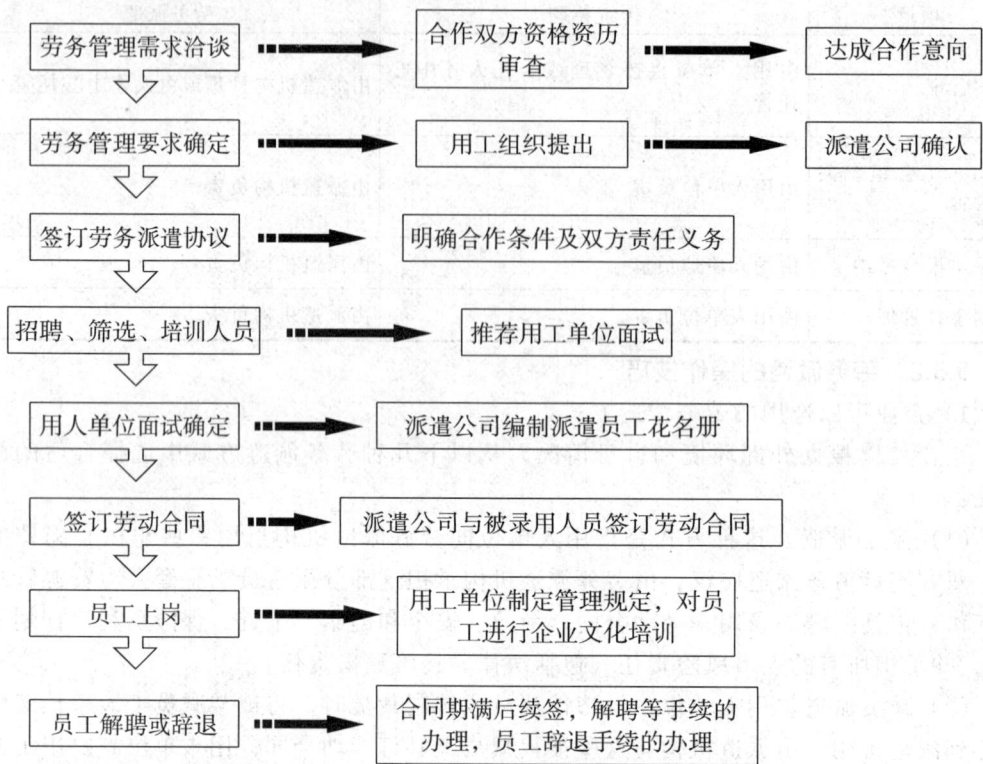

```
┌──────────────────┐      ┌──────────────────┐      ┌──────────────────┐
│  劳务管理需求洽谈  │ ===> │  合作双方资格资历  │ ===> │   达成合作意向    │
│                  │      │      审查         │      │                  │
└──────────────────┘      └──────────────────┘      └──────────────────┘
         │
         ▼
┌──────────────────┐      ┌──────────────────┐      ┌──────────────────┐
│  劳务管理要求确定  │ ===> │    用工组织提出    │ ===> │   派遣公司确认    │
└──────────────────┘      └──────────────────┘      └──────────────────┘
         │
         ▼
┌──────────────────┐      ┌────────────────────────┐
│  签订劳务派遣协议  │ ===> │  明确合作条件及双方责任义务  │
└──────────────────┘      └────────────────────────┘
         │
         ▼
┌──────────────────┐      ┌──────────────────┐
│ 招聘、筛选、培训人员 │ ===> │   推荐用工单位面试  │
└──────────────────┘      └──────────────────┘
         │
         ▼
┌──────────────────┐      ┌──────────────────────┐
│  用人单位面试确定  │ ===> │  派遣公司编制派遣员工花名册  │
└──────────────────┘      └──────────────────────┘
         │
         ▼
┌──────────────────┐      ┌──────────────────────────┐
│   签订劳动合同    │ ===> │  派遣公司与被录用人员签订劳动合同  │
└──────────────────┘      └──────────────────────────┘
         │
         ▼
┌──────────────────┐      ┌──────────────────────┐
│    员工上岗      │ ===> │  用工单位制定管理规定，对员  │
│                  │      │  工进行企业文化培训       │
└──────────────────┘      └──────────────────────┘
         │
         ▼
┌──────────────────┐      ┌──────────────────────┐
│  员工解聘或辞退   │ ===> │  合同期满后续签，解聘等手续的 │
│                  │      │  办理，员工辞退手续的办理   │
└──────────────────┘      └──────────────────────┘
```

图9-2 劳务派遣的业务流程

3）劳务派遣机构的选择

近年来，劳务派遣在我国方兴未艾，很多企业出于灵活用工、减少劳动纠纷等原因开始选择劳务派遣，但面对大量的劳务派遣机构，该如何选择呢？一般可以从以下几个方面对劳务派遣机构进行考察：

（1）劳务派遣机构的资质。这是选择劳务派遣机构时首先应该考虑的重要因素。根据国家相关法律的规定，如果与非法从事劳务派遣的机构签订劳动合同，则合同无效，视为派遣员工通过职业介绍机构的中介介绍，直接向实际用人单位提供劳动服务，法院将根据提供劳务的情况，确定派遣员工与实际用人单位之间存在劳动关系还是劳务关系；用人单位如果将受派遣劳动者的档案交由一个无档案管理权限的派遣机构，则会违反国家关于公民档案管理的规定。所以，选择派遣机构时，应该明确派遣机构是否具备独立法人资格、派遣的业务范围、是否有一定数量的专业从业人员、是否有健全的管理制度，以及注册资本的多少。

（2）劳务派遣机构的业务能力。劳务派遣机构应该有一批熟悉法律法规、生产经营和人力资源管理工作的专业人士，因为派遣机构虽然以从事程序化、简单化的人事管理事务性工作为主，但是很多时候还需要进行一些创造性的工作，如社保体系设计、薪酬福利制度规划与设计、员工培训体系的设计、员工关系的咨询、劳动纠纷的预防与处理等。劳务派遣机构如果能够严格执行、灵活运用国家的相关法律、法规和政策，娴熟运用人力资源管理方法，就能够既保证派遣工作的合法、合理、合情，又确保降低企业人事管理风险，提高企业劳动生产效率。这方面主要可以从派遣机构的专业团队构成、专业人员的从业经历、组织结构、业务流程等方面进行考察。

（3）劳务派遣机构的经济实力和风险承受能力。劳务派遣机构以派遣为主业，必然会同时与多家用人单位有业务关系，如果某家用人单位因为资金周转或其他方面的原因而未能及时支付受派遣劳动者的工资，或因物价暴涨用工单位还是按劳务派遣协议支付工资，这种情况下，派遣机构应该能够用自有资金解决这样的临时性风险，这样既能帮助用人单位渡过难关、为自己赢得信誉，又能防止所雇用员工的群体性"骚乱"。另外，对于劳务派遣中难以避免的工伤事故、社保纠纷、劳动保护、加班时间与加班工资等方面的风险，劳务派遣机构应该能够及时有效地处理好。

拓展阅读9-3

劳务派遣泛滥与劳务派遣新规

（4）劳务派遣机构的信誉和质量。企业应该尽可能选择信誉好、质量高的派遣机构，对于已经从业多年的派遣机构可以通过市场口碑、客户调查、初次接洽时的办事风格和流程进行判断，对于新成立的派遣机构可以通过初次洽谈时的严谨性、规范性、流程性、制度完善性和人员专业性等指标进行判断。

9.4　劳务外派与引进理论及实务

中国企业积极开辟了国际化道路，在提升企业国际竞争力的同时，也实现了与东道国的合作共赢。从商务部的数据来看，2021年1-11月我国企业在"一带一路"沿线对57个国家非金融类直接投资179.9亿美元，同比增长12.7%。国际外派作为跨国经营企业"融进"东道国的重要方式，对外派员工的需求只增不减。

劳务外派与引进是指作为生产要素的劳动力的国际流动，通过提供劳动和服务，收取报酬的一种商业行为。一般来说，经办单位会按照与国（境）外有关政府机构、团体、企业、私人雇主所签承包工程、劳务合作、设计咨询等合作规定，派出或引进从事经济、科技、社会服务等活动的各类专业劳务人员。

劳务外派与引进分公派和民间两种类型。公派是由具有劳务外派权或引进权的劳务代理机构与劳务聘方签订劳务合同，派出或引进劳务人员到国外或中国从事合同所规定的服务。民间劳务是劳务人员自己通过亲友联系，寻找海外聘用单位或聘用者。本书重点强调的是公派劳务与引进的计划和管理等问题。

随着改革开放的不断深入发展，特别是中国加入世界贸易组织之后，我国劳务外派与引进事业不断拓展。首先，中国是世界人口大国，劳务资源丰富，特别是近几年产业结构的调整、国企的下岗分流、农村剩余劳动力的扩大、大学毕业生队伍的急剧膨胀，为我国劳务输出提供了较好的资源条件；其次，我国要进行现代化建设，需要引进国外智力，聘请外国专家；最后，这几年大量的中国企业和公民在国外投资设厂，这也需要外派大量本国劳动者出去。劳务外派与引进是一项有生命力、有前途、利国利民的事业，是国际经济技术合作的重要形式之一。

9.4.1　劳务外派理论与实务

1）劳务外派工作的基本程序

为促进我国劳务合作事业的进一步发展，国务院有关部门对简化劳务外派人员出国手续，加强对外派人员的管理，颁布了许多具体规定，使劳务外派工作步入了规范和制度化轨道，其基本程序如下：

（1）个人填写"劳务人员申请表"进行预约登记；

（2）劳务外派公司负责安排雇主面试劳务人员，或将申请人留存的个人资料推荐给雇主挑选；

（3）外派公司与雇主签订劳务合同，并由雇主对录用人员发邀请函；

（4）录用人员递交办理手续所需的有关资料；

（5）劳务人员接受出境培训；

（6）劳务人员到检疫机关办理"国际旅行健康证明书"和"国际旅行预防接种证书"；

（7）外派公司负责办理审查、报批、护照、签证等手续；

（8）离境前交纳有关费用。

2）外派劳务项目的审查

为维护我国外派劳务人员的各方面权益，我国政府要求经办劳务外派的公司必须是具有劳务外派权的劳务代理机构，同时还必须能够提供下列材料进行审查：

（1）填写完整、准确的"外派劳务项目审查表"；

（2）与外方、劳务人员签订的合同，以及外方与劳务人员签订的雇佣合同；

（3）项目所在国政府批准的工作许可证证明；

（4）外方（雇主或中介）的当地合法经营及居住身份证明；

（5）劳务人员的有效护照及培训合格证。

3）外派劳务人员的挑选

必须重视外派劳务人员的选拔工作，不能降低标准，不能仅仅把劳务外派当作解决劳动力就业问题的途径，而应该认识到外派劳务人员代表我国的形象，应在员工中选拔政治思想好、技术业务好、身体素质好的人员，或经过专门培训的人员出国服务。

同时，根据《中华人民共和国公民出境入境管理法》第十二条的规定，中国公民有下列情形之一的，不准出境：

（1）未持有效出境入境证件或者拒绝、逃避接受边防检查的；

（2）被判处刑罚尚未执行完毕或者属于刑事案件被告人、犯罪嫌疑人的；

（3）有未了结的民事案件，人民法院决定不准出境的；

（4）因妨害国（边）境管理受到刑事处罚或者因非法出境、非法居留、非法就业被其他国家或者地区遣返，未满不准出境规定年限的；

（5）可能危害国家安全和利益，国务院有关主管部门决定不准出境的；

（6）法律、行政法规规定不准出境的其他情形。

4）外派劳务人员的培训

（1）培训的内容。培训内容主要包括：国家的有关法律、法规和方针政策，爱国主义和安全、外事纪律和涉外礼仪的教育；进行转变观念的教育（教育员工树立正确的劳务观念和职业道德，遵守驻在国的劳工制度，认真学习外国的先进生产技术和管理经验，服从管理，认真履行合同）；根据派往国家（地区）的特点和要求确定的外语、适应性技能、国别概况等内容；派往国家（地区）的有关法律、法规、社会常识和当地的风俗民情；其他需要培训的内容。

（2）培训方式。应根据不同的劳务层次和不同国家对外籍劳务的培训要求采取相应的培训方式。一般来说，具有初级以上职称（含初级职称）从事技术劳务的，如已经掌握了相应技术和派往国家（地区）官方语言日常用语，凭技术职称证和外语考试证书（成绩单）可免试技术和外语课程，只进行规定时间内的公共课程培训；普通技术劳务应进行适应性技能培训、简单生活用语和工作用语的外语培训及公共课程培训；对于成建制派出（指15人以上）的劳务人员（含管理人员），专业技能方面的考核由执行合同的单位或派出单位进行把关，公共课程要由经国家发改委批准的培训中心统一培训并考试。

为确保培训质量，培训结束时应进行考试，合格者应发给"外派劳务培训合格证"。

拓展阅读9-4

中国的劳务
外派现状

9.4.2　劳务引进理论与实务

任何一个单位，引进外国人来中国就业都不是一件小事。从成本上说，引进外国人的耗资巨大；从程序上讲，引进过程复杂。一旦决定引进外国人并已找好人选，人力资源部门就要及早准备，仔细规划好与此相关的所有环节。

1）聘用外国人的审批

1996年1月，《外国人在中国就业管理规定》发布，外国人在华就业自此走上了法制管理的轨道。之后，根据人力资源和社会保障部令第7号、第32号对该规定进行了两次修正。其第十一条规定：用人单位聘用外国人，须填写《聘用外国人就业申请表》（以下简称申请表），向其与劳动行政主管部门同级的行业主管部门（以下简称行业主管部门）提出申请，并提供下列有效文件：

（1）拟聘用的外国人履历证明；

（2）聘用意向书；

（3）拟聘用外国人原因的报告；

（4）拟聘用的外国人从事该项工作的资格证明；

（5）拟聘用的外国人健康状况证明；

（6）法律、法规规定的其他文件。

经行业主管部门批准后，用人单位应持申请表到本单位所在地区的省、自治区、直辖市劳动行政部门或其授权的地市级劳动行政部门办理核准手续。省、自治区、直辖市劳动行政部门或授权的地市级劳动行政部门应指定专门机构（以下简称发证机关）具体负责签发许可证书工作。发证机关应根据行业主管部门的意见和劳动力市场的需求状况进行核准，并在核准后向用人单位签发许可证书。

中央级用人单位、无行业主管部门的用人单位聘用外国人，可直接到劳动行政部门发证机关提出申请和办理就业许可手续。外商投资企业聘雇外国人，无须行业主管部门审批，可凭合同、章程、批准证书、营业执照和第十一条所规定的文件直接到劳动行政部门发证机关申领许可证书。用人单位只有从劳动行政部门获得了"中华人民共和国就业许可证明"，方可聘用外国人。

2）聘用外国人就业的基本条件

用人单位聘用外国人从事的岗位应是有特殊需要、国内暂缺适当人选且不违反国家有关规定的。除了要满足聘用单位的具体标准外，还必须满足下列条件：

（1）年满18周岁，身体健康；

（2）具有从事其工作所必需的专业技能和相应的工作经历；

（3）无犯罪记录；

（4）有确定的聘用单位；

（5）持有有效护照或能代替护照的其他国际旅行证件。

3）入境后的工作

外国人获得就业许可证并办好职业签证以后，就可以到中国来工作，但还需要做好以下工作：

（1）申请就业证。就业许可证是国家劳动行政部门批准用人单位聘用外国人的法律文件，其管理对象是用人单位。来华工作的外国人入境后，还应办理针对其个人的就业证，这一般由用人单位代为办理。用人单位应在被聘用的外国人入境后15日内，持许可证书、与被聘用的外国人签订的劳动合同（聘用期限不得超过5年）及有效护照或能代替护照的证件到原发证机关为外国人办理就业证，并填写"外国人就业登记表"。批准的就业证只在发证机关规定的区域内有效。

（2）申请居留证。已办理就业证的外国人，应在入境后30日内，持就业证到公安机关申请办理居留证。居留证件的有效期限可根据就业证的有效期确定。

上述各种要求是根据《外国人在中国就业管理规定》总结的，各地方可能根据本地区、本部门的具体情况，在该规定的基础上有其他更具体的要求，在实际工作中要以当地政策规定为主。

9.5 弹性用工理论与实务

9.5.1 弹性用工的含义及类型

近年来，企业的用工模式发生重大调整，越来越多的企业采取灵活用工模式，《中国灵活用工发展报告（2022）》蓝皮书显示，截至2021年底，全国灵活就业人员达到2.66亿人，超过就业总量的1/3。其中，城镇私营企业灵活就业比重为36.1%，其他类型企业（国有及国有控股企业、集体企业、外资企业和港澳台投资企业）仅介于2.4%~5.3%之间。作为一种非标准化的劳动关系，灵活用工模式在工作时间、工作地点、工资支付方式等方面相较于传统的固定用工模式更加灵活，可以大幅降低用工成本。

弹性用工又称为灵活用工，它是指企业为了合理利用社会劳动力、降低企业人工成本和简化人力资源管理工作而采用的一种劳动时间灵活、劳动地点灵活、劳动报酬灵活（不违法）的用工形式。

弹性用工的形式主要有四种：非全日制用工、分职制用工、在家工作式用工、共享员工式用工。

1）非全日制用工

《劳动合同法》规定：非全日制用工，是指以小时计酬为主，劳动者在同一用人单位一般平均每日工作时间不超过4小时，每周工作时间累计不超过24小时的用工形式。比如，一天只工作4～6个小时，一周只做3～4天工作；或者，一天只工作3～4个小时，一周工作5～6天。这种用工方式的时间可以由企业与劳动者双方协商确定，这一工作方式最适合家庭主妇。当然，这种用工方式也可以以天或周为单位计算报酬，当前教育、咨询、培训行业聘请专家进行临时性的讲座、咨询就是这种用工方式。另外，各种企事业单位，也可以采取非全日制用工的方式聘请专家、学者，比如，企业可以请其他单位的某位技术专家每周进行一次技术指导（不违法的情况下），高校院所、医院等可请某位学术专家每周或每月来单位工作一天。这样可做到优秀人力资源的社会共享，实现"不求所有，但求所用"的目的。

◆◆◆◆➡ 案例分析9-1

这样弹性用工合法吗？

吴师傅在一家门窗加工企业工作，主要负责门窗的制作与安装，每天早晨8点上班，中午休息1小时，晚上7点以后才下班，每个双休日几乎都要加班。4月底，企业领导突然找吴师傅说，现有的两个建筑工程的门窗制作与安装任务已经基本完成，请他5月1日开始不要来上班了。吴师傅明白自己被辞退了，向企业提出要求：清算工资并给予经济补偿。企业领导告诉吴师傅，说他属于弹性用工，除了清算工资外，是没有任何补偿的。

资料来源　程文华.不能以弹性用工为由侵害劳动者权益［J］.现代班组，2015（4）：47.

请问：企业领导的做法是否违法？该如何处理这件事？

分析提示：从案例看，吴师傅已经在这家门窗加工企业连续工作了近9个月，并且每天工作8小时以上，每周工作44小时以上，无论用人单位的用工是不是弹性的，其实质已经是全日制用工。企业领导对吴师傅的做法不合法。企业辞退吴师傅，不但要按照《劳动合同法》第四十七条支付经济补偿金，同时还要按照《劳动法》第四十四条的规定清算加班费。

2）分职制用工

这种用工形式是全日制用工的一种变化形式，它允许两个人或多个人共同分时完成一份工作。例如，一个人上午上班，另一个人下午上班；一个人今天上班，另一个人第二天上班；或者一个人本周工作，另一个人下一周工作等。两个人共同完成同一份全日制的正式工作，工资福利待遇按合作人员的工时比例进行分配。这样，合作者各自都可利用其他时间去从事自己喜欢的别的事务或工作。这种工作对于有小孩的家庭主妇、在职读书、兼有两份或两份以上工作的人员比较适用。

3）在家工作式用工

这种弹性用工形式更加具有灵活性和时代性，它是全日制用工在空间上的一种变化形式。它允许某些员工不用到单位上班，而直接在家中从事单位的工作任务。因此，这种属于正式工作人员的家中工作者，有时被称为远距离工作者。他们通常是一些项目设计人员、市场调查人员、信息收集人员、科研人员等。他们借助电脑、电话、传真机以及互联网，把自己的家当成办公地点完成公司交办的工作任务，从而免去每天来往上班的路途辛劳，获得更多属于自己的时间。由于现代通信、互联网的便捷性和高性能电脑、手机的普及性，用人单位完全可以让部分员工或全体员工一个月中（或一周中）有几天在家工作，大家可以通过语音电话、视频电话、视频会议等方式进行双方、多方的即时沟通，也可以通过互联网即时传输图文资料，一点也不影响工作，这既能释放大家的工作压力，又能缓解城市交通的压力，还能促进节能减排、美化环境。

4）共享员工式用工

拓展阅读9-5

关于在家工作制

2020年年初，新冠疫情的突袭，让"共享员工"这种灵活用工方式走进大众的视野。2020年2月3日，盒马与云海肴在北京商委和烹饪协会的协调下，共同宣布达成人员用工合作计划，超过400位云海肴员工陆续到盒马上班。这之后，沃尔玛、生鲜传奇、京东、苏宁、联想、永辉、美团、长虹美菱、顺丰、海信、哈啰出行等全国各地的企业纷纷效仿、探索跨界共享员工模式，其应用领域已逐渐从商超、在线零售行业推广至外卖、物流业、制造业等行业，并从一线城市向二、三线城市扩展。

共享员工（也称为"共享用工"），是指不同用工主体之间为调节特殊时期阶段性用工紧缺或富余，在尊重员工意愿、多方协商一致且不以营利为目的的前提下，将闲置员工劳动力资源进行跨界共享并调配至具有用工需求缺口的用工主体，实现社会人力资源优化配置、员工供给方降低人力成本、员工需求方解决"用工荒"、待岗员工获得劳动报酬的多方共赢式新型合作用工模式。共享员工式用工模式具有如下特征：（1）各主体要素参与共享用工的基本前提是存在可供共享的闲置劳动力资源、各方平等自愿、不以员工调剂进行非法营利，且其根本动机是实现多方共生共赢。（2）共享员工本质上是一种"跨界用工"（包括跨地域、跨行业、跨企业、跨部门、跨职能等）、临时借用、分享"剩余"劳动力、信任经济下的新型用工模式。（3）从适用情形和条件来看，并非所有企业、所有岗位均适用共享员工，该模式主要适用于突发事件导致企业停工停产（如自然灾害、突发疫情、缺乏订单等）、生产淡季出现员工富余、行业特性导致季节性用工峰谷波动等特殊情形；同时，该模式一般适用于季节性用工、密集型服务用工、用工流动性较大的企业，且通常仅适用于低技能、非保密性、"短期培训快速上岗"的非核心岗位，而高门槛、高技能岗位则难以实现共享用工。（4）企业视角下的共享员工模式还具有短期应急性、高灵活流动性、不打破原有雇佣关系、用工关系多元化以及"有限止损，无法盈利"等基本特点，即强调共享员工更多是特殊场景、特殊时期、特殊阶段且短期性的应急对策，共享用工合作结束后需要归还员工；同时，两个以上用工主体在同一期限内同时共用一个或一类人，且用工主体可以是跨界合作的不同企业、同一集团内部的不同关联企业或同一企业内部的不同职能部门。此外，2020年2月，人社部等相关部门也明确强调"原用人单位不得以营利为目的借出员工，原用人单位和借调单位均不得以'共享用工'之名进行违法劳务派遣"。

5）平台用工

在互联网经济时代，人工智能、大数据和云计算等新兴技术推动了平台经济的兴起。2021年3月15日，习近平总书记主持召开中央财经委员会第九次会议时指出"要推动平台经济为高质量发展和高品质生活服务""促进平台经济领域民营企业健康发展"；2023年3月6日，习近平总书记在看望参加政协会议的民建工商联界委员时强调"支持平台企业在创造就业、拓展消费、国际竞争中大显身手"。

作为一种新的经济生产组织方式，互联网平台创造了大量依赖它来提供劳动服务并获取报酬的劳动者，包括外卖配送员、网约车司机、家政工、快递工人和不同领域的远程在线劳动者。

与传统劳动者相比，平台劳动者的特征主要表现在：第一，与传统劳动者无须提供生产资料（除自身劳动力以外）相比，平台劳动者加入平台工作往往需要提供其他的生产资料（手机设备、私家车、外卖员的电动车、电脑设备及Wi-Fi连接等）。第二，平台劳动者对平台高度依赖，这集中体现在劳动者的入职、培训、工作任务分配、劳动过程监督、工作绩效评价和报酬发放都在平台中完成，平台成为平台劳动者整个劳动过程的核心，平台劳动者不得不顺从平台的各种条款。第三，与传统劳动者在固定场所集体参与劳动过程不同，平台劳动者工作呈现出最大程度的个体化、弹性化和灵活性特征，理论上他们能够在任何地域任何时间加入平台工作，并以独立个体的形式完成工作。

9.5.2 弹性用工的成因

1）有利于降低成本、提高效益和竞争力

低成本战略是很多企业采用的总体性竞争战略。经济全球化给企业带来了日趋激烈的市场竞争，竞争的加剧导致企业必须降低经营成本，提高经济效益，以提升国际竞争力，求得长期生存和繁荣。从人工成本控制的角度来说，招聘长期性的全日制工作人员会增加社会保险和企业内部福利方面的支出，还会增加办公场地和用品的支出。而使用弹性用工方式则意味着：企业在繁忙时或需要时所需的人才召之即来；在生意平淡时或不需要时能及时把人员清退、辞去或让其回家休息，而不用继续发放高额的工资福利。另外，员工若在家工作还能减少办公场地和设施的建设和使用费。这样就能极大地降低人力资源方面的成本，提高企业经济效益。

2）有利于促进企业适应劳动力市场的变化

中国经济的迅猛发展和快速融入经济全球化，使得中国大多数企业快速步入了后工业化时代，这些企业对技术工人的需要与日俱增，技术人才出现了极度短缺的现象，而且这种短缺正在加速。另外，技术的快速发展，使得原有员工的知识结构和技能水平不断老化，迫切需要加以提升。所以，通过实施弹性用工制度，有计划地使用应急工、临时工、季节工等灵活工作形式，可以有效地解决技术工人短缺的问题，同时也有利于企业为其正式职工提供更多的培训时间和学习机会，使他们能够不断提升知识和技能水平。

除了劳动力市场上的技术工人短缺以外，其他高级技术人才和管理人才也比较缺乏，企业可以通过"不求所有，但求所用"的弹性用工方式，临时性地让这些人才为企业提供有价值的服务。另外，由于劳动力市场上劳务派遣公司的出现，企业会更乐于将那些临时性、季节性的用工委托给劳务派遣公司。

3）有利于企业承担社会责任、促进家庭和谐

当前，离婚和单亲家庭现象越来越严重，人口老龄化现象越来越突出，培养孩子花费的时间越来越多，这使得很多员工需要花费更多的时间来照顾孩子、孝敬父母；但是，由于多种原因，员工的工作和生存压力越来越大，为了保住饭碗，干好工作，每天都忙忙碌碌、时间很紧张。所以，为承担社会责任、激发员工的工作热情和树立良好的企业形象，企业只有从实际出发，采用弹性用工形式，使员工能在工作和家庭责任之间求得一种适当的平衡，才能减轻员工过度的工作和生活压力。

4）有利于企业适应信息技术的变化

有线与无线电话的普及、互联网技术的广泛应用和可视会议系统、多方会话系统的推广，使得创意设计、程序开发、指挥协调、决策、咨询、稿件撰写等方面的工作可以在家中、在旅途中、在宾馆中进行，从而使得在家工作式用工、共享员工式用工得以成为现实。

9.5.3　弹性用工的注意事项

1）科学规划好长期用工与临时性用工

企业应该尽量通过人力资源规划对未来的人员需求和供给进行相关的预测，通过工作分析、定额定岗定员分析对当前的人力资源状况进行分析，进而针对当前和未来的人员需求和供给情况制订可行的综合平衡计划。对于那些长期性的任务和工作，可以采用全日制用工形式，对于那些临时性的工作可以采用弹性用工形式；对于重要岗位和稀有人才，可以采用全日制用工形式，对于普通岗位和人员供给充足的岗位，则可以根据实际情况采用弹性用工形式。

2）科学平衡全日制员工和弹性用工制员工之间的关系

在实施弹性用工的过程中，企业绝不能顾此失彼。一方面，企业不能过分重视非正式工或临时工（主要是那些临时性的专家、顾问等稀缺人才），而忽视了核心员工，否则会造成企业人才大量流失，基本员工队伍极不稳定。另一方面，企业也不能过于轻视弹性用工制员工，否则会由于弹性用工制员工的懈怠而影响正常的生产经营，也会造成两种用工形式员工之间的矛盾，影响企业的社会声誉和形象。对于企业而言，要建立一个"以全日制员工为主，以弹性用工制员工为辅"的员工体系。

3）严格遵守国家的法律法规

企业在弹性用工时一定要严格遵守国家的法律法规，树立企业的良好形象，承担企业相应的社会责任。具体来说，企业要灵活掌握、区别对待，确保各种弹性用工制员工的社会保险和企业福利落到实处；企业不能非法招用临时工；企业必须以不低于地方政府规定的最低小时工资标准向员工支付工资；企业必须根据法律规定以合适的方式及时向员工支付工资等。

情境模拟9-1

情境：

Ⅰ.S公司准备招聘一名人力资源部总监（年薪30万元）和一名高级财务经理（年薪20万元）。公司相关人员对招募渠道观点不一致，有人主张委托猎头公司招募，有人主张采用其他渠道招募，如网站、报纸等。

Ⅱ.Z公司是一家服装生产企业，最近接了一个海外订单，订单方承诺：如果产品质量全部合乎要求且能及时交货，将与Z公司再续签两年的订单合同（当然，如不能及时按质量交货需要作出赔偿）。公司为此准备增加一条生产线，招聘200名服装生产女工，聘用时间为6个月，公司内部对于这些女工的录用形式有不同的观点，一方主张用劳务派遣工，另一方主张用合同制员工。

操作：

（1）模拟操作项目：辩论赛——可就上述两个情境中的任一个展开。

（2）角色分配：将班级同学分为5个组，第一组由4位同学代表Ⅰ或Ⅱ中的一方，第二组由另外4位同学代表Ⅰ或Ⅱ中的另一方，第三组由4~6位同学作组织者，第四组由7~10位同学担任评委，第五组由其他同学作观众。

（3）辩论赛目的：主要是提高大家对猎头招聘或者劳务派遣的认识，进一步掌握猎头招聘或者劳务派遣的操作技巧，兼顾提高大家的口头表达能力。

（4）对参辩双方的要求：分析企业情境，结合所学知识展开辩论，做到观点鲜明、论据确凿、说服有力。

（5）对组织者的要求：联系好辩论赛场地，商榷好时间，拟定好辩论赛流程，准备好奖品。

（6）对评价者的要求：拟定科学合理的评判标准并告知参辩双方，认真观察和记录辩论赛过程中双方的表现，作出客观公正的评判。

说明：此情境模拟也可简化为课堂上学生的自由发言，或小组讨论并派代表发言。

◆◆◆◆➡ 学思践悟

思政教育主题：构建和谐劳动关系

《关于推进新时代和谐劳动关系创建活动的意见》（人社部发〔2023〕2号）于2023年1月3日正式发布。该意见提出，力争到2027年底，各类企业及企业聚集区域普遍开展和谐劳动关系创建活动，实现创建内容更加丰富、创建标准更加规范、创建评价更加科学、创建激励措施更加完善。

和谐劳动关系创建活动是构建中国特色和谐劳动关系的重要载体。2021年，和谐劳动关系创建活动被列为人力资源社会保障部全国创建示范活动项目。为进一步推动创建活动扩面提质增效，按照党的二十大要求，国家协调劳动关系三方制定出台了该意见，对新时代新征程上创建活动进行再动员和再部署。

该意见对创建重点内容、创建标准、创建评价、创建激励措施等进行了明确。

在企业创建的重点内容中，该意见提出，全面落实劳动合同、集体合同制度，加强企业民主管理，依法保障职工劳动报酬、休息休假、劳动安全卫生、社会保险、职业技能培训等基本权益。建立职工工资集体协商和正常增长机制，加强劳动保护，改善劳动条件。建立企业劳动争议调解委员会，强化劳动争议预防，促进劳动争议协商和解。

资料来源　姜琳.多部门联合发布关于推进新时代和谐劳动关系创建活动的意见[EB/OL].[2024-06-01].http://www.xinhuanet.com/mrdx/2023-01/04/c_1310688181.htm.

和谐劳动关系创建活动是构建中国特色和谐劳动关系的重要载体。请查阅相关资料，谈一谈推进新时代和谐劳动关系创建活动、构建中国特色和谐劳动关系有何重要意义。

➡➡➡ **基础训练** ◀◀◀

一、选择题

随堂测 9-1

1.网络招聘是指利用互联网技术进行的招聘活动，在中国兴起于（　　）。

A.1979 年　　　　　　　　　　　　　　　　B.1997 年

C.2000 年　　　　　　　　　　　　　　　　D.2004 年

2.目前，要想招聘优秀的中高层管理人才，最有效的渠道是（　　）。

A.网络招聘　　　　　　　　　　　B.劳务引进

C.猎头招聘　　　　　　　　　　　D.劳务派遣

3.作为生产要素的劳动力的国际流动，通过提供劳动和服务，收取报酬的一种商业行为即（　　）。

A.劳务外派与引进　　　　　　　　B.劳务派遣

C.人才租赁　　　　　　　　　　　D.弹性用工制

4.目前，中国新型的招聘与录用形式有（　　）。

A.猎头招聘　　　　　　　　　　　B.校园招聘

C.网络招聘　　　　　　　　　　　D.劳务派遣

E.弹性用工

5.以下属于弹性用工形式的有（　　）。

A.劳务外派　　　　　　　　　　　B.非全日制用工

C.劳务派遣　　　　　　　　　　　D.在家工作式用工

E.分职制用工

二、简答题

1.网络招聘为什么会兴起？如何利用网络开展招聘工作？

2.劳务派遣中的三种主体和三重关系分别是什么？

3.如何选择好劳务派遣的形式和劳务派遣公司？

4.劳务外派的基本程序是怎样的？聘用外国人应该向主管部门提供哪些有效文件？

5.弹性用工有哪些主要形式？弹性用工中应该注意哪些问题？

▮▮▮▮➡ 综合应用 ▮▮▮▮

□ 案例分析

天津某外资企业的劳务派遣纠纷

天津某外资企业（以下简称甲方）与天津市某劳务公司（以下简称乙方）签订劳务派遣协议，约定乙方为甲方提供合适的劳务人员，由甲方进行使用和上岗管理，乙方对其派遣人员承担雇主责任，甲方不与劳务人员建立劳动关系。合同期内若劳务人员发生工伤事故，由乙方报告并负责处理。乙方因劳务人员工伤所发生的相关费用将由其投保的有关保险计划先行支付，不足的费用由甲乙双方共同支付。2023年9月，一派遣劳务人员在甲方工作过程中发生工伤事故，乙方帮助此劳务人员要求甲方垫付医疗费用并处理了相关事宜。

问题：上述案例中乙方的做法是否正确？乙方应该承担什么责任？

分析提示：

（1）根据派遣协议约定，职工的工伤问题应由乙方负责处理，甲方仅有协助的义务。乙方要求甲方垫付费用并负责处理本纠纷，既没有法律依据，也没有合同约定，是不能得到法院支持的。

（2）派遣协议约定，职工因工伤所发生的相关费用将由其投保的有关保险计划先行支付，不足的费用由甲乙双方共同支付。所以，在此种约定的范围内，甲方是需要承担相应的赔偿责任的。

□ 实践训练

项目一：网络招聘方式的运用

鑫磊公司是广东一家食品生产企业，近年来由于业务的迅猛发展，企业需要招聘大量的各级各类人才，尤其是市场营销人员、行政人员和普通技术人员。公司人力资源部王经理已经明显感受到传统招聘方式（参加人才招聘洽谈会和校园招聘会）的工作压力，决定采用网络招聘形式来缓解工作压力，提高工作效率。如果你是王经理，请你陈述采用网络招聘的理由，并阐述网络招聘的工作流程和技巧方法。

要求：指出与公司原采用的招聘方式相比，网络招聘的优点有哪些；网络招聘中应该如何选择网络媒体与平台；网络收集信息、筛选信息和网络初步甄选的工作要领。

项目二：撰写弹性用工的调查报告

班级学生以35人的小组为单位，通过朋辈（同学）调查、网络调查、现场调查、电话调查等多种方式，分别调查餐饮业（尤其是知名连锁快餐行业）、大型超市、知名旅游景区或其他季节性生产企业等行业（单位）的弹性用工情况，撰写"关于××单位弹性用工情况的调查报告"。

要求：

（1）描述调研单位的弹性用工的现状；

（2）指出该单位弹性用工的成功之处与不足之处；

（3）对该单位弹性用工工作提出建议；

（4）以小组为单位进行课堂陈述或将各组调研报告供全班学生共享。

第10章 招聘与录用全景案例
——SYZL有限公司的招聘与录用

▶ 学习目标 ▮▮▮

◆ 知识目标：通过案例实施检验巩固所学到的招聘与录用相关知识和工作重点。
◆ 能力目标：通过案例实施检验学习成果和所掌握的专业技能。
◆ 素养目标：通过案例实施测评职业素养教育与养成情况。

▶ 引例 ▮▮▮

SYZL有限公司是中国工程机械行业的一家知名企业，总部位于湖南省长沙市，主要从事工程机械的研发、制造、销售，产品包括建筑机械、筑路机械、起重机械等25大类120多个品种，主导产品有混凝土输送泵、混凝土输送泵车、混凝土搅拌站、沥青搅拌站、摊铺机、平地机、履带起重机、汽车起重机等。

2023年，该公司实现销售额29亿元，利税8亿元。公司的快速发展，使得公司需要扩充各级各类人才，尤其是营销人员和研发人员。2023年10月，公司已经扩大了人力资源部的招聘队伍，专业招聘人员数量达到15人。公司决定在2024年取得突破性的发展，因而对人力资源部的招聘工作提出了更高的要求。

10.1 招聘需求的确定

10.1.1 人力资源规划

2023年12月，SYZL有限公司到三亚召开了董事会会议，主要是制定公司2024年的战略规划，其中一个重要的议题就是人力资源的保障。公司战略规划决定在沈阳和重庆建立机械工程研究院，因而人力资源规划中也就包含了这两个研究院的人才获取。公司董事会会议之后，公司领导、各部门负责人、分公司负责人和人力资源部负责人、招聘负责人又在湘潭召开了专题会议，重点探讨2024年的人才引进和人力资源管理工作。两次会议都强调，2024年业务要取得突破性的进展，必须大力引进各级各类人才，并提高大家的工作积极性，特别是要加强优秀研发人才和营销人才的引进与培养。

10.1.2 工作分析

SYZL有限公司早在2021年就已经在国际知名咨询公司的协助下对全公司的岗位进

行了工作分析，制定了比较详细的工作说明书。2023年12月底，公司各部门又对当前各工作岗位的劳动负荷情况进行了摸底，从而进一步确定了公司现存岗位的人员需求情况。

10.1.3 招聘环境分析

2012年以来，随着我国经济的高速发展，工程机械行业迅猛发展，因而这个行业人才需求量大、吸引力大，各企业招聘人才的竞争也很激烈。SYZL有限公司必须制定富有竞争力的人力资源政策、采用有影响力的招聘策略来吸引和录用优秀的行业人才。

10.1.4 招聘需求的确定

人力资源规划确定了公司未来业务拓展性的人员需求，工作分析确定了公司当前岗位变化性的人员需求。

一方面，SYZL有限公司通过战略目标分解和业务梳理，从上至下让各分公司、各部门负责人明确了其辖区内的未来人员需求；另一方面，各分公司、各部门通过工作分析，对各岗位的工作负荷、工作环境和工作关系等情况进行了摸底。在这两方面工作的基础上，各分公司、各部门通过填写2024年度员工招聘申请表（见表10-1），将其2024年的人员需求提交给公司人力资源部。人力资源部通过填写2024年度员工招聘需求汇总及审批表（见表10-2），将全公司年度人力资源需求情况按部门汇总并报上级领导审批。

表10-1　　　　　　　　**SYZL有限公司2024年度员工招聘申请表**

次级组织名称	岗位名称	工作内容	是否新增岗位	拟聘人数	拟聘原因	到岗时间	聘用条件				
							学历	专业	工作经验	性别与年龄	其他
部门负责人意见											
主管副总意见											
人力资源部或行政人力副总意见											

注：拟聘原因请选：A.扩大编制　　B.储备人力　　C.离职补充　　D.新业务所需

表10-2   **SYZL有限公司2024年度员工招聘需求汇总及审批表**

人力资源部拟定   拟定时间：

招聘部门	现有人数	聘用人数	聘用岗位	人数	聘用原因	到岗时间	聘用条件				
							学历	专业	工作经验	性别与年龄	其他
行政人力副总意见											
总经理意见											

注：聘用原因请选：A.扩大编制   B.储备人力   C.离职补充   D.新业务所需

　　SYZL有限公司决定，2024年招聘机械工程类产品研发工程师90名、机械类工艺工程师30名、电子工程类产品研发工程师30名、机械工程类售后服务工程师22名、区域营销经理3名、营销主管12名、营销代表20名、营销人员120名、行政管理人员30名、翻译类人才16名、高级财务经理12名，共计招聘大学专科以上学历各类人才385名。

10.2　招募工作

10.2.1　确定招募工作目标

　　尽管SYZL有限公司这几年发展很快，社会知名度（主要在湖南省和工程机械行业）不断提高，但是由于公司地处内地、品牌价值不高，所以外省求职者、其他行业的求职者对公司了解不够，从而会影响到优秀人才的加盟，这对于快速发展的SYZL有限公司来说，是一件不利的事情。因此，公司确定这次招募工作的主要目标只有两个：一是吸引大量合适的求职者来应聘；二是通过招聘活动宣传公司、树立企业良好形象。

10.2.2　确定招募信息发布渠道

　　为了实现公司的招募目标，必须搞好招募信息的发布工作。SYZL有限公司经过经理会议的讨论，决定采用以下几种信息发布渠道：

　　（1）在公司内部网站"人力资源"栏目和浮动广告中刊登招聘信息，鼓励公司员工应聘和推荐候选人。

　　（2）到湖南大学、湖南师范大学、长沙理工大学、华中科技大学和武汉理工大学等大学发布招聘信息，招聘初级技术人员、营销人员和行政管理人员。

　　（3）在搜狐、新浪两大门户网站首页刊登浮动广告。

（4）在南方人才网、沈阳人才网、重庆人才网和湖南人才网刊登招聘广告，并从这些网站的人才库中检索所需人才。

（5）在《沈阳晚报》《重庆晚报》《潇湘晨报》等报刊上刊登招聘广告。

（6）在湖南卫视上播出招聘广告——主要播出关于春节后在长沙举行公司专场招聘会的信息。

10.2.3 确定招募时间与地点

（1）2024 年春节前，分别到湖南大学、湖南师范大学、长沙理工大学、华中科技大学和武汉理工大学等大学开展现场招聘活动。

（2）2024 年春节后到南方人才市场、沈阳人才市场和重庆沙坪坝人才市场参加现场招聘活动。

（3）2024 年春节后的第一周在公司所在经济开发区举行专场招聘会。

10.2.4 确定招募参与人员

由于公司招聘的人员较多、涉及的岗位类型较广、采用的招募方式较多，所以招募参与人员只能因情况而异：

（1）省内高校的招募活动以人力资源部招聘人员为主，甄选工作可请候选人来公司进行。

（2）省外高校的招聘活动，需要人力资源部招聘人员和用人部门的负责人一同参与，这样有利于提高招聘效率，降低招聘成本。

（3）到省外人才市场开展的现场招聘活动，人力资源部招聘人员和用人部门的负责人一同参与，这样有利于快速作出决策、降低候选人流失比率。

（4）在长沙的公司专场招聘会，主要的参与人员有人力资源部全体员工、部分保安人员、行政后勤人员、外聘人员（保卫、医疗、招聘专家等）、用人部门负责人。

（5）网络简历和文字简历由人力资源部招聘专员和专职秘书负责接收，并由其初步筛选后传送到用人部门负责人处。

10.2.5 拟定招募预算

2024 年整体性的招聘活动是一项庞大的"工程"，由于采用了多种媒体发布招聘信息，同时采用了多种方式进行招募活动，所以招募的费用相当高。人力资源部招聘人员通过与各方联络，确定各种费用，然后作出了初步预算（略）。

10.2.6 确定招募计划

招募计划是实施招募工作的规范性、指导性文件，为人员甄选提供客观的依据。上述的公司招募工作目标、招募需求信息、招募信息发布渠道、招募时间与地点、招募参与人员、招募预算，以及甄选初步方案和时间安排、招聘工作时间安排表等内容构成了招募计划的内容。由于 SYZL 有限公司 2024 年人才招聘工作量大、时间跨度大、涉及人员多，所以招募计划在此不列出，其格式参见第 4 章表 4-2。

10.2.7 编制招聘广告

不了解公司的应聘者是通过招聘广告来获得对公司的初步印象的，招聘广告效果的好坏，直接影响到企业能否吸引到优秀的人才，所以 SYZL 有限公司采用了全视角、多方位的招募信息发布渠道：公司内网、门户网站、招聘网站、校园信息网、报纸、电视。不同的广告媒体、不同的招聘对象，需要不同的招聘广告，所以 SYZL 有限公司人力资源部拟定了多种有针对性的招聘广告。其中投放在公司内网和外网上的招聘广告见表10-3。

表10-3   **SYZL有限公司2024年度网上发布的招聘广告**

湖南SYZL有限公司

高薪诚聘

公司简介：

　　SYZL有限公司创建于1994年，总部坐落于长沙经济技术开发区，是中国工程机械行业的一家知名企业，主要从事工程机械的研发、制造、销售，产品包括建筑机械、筑路机械、起重机械等25大类120多个品种，主导产品有混凝土输送泵、混凝土输送泵车、混凝土搅拌站、沥青搅拌站、摊铺机、平地机、履带起重机、汽车起重机等。

　　SYZL研究院为国家级技术开发中心，建有博士后流动工作站，承担了国家863计划项目和"十五期间重大装备项目"研究，拥有100多项国家专利、20多项主要核心技术。

　　目前，SYZL有限公司的业务覆盖70多个国家，产品已批量出口到30个国家和地区。SYZL有限公司的70多个营销、服务机构遍布全国，拥有39个服务网点仓库、3条企业服务热线。

　　2024年，公司为了加大技术创新力度，进一步拓宽国内国际市场，准备大量引进技术类、营销类、管理类、语言类人才。公司本着"创建一流企业、造就一流人才、作出一流贡献"的使命，为引进的人才提供极富竞争力的薪酬福利条件、多样化且有针对性的培训体系、多重的职业发展通道和畅通的技能提升机会。

　　SYZL有限公司真诚地欢迎您的加盟！

招聘职位简介：

　　1）技术类岗位

　　（1）机械类产品研发工程师90名。要求：男女不限，45岁以下，机械制造及相关专业毕业，本科及以上学历，熟练运用Auto CAD，3年以上机械类产品研发工作经验，有重工类机械产品研发经验者优先。

　　（2）机械类工艺工程师30名。要求：（略）。

　　（3）电子工程类产品研发工程师30名。要求：（略）。

　　（4）机械工程类产品售后服务工程师22名。要求：（略）。

　　2）营销类岗位

　　（1）区域营销经理3名。要求：男女不限，45岁以下，机械制造、市场营销或企业管理专业毕业，本科及以上学历，6年以上机械产品销售工作经验，3年以上销售管理经验，有大型重工类企业销售管理经验者优先。

　　……

应聘方式：

　　有意向者请把个人简历、身份证、学历证明和相关资格证书的复印件寄到SYZL有限公司人力资源部或以电子邮件方式发送到人力资源部。

　　联系方式：××××××

　　通信地址：湖南长沙经济技术开发区××路××号××大厦2楼2208室人力资源部招聘办公室

　　邮政编码：411012

　　电子邮箱：hr2003@syzl.com.cn（请在邮件主题中注明应聘职位）

　　截止时间：2024年5月1日。

10.3　甄选工作

SYZL有限公司在2024年度（以春季为主）的招聘中，由于拟招聘的人员数量大，岗位类别差异大，所以甄选工作只能是针对不同类型的岗位采用不同的甄选方法。下文将以区域营销经理的甄选为例加以说明。

10.3.1　甄选准备工作

1）准备拟聘岗位的工作说明书

拟招聘岗位区域营销经理的工作说明书见表10-4。

表10-4　　　　　　　　　**区域营销经理工作说明书**

职位名称	区域营销经理	职位代码	YX-03	所属部门	营销部
职系	营销管理	职等职级	经理级	直属上级	营销部部长
薪金标准		填写日期		核准人	

职位概要：

　　组织区域市场营销人员完成营销计划，管理营销工作，达到公司设定的区域市场目标

工作内容：

　　——组织编制区域市场年度、季度、月度销售计划及销售费用预算，并监督实施

　　——组织对公司产品和竞争对手产品在市场上销售情况的调查，综合客户的反馈意见，组织市场调查分析、市场机会开拓和合作伙伴开发；撰写市场调查报告，提交公司营销部

　　——编制与销售直接相关的广告宣传计划，提交公司营销部办公室

　　——组织下属人员做好销售合同的签订、履行与管理工作，监督销售人员做好应收账款的催收工作

　　——制定与本区域市场相关的管理制度并监督检查下属人员的执行情况

　　——联络、协助公司售后服务部门加强对客户的售后服务工作

　　——对下属人员进行业务指导和工作考核

　　——组织建立销售情况统计台账，定期报送财务统计部和营销部

任职资格：（略）

教育背景：

　　◆机械制造、市场营销或企业管理专业，本科及以上学历

培训经历：

　　◆受过管理技能开发、市场营销、合同法、机械产品类知识和财务基本知识等方面的培训

经验：

　　◆6年以上机械产品营销工作经验，3年以上营销管理工作经验

技能技巧：

　　◆对市场营销工作有较深刻的认知

　　◆有较强的市场感知能力和敏锐地把握市场动态、市场方向的能力

　　◆有密切的媒体合作关系，具备大型活动的现场管理能力

　　◆熟练操作办公软件

　　◆优秀的英语听、说、读、写能力

态度：

　　◆工作努力，积极进取，良好的沟通、协调、组织能力

　　◆高度的工作热情，良好的团队合作精神

　　◆较强的观察力和应变能力

工作条件：（略）

工作场所：办公室

环境状况：基本舒适

危险性：基本无危险，无职业病危险

直接下属　营销主管_____　　间接下属　营销员_____

晋升方向　营销部长_____　　轮换岗位　区域营销经理（其他区）

2）确定岗位胜任能力测评模型

区域营销经理的胜任能力测评模型见表10-5，各项测评指标的评分标准也应该具体给出，这样才具有可操作性，限于篇幅，此处仅以战略管理能力为例加以说明（见表10-6）。

表10-5 区域营销经理胜任能力测评模型

序号	测评指标	测评要素	指标权重（100%）
1	战略管理能力	战略思考能力、人际洞察力、决策能力、风险意识、全局观念、规划能力	10
2	团队管理能力	沟通协作、计划、组织、协调、控制、培养与指导下属、团队精神、绩效导向	10
3	领导技能	领导动机、影响力、展示能力、授权	5
4	自我管理能力	自我认识、自律自信、敬业爱岗、应变能力、时间管理、创新能力	10
5	分析与解决问题能力	系统思维、概括力、判断能力、果断力	10
6	成就需求	成就导向、坚韧性	15
7	市场意识	市场拓展能力、市场意识	15
8	公共关系能力	与政府、新闻机构、企事业单位快速建立良好关系并维持的能力	15
9	关注细节与秩序	关注营销管理过程中的关键细节、讲究秩序	10

表10-6 战略管理能力指标评分标准表

测评指标	指标等级	指标等级标准	等级分数
战略管理能力	A	具有很强的风险意识和洞察力，能对全局性和前瞻性问题进行深入分析，作出决策，并提出可行性方案	4
	B	能够洞察公司内外部条件的变化，进行理性思考，采取有针对性的措施	3
	C	能够对全局性问题进行深入分析，作出决策	2
	D	风险意识较差，不具备敏感的洞察力，目光较短浅	1

3）选择合适的甄选方法

根据区域营销经理上述9个测评指标的特点和要求，选择适当的测评方法（见表10-7）。

表10-7　　　　　　　　　　　　　　　　**测评方法选择表**

序号	测评指标	测评方法
1	战略管理能力	文件筐
2	团队管理能力	文件筐
3	领导技能	无领导小组讨论
4	自我管理能力	无领导小组讨论、结构化面试
5	分析与解决问题能力	文件筐
6	成就需求	心理测评
7	市场意识	心理测评
8	公共关系能力	结构化面试、无领导小组讨论
9	关注细节与秩序	结构化面试

4）组建甄选团队

区域营销经理的甄选工作由公司营销总监1名、营销部长1名、资深区域营销经理2名、招聘经理1名、招聘专员2名，共7人组成。为了提高甄选的信度和效度，公司还有针对性地对各位甄选人员进行了相关培训。

10.3.2　正式甄选工作

区域营销经理的甄选采用了多种方法，确保了甄选的效果。

1）初步筛选

区域营销经理岗位的应聘者有65人，招聘经理和营销部长运用简历和应聘者申请表等方法，根据工作说明书规定的任职资格和各应聘者材料的情况，首先挑选出30位应聘者，然后在此基础上运用电话沟通的方式进一步实施测试，经过这一程序后，挑选出20位候选人接受初步面试。初步面试后，再挑选出12名候选人，并通知他们参加进一步的甄选工作。

2）心理测评

心理测评包括知识测评、智力测评、能力倾向性测评、气质测评、价值观测评、兴趣测评、态度测评、动机测评、成就测评和需要测评等形式。一般情况下，被测评者的知识水平、智力状况、能力结构、个性特点、职业倾向、兴趣爱好、成就动机等素质情况会影响其在工作中的行为过程和行为结果，所以心理测评结果能够为人员甄选提供科学的参考依据。

SYZL 有限公司区域营销经理招聘团队针对招聘对象的胜任能力标准，决定对以"市场意识"和"成就需求"为主的两项测评指标实施心理测评，要求12位候选人都参与心理测评。

（1）气质测评。气质是个体中那些与神经过程的特性相联系的行为特征，是个体心理活动和外显动作中所表现的某些关于强度、灵活性、稳定性与敏捷性等方面的心理特征的综合。它表现在情绪和情感的发生速度、向外表现的强度以及动作的速度与稳定性方面。气质的类型与特征参见表10-8。

表10-8　　　　　　　　　　　　　气质的类型与特征

气质类型	特征
胆汁质	直率、热情、精力旺盛、情绪易于冲动、心境变化剧烈，具有外倾性
多血质	活泼、好动、敏感、反应迅速、喜欢与人交往、注意力容易转移、兴趣易于变换，具有外倾性
黏液质	安静、稳重、反应缓慢、沉默寡言、情绪不易外露、注意力稳定难以转移、善于忍耐，具有内倾性
抑郁质	孤僻、行动迟缓、善于观察细小事物、情感发生较慢但持久、体验深刻，具有内倾性

SYZL有限公司采用问卷测验法对12位候选人进行测评，测评试卷及指导语如下：

指导语：请你实事求是地回答以下60个题目。在回答这些题时，不要过多思考，根据你自己的真实情况进行回答。看清题目后，你认为很符合自己情况的记2分；比较符合的记1分；介于符合与不符合之间的记0分；比较不符合的记-1分；完全不符合的记-2分。

- 做事求稳妥，不做无把握之事。
- 遇到气人的事就怒不可遏，想把心里话全说出来才痛快。
- 宁可一个人干事，不愿很多人在一起。
- 到一个新环境很快就能适应。
- 厌恶那些强烈的刺激，如尖叫、噪声、危险镜头等。
- 和人争吵时，总是先发制人，喜欢挑衅。
- 喜欢安静的环境。
- 善于和人交往。
- 羡慕那些善于克制自己感情的人。
- 生活有规律，很少违反作息制度。
- 在多数情况下情绪是乐观的。
- 碰到陌生人觉得很拘束。
- 遇到令人气愤的事，能很好地自我克制。
- 做事总是有旺盛的精力。
- 遇到问题常常举棋不定、优柔寡断。
- 在人群中从不觉得过分拘束。
- 在情绪高昂时，觉得干什么都有趣；情绪低落时，又觉得干什么都没意思。
- 当注意力集中于某一事物时，别的事物就很难使我分心。
- 理解问题总比别人快。
- 碰到危险情境时，常有一种极度恐惧感。
- 对学习、工作、事业怀有很高热情。

- 能够长时间做单调、枯燥的工作。
- 符合兴趣的事情，干起来劲头十足，否则就不想干。
- 一点小事就能引起情绪波动。
- 讨厌做那种需要耐心、细致的工作。
- 与人交往不卑不亢。
- 喜欢参加热烈的活动。
- 爱看感情细腻、描写人物内心活动的文学作品。
- 工作学习时间长了，常感到厌倦。
- 不喜欢长时间谈论一个问题，愿意实际动手干。
- 宁愿侃侃而谈，不愿窃窃私语。
- 别人说我总是闷闷不乐。
- 理解问题时常比别人慢些。
- 疲倦时只要短暂地休息就能精神抖擞，重新投入工作。
- 心里有事，宁愿自己想，不愿说出来。
- 认准一个目标就希望尽快实现，不达目的，誓不罢休。
- 和别人同样学习、工作一段时间后，常比别人更疲倦。
- 做事有些莽撞，常常不考虑后果。
- 别人讲授新知识、新技术时，总希望他讲慢些，多重复几遍。
- 能够很快地忘记那些不愉快的事情。
- 做作业或完成一件工作总比别人花的时间多。
- 喜欢运动量大的剧烈活动，或参加各种文体活动。
- 不能很快地把注意力从一件事转移到另一件事上去。
- 接受一个任务后，就希望把它迅速完成。
- 认为墨守成规比冒风险强些。
- 能够同时注意几件事。
- 当我烦闷的时候，别人很难使我高兴起来。
- 爱看情节起伏跌宕、激动人心的小说。
- 对工作抱有认真严谨、始终如一的态度。
- 和周围人的关系总是相处不好。
- 喜欢复习学过的知识，重复自己已经掌握的工作。
- 希望做变化大、花样多的工作。
- 小时候会背的诗歌，我似乎比别人记得清楚。
- 别人说我"出口伤人"，可我并不觉得是这样。
- 在学习活动中，常因反应慢而落后。
- 反应敏捷，头脑机智。
- 喜欢有条理而不甚麻烦的工作。
- 兴奋的事常常使我失眠。
- 别人讲新概念，我常常听不懂，但是弄懂以后就很难忘记。

- 假如工作枯燥无味，马上就会情绪低落。

（2）成就动机测评。成就动机的核心是一种追求高标准的倾向。西方学者将成就动机定义为"个人对自己认为重要的或有价值的任务，不但愿意去做，而且力求达到更高标准的内在心理过程"。其表现包括：完成有难度的任务，高效率地完成任务，超越自我或他人等。成就动机测评最初是用于教育、体育领域，当前亦将其用于商业人才选拔领域。

以下是SYZL有限公司用于区域营销经理候选人成就动机测评的试题。

指导语：请仔细阅读以下25个题目，实事求是地认真作答。如果你的答案是"符合"，选"2"；如果你的答案是"部分符合"，选"1"；如果你的答案是"不符合"，选"0"；如果你的答案是"比较不符合"，选"-1"；如果你的答案是"完全不符合"，选"-2"。

- 如果一个并不比我聪明的人却取得了比我更大的成绩，我便会感到烦恼。
- 我很在意别人是否赏识我的成绩。
- 如果我觉得电视节目的内容对我有益，即便枯燥无味，我也要看下去。
- 我努力训练，克服自己的弱点。
- 解决一道难题，就能激励我更加努力拼搏。
- 我常为自己树立一个希望达到的目标。
- 我常在课余时间努力学习。
- 我很想知道，怎样才能取得更大的成绩。
- 在学校，我从来没有真正满意过自己的成绩。
- 我是一个不肯认输的人。
- 我喜欢同别人比较成绩。
- 不能得到别人赏识的活动，我是没有兴趣参加的。
- 我很重视别人的批评。
- 我总感到自己知识不足、能力不够。
- 在学校，我很愿意成为班级学习的尖子。
- 我认为一无所成的人在世界上价值不大。
- 我喜欢游戏，因为我总是想赢。
- 我认为学习比任何事情都重要。
- 我宁愿选择有风险但有前途的事做，也不愿选择平淡而无望的事做。
- 我愿意成为团队的领导人。
- 我崇拜那些取得辉煌成就的人。
- 我应该作出比父辈更大的成绩。
- 如果我是运动员，我绝不参加注定要失败的比赛。
- 如果我是公司经理，我会在各方面都做得比下属更好。
- 只有当我取得成就时，我才对自己满意。

3）结构化面试

结构化面试是指依据预先确定的面试内容、程序、分值结构进行的面试。面试过程中，考官必须根据事先拟定好的面试提纲逐项对被试者测试，不能随意变动面试提纲，被试者也必须针对问题进行回答，面试各个要素的评判也必须按分值结构合成。也就是说，在结构化面试中，面试的程序、内容以及评分方式等标准化程度都比较高，面试结构严密，层次性强，评分模式固定。

实施好结构化面试要做到：面试前拟定好面试问题，面试中严格遵循科学的程序，面试的评价按照事先制定的评价标准执行。

结构化面试中一般采用情境性问题和行为描述性问题进行提问，前者考察候选人在某些情境下所"表现"出来的素质、能力与经验，后者考察候选人在过去的经历中是否表现出拟聘岗位所必须具备的素质与能力。

SYZL有限公司招聘团队在结构化面试中，既采用了情境性问题，又采用了行为描述性问题，对每个候选人提出了7个相同的问题。现摘录其中几个问题如下：

（1）假如由你担任国内西北市场营销经理，请你简要分析西北市场的环境，并提出产品营销策略和团队管理方案。

（2）细节决定成败，营销是一种服务，在工程机械产品营销的过程中有哪些细节需要特别重视？请举例说明你以前在产品营销过程中由于细节没处理好而导致的失败或由于细节问题处理得好而获得成功的经历。

（3）请以你在过去某一个月的营销管理工作为例，说明自我时间管理和团队时间管理的重要性和有效性，并说明管理好时间需要具备哪些基本的素质与能力。

4）文件筐测试

文件筐测试的具体程序为：首先向应聘者发一套文件，包括下级呈报的报告、计划、请示，上级的指示、批复、规定、政策，供应商、政府等的函电、传真及电话记录等，然后要求应聘者在规定的时间内将这些公文处理完毕，并要求其解释这样处理公文的原因，且形成公文处理报告，以此考察应聘者在规定条件下处理问题的能力。

这种测试方法可以有效反映应聘者在管理方面的计划能力、组织协调能力、推理判断能力、分析决策能力、领导能力等，此外，还可以反映应聘者对信息的收集和加工处理能力，解决问题的条理性和灵活性。

SYZL有限公司招聘团队拟定了15个文件，问题涉及公司营销总部新任务的下达和人员的调遣、公司财务部关于营销经费的质疑、应收账款的问题、营销人员失职的问题、客户投诉的问题、竞争对手竞争策略的问题、地方政府基础建设规划的问题等。

5）无领导小组讨论测试

无领导小组讨论测试所体现的个体素质和能力是通过应聘者在讨论中扮演角色的行为表现出来的。

SYZL有限公司请一家营销咨询公司的2名专家和一家人力资源咨询公司的2名专家共同设计了"排序性"无领导小组讨论题，并请营销咨询专家和人力资源专家各1名，加上营销总监1名、营销部长1名、资深区域营销经理2名、招聘经理1名，共7人，共同分两次对12名候选人进行了无领导小组测试。

6）汇总甄选资料

将前述12名候选人的应聘材料、测评材料全部收集起来，按人将资料整理成册，留待录用决策、档案管理之用。

10.4 录用工作

本部分内容仍以SYZL有限公司招聘区域营销经理为例说明录用的过程及具体事务。

10.4.1 录用决策

1）综合资料，分析测评结果，得出测评结论

甄选阶段对于12名候选人的综合素质用不同的方法从不同的角度进行了测试，现在需要对他们的各项测评结果进行分析，并就各项测评结果得出一致的结论。SYZL有限公司招聘团队及外聘专家需要逐一按栏目填写好表10-9中的相关内容。

2）群体决策

在招聘团队对候选人的各项测评结果达成一致结论的基础上，招聘团队需要将各项测评结论按照拟聘岗位要求、企业文化要求、公司营销战略目标要求进行综合分析，并得出综合结论，作出录用决策。招聘团队需要继续填写好表10-9中后续的相关内容。

表10-9　　　　　　　　　　SYZL有限公司录用员工综合决策表

候选人基本信息

姓　　名：	应聘职位：	所属部门：
性　　别：	年　　龄：	行业工作经验年数：
工作地点：	薪资要求：	评价完成时间：

分项测评结果及结论

1.应聘材料筛选及电话筛选结果及结论：
责任人签名：　　　　　　日期：
2.气质测评与成就动机测评的结果及结论：
责任人签名：　　　　　　日期：
3.结构化面试的结果及结论：
责任人签名：　　　　　　日期：
4.文件筐测试的结果及结论：
责任人签名：　　　　　　日期：
5.无领导小组讨论测试的结果及结论：
责任人签名：　　　　　　日期：

综合结论

1.岗位所需知识方面：
2.岗位所需品德方面：
3.岗位所需专业技能方面：
4.岗位所需管理技能方面：
5.主要的优点：
6.主要的缺点：
责任人：　　　　　　日期：

录用决策

录用（　　）	替补性录用（　　）	人才库候选录用（　　）	拒绝（　　）

1.使用建议：
2.培训建议：
责任人：　　　　　　日期：

10.4.2　背景调查与体检工作

1）背景调查

通过背景调查，可以掌握候选人过去有无不良职业记录，其教育与培训经历、工作经历与业绩情况、家庭情况等是否真实，尽可能避免录用动机不纯、品行不正、学术不专、技能不高的候选人。SYZL 有限公司对候选人的背景调查非常严格，设有专职人员负责验证（学历学位证、重要资格证书、重要获奖证书、身份证），如果发现候选人应聘材料有造假情形的，不管其能力如何突出，一概不予录用，不管其业绩如何突出，一律严格辞退（如果是录用后才发现）。

2）体检工作

体检的主要目的有二：一是判断候选人是否具备胜任岗位劳动强度及技能要求的身体素质；二是判断候选人的身体是否存在风险（如传染病、心脏病等）。SYZL 有限公司对于候选人的体检，采用定点医院的方式进行，费用由公司支付，体检结果由医院直接送到公司。

10.4.3　录用手续办理

1）通知录用者与未录用者

SYZL 有限公司对于通过各项测评、背景调查、体检的候选人，会及时发出录用通知书，说明报到事宜；对于未被录用的候选人，公司人力资源部也会及时发出辞谢信，主要表明感谢，并说明是公司的原因而非候选人的原因，同时欢迎候选人继续关注公司的发展。

2）办理入职手续

SYZL 有限公司有一套完整、严格的员工入职办理手续，一般在新员工到来之前，用人部门、人力资源部、后勤部、行政部、信息部就已经做好相关准备工作了。

10.5　招聘与录用评估

SYZL 有限公司 2024 年春季的招聘与录用工作，招聘人员数量大、招聘方式多、花费的总成本高、招聘质量和效益较差，评估工作量大且耗时长，本书在此不一一列出，其评估的内容和评估报告的撰写格式与本书第 8 章相关内容相同。

◆◆◆◆➡ **学思践悟**

思政教育主题：劳动精神

劳动创造幸福，实干成就伟业。崇尚劳动、热爱劳动、辛勤劳动、诚实劳动的劳动精神，集中反映了亿万劳动者的历史主动意识，彰显着推动人类社会发展进步的根本力量，是激励和鼓舞全党全国各族人民实现第二个百年奋斗目标、以中国式现代化全面推进中华民族伟大复兴的强大精神动力。

热爱劳动既是一种正确的劳动态度，也是一种积极的劳动心理活动。劳动是创造物质财富和精神财富的过程，只有热爱劳动、热爱劳动人民，才会自觉自愿、积极主动地从事劳动实践，才能真正认识到劳动的价值，才能真正懂得"劳动是一切幸福的源泉"，也才能最终做到"劳动已经不仅仅是谋生的手段，而且本身成了生活的第一需要"。

资料来源　唐庆.大力弘扬劳动精神［N］.光明日报，2023-06-08（6）.

幸福生活不会从天而降，美好生活靠辛勤劳动创造。请你谈一谈对于这段材料的理解。

▶ 基础训练

□ 简答题

1.SYZL有限公司的人员需求确定程序科学吗？其员工招聘申请表设计得好吗？

2.SYZL有限公司在招募阶段采用了哪些广告媒体发布招聘信息？你认为这些广告媒体的选择科学合理吗？

3.SYZL有限公司在人员甄选工作中运用了多种甄选方法，你觉得这些甄选方法完整吗？是否还可以增加别的甄选方法？

▶ 综合应用

□ 案例分析

谁更适合留下来做销售员

某公司随着产品经营规模的迅速扩大，急需提高企业的营销能力，扩充销售员的队伍。通过考试，该公司7月份录取了王明、张军、李青、赵强4人到销售科进行为期3个月的销售业务实习。目前，他们的实习期将满，销售科肖科长考虑从他们4人中选拔出2位合适的人选，正式留在销售科工作。肖科长根据平时对他们的观察和厂领导、同事及用户对他们的评价，对上述4位候选人的个人素质和工作状况进行了初步总结，作为留任的依据。

一、个人素质

王明，20岁，高中毕业，精力旺盛，工作肯吃苦，但平时大大咧咧，办事粗心大意，说话总带有"火药味"。

张军，34岁，为人热情，善于交往，本人强烈要求做销售工作。

李青，25岁，经济管理专业的大学生，工作认真，稳重文静，但平时沉默寡言，特别是在生人面前。

赵强，29岁，公共关系专业大学生，为人热情，善于交往，头脑灵活，但对销售缺乏经验。

二、工作实绩

王明，工作很主动大胆，能打开局面，但好几次把用户订购的牙膏规格搞错，尽管肖科长多次向他指出，他仍然时常出错。用户有意见找他，他还发火。

张军，工作效率很高，经常超额完成任务，并且在销售过程中与用户建立了较熟悉的销售关系，但常常借工作关系办私事，如要求用户帮助自己购买物品等，而且他平时工作纪律性差，常迟到早退，同事对此颇有微词。他为此曾找领导说情，希望留在销售科工作。

李青，负责广东省内的产品推销工作，她师傅曾带她接触过所有主要的用户，并与用户建立了一定的联系，但她自己很少主动独立地联系业务。有一次，她师傅不在，恰巧有个用户要求增加订货量,她因师傅没有交代而拒绝了这笔业务。

赵强,负责河北省的产品推销工作,他经常超额完成推销任务,并在推销过程中注意向用户介绍产品的性能、特色,而且十分重视售后服务工作。有一次,一个用户来信提出产品有质量问题,赵强专程登门调换了产品,用户为此非常感动。尽管如此,但赵强却时常难以完成货款回收率指标,致使有些货款一时收不回来,影响企业经济效益指标的实现。

问题:请指出4位候选人中哪两位可留在销售科任销售员,并说明理由。

分析提示:(1)张军:个性适合(为人热情,善于交往)当销售人员,并有当销售员的要求;工作实绩方面也证明了这点(工作效益高,常超额完成任务)。虽然他有纪律性差(利用工作关系办私事、迟到早退)的缺点,但通过沟通可以指出其不足,通过加强监督管理可以督促其改正。

(2)赵强:个性适合(为人热情,善于交往,头脑灵活)当销售人员;在工作实绩方面也较突出(常超额完成任务、注重售后服务),但其常常难以回收货款,这可能是因为其缺乏销售工作经验所致,可以培训其货款回收技巧。

□ 实践训练

请你利用假期调查一个企业的招聘与录用工作情况,然后以此企业的招聘与录用工作开展情况写一份调查报告(可以就招聘需求确定环节、招募环节、甄选环节或录用环节开展调查,也可就招聘与录用工作的完整流程展开)。

要求:调查报告真实具体,指出问题,提出建议。

主要参考文献

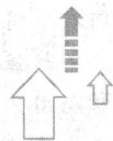

［1］阿瑟．员工招聘与录用：招募、面试、甄选和岗前引导实务［M］．卢瑾，张梅，李怡萱，译．5版．北京：中国人民大学出版社，2015．

［2］艾瑞咨询研究院．2020年中国网络招聘行业市场发展研究报告［R］．北京：艾瑞咨询研究院，2020．

［3］安鸿章．岗位胜任特征原理与应用［M］．北京：中国劳动社会保障出版社，2008．

［4］边文霞．员工招聘实务［M］．北京：机械工业出版社，2010．

［5］蔡珠丽．社交网络招聘的现状、问题及其对策［J］．人才资源开发，2015（2）：102-103．

［6］谌新民．员工招聘成本收益分析［M］．广州：广东经济出版社，2005．

［7］程文华．不能以弹性用工为由侵害劳动者权益［J］．现代班组，2015（4）：47．

［8］储冰凌．招聘工作绩效的评估方法［J］．中国人才，2002（12）：36-37；45．

［9］崔蕾．做个轻松面试官：金员工招聘技巧及测试题库［M］．北京：机械工业出版社，2006．

［10］董福荣，赵云昌．招聘与录用［M］．大连：东北财经大学出版社，2006．

［11］高秀娟，王朝霞．人员招聘与配置［M］．北京：中国人民大学出版社，2011．

［12］顾剑文．新形势下中国海员劳务外派发展［J］．世界海运，2013（2）：17-19；31．

［13］郝尼曼，贾奇．组织人员配置［M］．王重鸣，陈学军，等译．北京：机械工业出版社，2005．

［14］何江，闫淑敏，关娇．共享员工到底是什么？——源起、内涵、框架与趋势［J］．商业研究，2020（6）：1-13．

［15］何洁．社交网络招聘：企业招聘的新方式［J］．经营与管理，2013（4）：40-42．

［16］胡巧荣，李振，赵佳璐．"共享员工"的内涵及发展趋势研究［J］．中小企业管理与科技，2020（9）：114-115．

［17］华茂通咨询．现代企业人力资源解决方案（第2篇）：员工招聘与选拔［M］．北京：中国物资出版社，2003．

［18］惠惠．金牌招聘官是怎样炼成的［M］．北京：中国法制出版社，2020．

［19］李维．我国劳务派遣制度改革的误区与矫正［J］．法学家，2014（6）：30-42．

［20］李晓莉．新互联网时代招聘实战：寻才、识才、辨才、控才［M］．北京：清华大学出版社，2018．

［21］李颖．面试中决策的知觉误区［J］．经营与管理，2014（7）：85-87．

［22］廖泉文．人力资源管理经典案例：《人力资源管理》配套案例集［M］．北京：高等教育出版社，2005．

［23］廖泉文．招聘与录用［M］．北京：中国人民大学出版社，2010．

［24］刘节，萧鸣政．企业面试中存在的常见问题及对策浅析［J］．人才资源开发，2006（12）：25-27．

［25］刘俊敏．我的第一本招聘面试实战指南：HR高手教你搞定招聘管理［M］．北京：人民邮电出版社，2016．

［26］吕克．招聘与留用最好的员工：中层管理能力提升培训［M］．李红怡，译．北京：机械工业出版社，2005．

［27］马军，赵良海．人员招聘与配置［M］．北京：电子工业出版社，2006．

［28］马连飘，马晨．浅谈面试中的语用技巧［J］．才智，2014（24）：297．

［29］马录．多种灵活用工方式的特点及选择：以××公司为例［J］．人力资源管理，2012（3）：58．

［30］冉斌，李雪松．人是最重要的：员工招聘六步法［M］．北京：中国经济出版社，2004．

［31］宋红超．金牌企业员工素质手册：世界500强员工招聘准则［M］．北京：中国经济出版社，2007．

［32］苏永华．人才测评操作实务［M］．北京：中国人民大学出版社，2011．

［33］孙宗虎，李艳．招聘、面试与录用管理实务手册［M］．北京：人民邮电出版社，2012．

［34］TalkingData．2020年在线招聘行业研究报告［R］．北京：TalkingData，2020．

［35］唐宁玉．人事测评理论与方法［M］．4版．大连：东北财经大学出版社，2016．

［36］田效勋，柯学民，张登印．过去预测未来：行为面试法［M］．北京：中国轻工业出版社，2012．

［37］王季璐．微博时代的"微"招聘［J］．就业与保障，2013（2）：74-76．

［38］王丽娟．员工招聘与配置［M］．上海：复旦大学出版社，2012．

［39］王玲．中远集团船员劳务外派发展对策研究［D］．大连：大连海事大学，2013．

［40］王旭，乐雯晴．从招聘到离职：人力资源管理实务操作宝典［M］．北京：中国法制出版社，2013．

［41］萧鸣政．人员素质测评理论与方法［M］．北京：北京大学出版社，2011．

［42］杨益，吴权伟．高新科技企业员工招聘［M］．广州：广东经济出版社，

2006.

　　[43] 杨长清，唐志敏. 招聘、面试、录用及员工离职管理实操：从新手到高手 [M].北京：中国铁道出版社，2015.

　　[44] 姚裕群，姚清. 招聘与配置 [M].3版. 大连：东北财经大学出版社，2016.

　　[45] 姚月娟. 人力资源管理 [M].5版. 大连：东北财经大学出版社，2020.

　　[46] 尹利. 社交招聘 [M].北京：人民邮电出版社，2019.

　　[47] 张蕾.网络招聘的演进及特点分析研究 [J].经济师，2022（7）：253-254；256.

　　[48] 张然，李吉栋. 劳务派遣：劳动者就业风险及其保障机制研究 [J].经济与管理，2014（3）：85-89.

　　[49] 张苏宁. 老HR教你轻松做招聘：实操案例版 [M].北京：中国铁道出版社，2017.

　　[50] 赵清斌，纪汉霖，刘东波. 我国网络招聘产业：发展现状、趋势与策略 [J].商业研究，2012（9）：43-49.

　　[51] 赵永乐，沈宗军，刘宇瑛，等. 招聘与面试 [M].上海：上海交通大学出版社，2006.

　　[52] 郑安云，等. 人才测评理论与方法 [M].北京：清华大学出版社，2005.

　　[53] 中国互联网络信息中心. 第46次《中国互联网络发展状况统计报告》[R].北京：中国互联网络信息中心，2020.

　　[54] 中国就业培训技术指导中心. 企业人力资源管理师（三级）[M].北京：中国劳动社会保障出版社，2014.

　　[55] 中国就业培训技术指导中心. 企业人力资源管理师（四级）[M].北京：中国劳动社会保障出版社，2014.

　　[56] 周文，刘立明，方芳. 员工招聘与选拔 [M].长沙：湖南科学技术出版社，2005.

　　[57] ARTHUR D.Recruiting, interviewing, selecting & orienting new employees [M].4th edition. New York：American Management Association，2005.

　　[58] IVANCEVICH J M.Human Resource Management [M].8th edition.Boston：Mc-Graw Hill/Irwin，2001.

附录　招聘与录用类常用图表

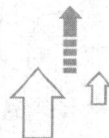

● 招聘需求确定类图表

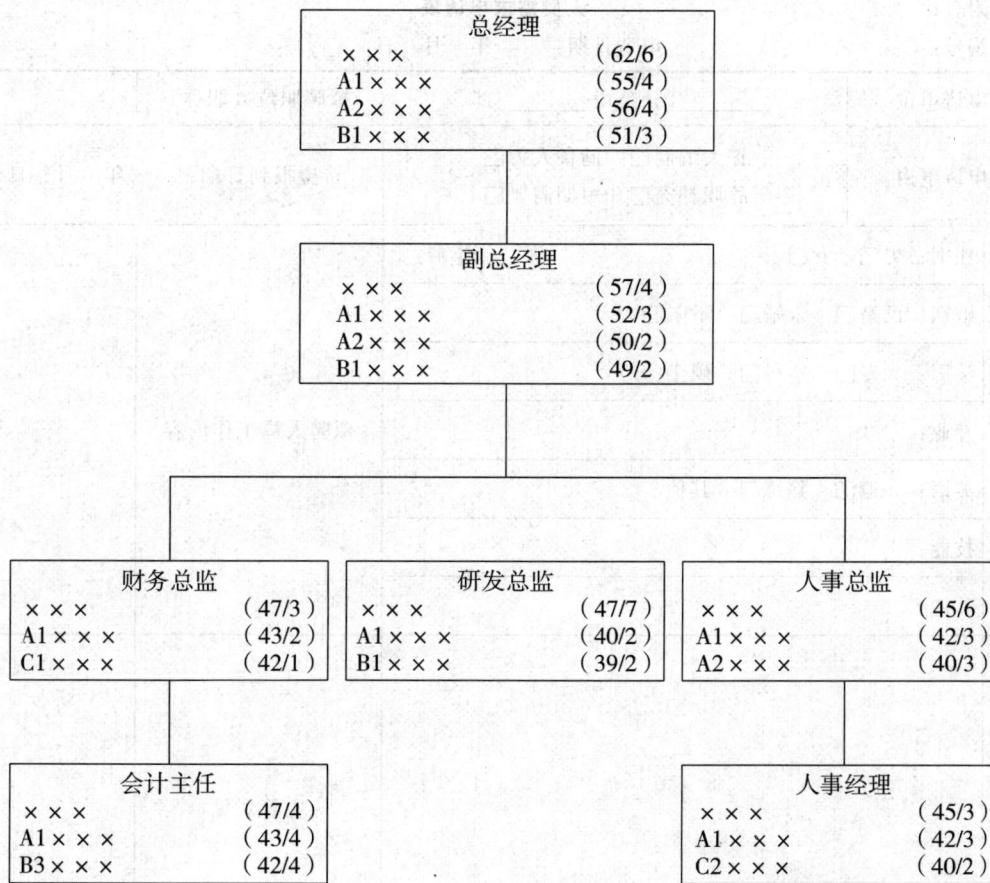

总经理	
×××	（62/6）
A1×××	（55/4）
A2×××	（56/4）
B1×××	（51/3）

副总经理	
×××	（57/4）
A1×××	（52/3）
A2×××	（50/2）
B1×××	（49/2）

财务总监	
×××	（47/3）
A1×××	（43/2）
C1×××	（42/1）

研发总监	
×××	（47/7）
A1×××	（40/2）
B1×××	（39/2）

人事总监	
×××	（45/6）
A1×××	（42/3）
A2×××	（40/3）

会计主任	
×××	（47/4）
A1×××	（43/4）
B3×××	（42/4）

人事经理	
×××	（45/3）
A1×××	（42/3）
C2×××	（40/2）

附图1　管理岗位资源调配

注：　　胜任程度　　　　工作绩效

A——现可胜任　1——优秀　　*括号内斜杠前数字表示任职者年龄，

B——需要培训　2——满意　　斜杠后数字表示在该岗位的工作年限。

C——尚未胜任　3——需要改进

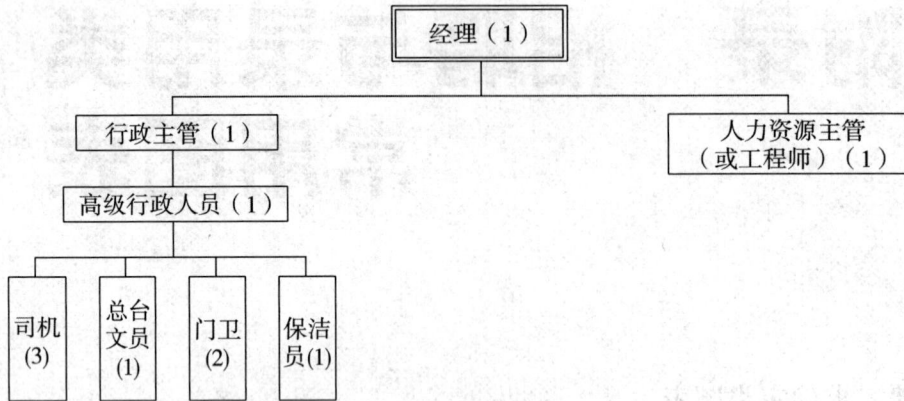

附图2　部门定岗定员编制（人事行政部）

附表1　　　　　　　　　　　　　　人员需求申请表

编号：　　　　　　　　申请日期：　　年　月　日

申请单位	＿＿＿＿＿分公司＿＿＿＿＿部		拟聘职位（职称）	
申请事由	扩大编制□　储备人力□ 辞职补充□　短期需要□		希望报到日期：　　年　月　日	
招聘资格条件	性别：男□　女□	年龄：	拟聘人员工作内容	
	婚姻：已婚□　未婚□　不限□			
	学历：大专□　本科□　硕士□			
	专业：			
	英语：一般□　熟练□　其他			
	技能：			
	其他：			
申请部门意见			主管意见	
	年　月　日		年　月　日	
总监意见		年　月　日	总裁意见	年　月　日

制表人：　　　　　　制表日期：　　年　月　日

附表2 ××时期员工招聘需求汇总及审批表

人力资源部拟定 拟定时间：

招聘部门	现有人数	聘用人数	聘用岗位	人数	聘用原因	到岗时间	聘用条件				
							学历	专业	工作经验	性别与年龄	其他
行政人力副总意见											
总经理意见											

注：聘用原因：A.扩大编制 B.储备人力 C.离职补充 D.新业务所需

● 招募类表格

附表3 ××时期（或××招聘项目）招聘费用预算申报表

费用种类	具体费用名称	费用计算依据及具体金额	合计
招募费用			
甄选费用			
录用费用			
安置费用			

费用种类	具体费用名称	费用计算依据及具体金额	合计
招聘人员 费用			
其他费用			
合计			
行政 副总 意见	签名	日期	
总经理 意见	签名	日期	

注：此表需附上招聘工作计划表或详细招聘方案。

附表4　　　　　　　　　　　　　**招聘工作计划表**

招聘计划

一、招聘目标（人员需求）

职务名称	人员数量	其他要求

二、信息发布时间和渠道

1.《××日报》　　　　　　××月××日

2.××招聘网站　　　　　　××月××日

三、招聘小组成员名单

组长：×××经理，对招聘活动全面负责

成员：××（人力资源部薪酬专员），具体负责应聘人员接待、应聘资料整理

×××（人力资源部招聘专员），具体负责招聘信息发布，面试、笔试安排

四、选拔方案及时间安排

1.××岗位

资料筛选　　　　××部经理，截至××月××日

初试（面试）　　××部经理，××月××日

复试（笔试）　　××部命题小组，××月××日

2.××岗位

资料筛选 ××部经理，截至××月××日

初试（面试） ××部经理，××月××日

复试（笔试） ××部命题小组，××月××日

五、新员工的上岗时间

在××月××日左右

六、费用招聘预算

1.《××日报》广告刊登费 ××××元

2.××招聘网站信息刊登费 ×××元

合计：××××元

七、招聘工作时间表

××月××日：起草招聘广告

××月××日至××月××日：进行招聘广告版面设计

××月××日：与报社、网站进行联系

××月××日：在报纸、网站刊登广告

××月××日至××月××日：接待应聘者、整理应聘资料、对资料进行筛选

××月××日：通知应聘者面试

××月××日：进行面试

××月××日：进行软件工程师笔试（复试）、销售代表面试（复试）

××月××日：通知通过复试的人员被录用

××月××日：新员工上班

人力资源部

××××年××月××日

附表5　　　　　　　　　　　　　**员工招聘申请表**

姓名		性别		身高		cm	体重		kg	
专业		民族		出生日期						
毕业时间		学历		固定电话						照片
电子邮箱				手机						
家庭住址				身份证号						
教育背景	起止时间	学校名称		专业			学历		职务	
工作经历	起止时间	单位名称		职务（全职或兼职）			工作职责			
专业资格证书										

语言水平	1.普通话：　　　　　　　；2.英语：　　　　　　　；3.其他：
	级别：母语、流利、简单会话、较差
计算机 技能	
其他技能	
个人爱好	
自我总体 评价	

附表6　　　　　　　　　**应聘人员登记表（内部招聘用）**　　　　填表日期：　　年　月　日

姓名		性别		出生年月		
出生地		婚姻状况		身份证号码		
参加工作 时间		民族		何时参加何党派、 任何职务		照片
身高	cm	视力	左 右	健康状况		
职称、技能		评定时间			批准部门	
何时毕业于 何校何专业				学历/学位		学制
兴趣与专长						
现工作单位 及部门				岗位/职务		
应聘岗位 意向		岗位是否 服从调配		联系电话		

工 作 经 历	起始时间 ××××年××月—××××年××月	工作单位及部门	岗位名称/职务	证明人

续表

××××年××月—×××× 年××月	在何地何校	培训内容及专业	学历/学制

学习培训情况（从高中填起）

何时何地受过何种奖励或处分：

本人主要业绩：

申明：以上内容由本人填写，保证绝对真实，并由本人承担所有法律责任

填表人（签名）：

● 甄选类表格

附表7　　　　　　　　　　　　初试通知单

_____先生（女士）：

　　谢谢您应聘本公司_____职位，您的资历和修养都给我们留下了良好印象。为了进一步促进双方的了解，请您于_____年_____月_____日（星期_____）_____时_____分到我公司（××市×××大道×××号，×××酒店旁）五楼503B室参加□专业笔试、□性格测试、□面谈。

　　希望您能准时到达，并携带以下资料：

　　□本通知单　□身份证　□学历证书　□笔　□其他

　　本公司将对您提供的资料进行核实。

　　如果您时间上不方便或者有任何不明确之处，请及时与我公司人事部门联系。

　　此致

联系电话：

联系人：

××公司人事部（章）

××××年××月××日

附表8   **复试通知单**

_____先生（女士）：

很高兴通知您已经通过本公司_____年_____月_____日组织的初试。您在初试期间成绩优异，给我们留下了极佳的印象。本公司希望能与您面谈，以作最后决定。敬请您于_____年_____月_____日（星期_____）_____时_____分到我公司（××市×××大道×××号，×××大厦旁）五楼人事部。本公司将派专人为您引见。

希望您能准时到达。如果您时间上不方便或者有任何不明确之处，请及时与我公司人事部门联系。

此致

联系电话：

联系人：

××公司人事部（章）

××××年××月××日

附表9   **面试记录表**

编号		姓名		应聘职位		
评分项目		5	4	3	2	1
		很好	好	一般	较差	差
仪容、礼貌、精神、态度						
体格健康						
领悟能力及反应速度						
工作作风与稳重性						
语言表达能力						
对其工作各方面及有关事项的了解						
所具经历与本公司的匹配程度						
前来本公司服务的动机						
外语水平	英语					
	日语					
	其他					
总体评价	A.拟予试用　　　B.列入考虑　　　C.不予考虑 评语：					
	面试人：　　　　　　　　　　日期：					

附表10　　　　　　　　　　　　　　　面试等级评价表

编号			姓名		性别		年龄		应聘岗位	
评价要素	工作动机	责任心		评议表达	应变能力	情绪稳定	社交能力	知识面	精力	计划组织能力	洞察能力

评价要素	工作动机	责任心	评议表达	应变能力	情绪稳定	社交能力	知识面	精力	计划组织能力	洞察能力
权重	5	5	15	10	5	15	10	10	15	10
优（5）										
良（4）										
中（3）										
差（2）										
很差（1）										
得分										
综合评分	优：421～500分		良：341～420分			差：181～340分			很差：180分以下	
评价意见			考官：				日期：			

附表11　　　　　　　　　　　　　结构化面试评分表（行政管理类）

序号		姓名		性别		年龄		文化程度		报考岗位	

面试要素	综合分析	言语表达	应变能力	计划、组织与协调	人际交往的意识与技巧	自我情绪控制	求职动机与拟任职位匹配性	举止仪表
权重	17	17	14	14	13	10	7	8
观察要点	对事物能从宏观方面总体考虑；对事物能从微观方面考虑其各个组成部分；能注意整体和部分间关系及各部分间有机协调组合	理解他人意思，口齿清晰、流畅；内容有条理、富有逻辑性；他人能理解其表述并具有一定的说服力；用词准确恰当、有分寸	有压力状况下：思维反应敏捷；情绪稳定；考虑问题周到	依据部门目标，预见未来的要求、机会和不利因素，并作出计划；看清冲突各方关系；根据现实需要和长远效果作出适当选择及时作出适当决策；调配安置人、财、物等有关资源	人际合作主动；理解组织中权属关系（包括权限、服从、纪律等意识）；适应人际交往（有效沟通（传递信息）；处理人际关系原则性与灵活性结合	在较强刺激情境中，表情和言语自然；受到有意挑战甚至有意羞辱的场合，能保持冷静或更高目标，控制自己当前的情绪	兴趣与岗位情况匹配；成就动机（认知需要、自我提高、自我实现、服务他人的需要，为长远得到锻炼等）与岗位情况匹配；认同组织文化	穿着打扮得体；言行举止符合一般的礼节；无多余的动作
满分	10	10	10	10	10	10	10	10
要素得分	A	B	C	D	E	F	G	H
考生得分（T）								
考官评语	考官签字：					年　月　日		

　　评分说明：①对每一评分要素，考官按0～10分给分；表现好的给8～10分；一般的给4～7分；差的给0～3分。②总分T=1.7A+1.7B+1.4C+1.4D+1.3E+F+0.7G+0.8H。

附表12   **应聘人员面试表（集中面试）**

职位				面试人数			面谈日期				面试人员					
面试记录	姓名	学历	年龄	专业知识				态度仪表				工作经历		反应能力				特别技术或专长	口才			意见
				优	良	可	劣	优	良	可	劣	相关	非相关	优	良	可	劣		优	佳	平	

附表13   **应聘人员测试成绩综合比较表**

甄选日期：　年　月　日至　年　月　日

面试职位				应聘人数	人		初试合格		人
甄选结果	姓名	学历	年龄	笔试成绩（25%）	竞岗演说成绩（10%）	面试成绩（25%）	文件筐测试成绩（25%）	管理游戏成绩（15%）	备注
成绩汇总与监督人员签字									

● 录用类表格

_____先生（女士）：

　　承蒙您应征本公司_____一职，现经讨论决定录用。请您于_____年_____月____日（星期_____）上午_____时到我公司（××市×××大道×××号，×××超市旁）29楼人事部报到。

　　除了要填妥并携带随本通知单附带的表格外，您还需要携带以下物品：

　　□本通知单　□身份证　□学历证书　□户口簿　□两寸半身彩色照片____张　□其他_____

　　按照本公司的规定，新进员工必须先试用_____个月，试用期间暂付工资_____元。

　　报到后，本公司将会安排职前介绍，包括让您了解本公司的人事制度、福利、工作守则以及其他注意事项，另外，公司将会安排您体检。

　　如果您有任何疑问或困难，请与本公司人事部联系。

　　此致

联系电话：_____

联系人：_____

××公司人事部（章）

××××年××月××日

尊敬的王先生：

　　这是对您申请我公司销售经理职位的答复。由于收到了100多份申请，因此，甄选过程十分艰难，而且费时较长。我们最终从众多的申请者中挑选了A女士出任我公司新的销售经理。她拥有市场营销专业的硕士学位及8年的实际销售经验，因而我们认为她是目前的最佳人选。

　　我们诚挚地感谢您对敝公司销售经理职位的兴趣及您为此所付出的全部努力。您的条件同样很优秀，但正如您从申请者数目中所看出的，这次竞争十分激烈，由于名额有限，我们只能应公司职位要求选择其中最好的一个。

　　我们衷心地祝福您在新的求职申请中交好运！我们将把您的申请材料保存在公司的档案库中一年。在此期间一旦有符合您条件的职位，我们将及时与您联系。

　　致礼！

××公司人事部

（公司章与亲笔签名）

××××年××月××日

附表16   **辞谢通知书（差的）**

尊敬的王先生：

　　您所应聘的销售经理职位已经有合适人选，我们感谢您对该职位的兴趣及所付出的努力。我们将把您的申请材料保存在公司的档案库中一年，以备补充新的空缺。

　　致礼！

××公司人事部

（公司章与亲笔签名）

××××年××月××日

附表17   **新进员工报到手续表**

姓名：					报到日期：　　年　月　日		
部门		职称				职务	
应聘资料	☐	身份证复印件	☐	审检证	☐		
	☐	毕业证书复印件	☐	务工证	☐		
	☐	体检报告书	☐	扶养亲属申报表	☐		
	☐	职工资料卡	☐	职工保证书	☐		
	☐	照片	☐				
		经办人签章					
应领物品	☐	员工手册	☐	考勤卡及说明	☐	识别证	
	☐		☐		☐		
		报到人签章					
人事登记	☐	人员变动记录	☐	人员状况表	☐	劳健保	
	☐	简易名册	☐	到职通报	☐	核薪	
	☐	办理识别证	☐	核对担保人	☐	建档	
	☐		☐		☐		
		经办人签章					
总务协办	☐	住宿申请		经办人		领物人	
	☐	领制服		经办人		领物人	
	☐	领衣柜钥匙		经办人		领物人	

附表18　　　　　　　　　　　　**新进员工试用表**

人事资料	姓名		应聘职位		入职日期	
	任职部门		面试方式	□公开招聘　□内部提升　□推荐		
	工作经验	相关工作_____年，非相关工作_____年，共_____年				
	年龄			最高学历		
	特殊训练技能					

试用计划	1.试用职位：	5.训练项目：
	2.试用期限：	6.试用薪资：
	3.督导人员：	
	4.督导人员工作：	
	拟订人：	

试用结果考核	1.试用期间：_____年_____月_____日至_____年____月____日
	2.安排工作训练项目：
	3.工作情形：□满意　□尚可　□差
	4.出勤状况：迟到　次，早退　次，病假　次，事假　次
	5.评语：□拟正式任用　□拟予辞退
	人事经办人：　　　　　　　　核准人：

附表19　　　　　　　　　　　　**试用协议书**

公司（甲方）聘用_____（乙方）为短期员工，双方经过平等协商，彼此同意约定下述条款以共同遵守：

一、试用期间	自　　　年　　　月　　　日起
	到　　　年　　　月　　　日止
	（共　　月　　日）
二、工作部门	在　　部　　科担任　　一职
三、工作时间	每日工作_____小时，如需加班应全力配合，不得以任何不当理由拒绝
四、薪资	1.依照双方协议，月支_____元，按实际工作天数计算（含星期例假日），凡缺勤或请假均依公司规定办理
	2.薪资于每月_____日固定发放
五、试用	试用期间应遵守公司管理规定，若任何一方对其职不满，则可通过双方协商后随时终止试用，并不得要求任何一方赔偿

××公司（盖章）　　　　　　　立协议书人

日期　　　　　　　　　　　　日期